Zwischen Wiener Kreis und Marx
Walter Hollitscher (1911–1986)

HERAUSGEBER: ALFRED KLAHR GESELLSCHAFT

ALFRED KLAHR GESELLSCHAFT
QUELLEN & STUDIEN, SONDERBAND 2

Gedruckt mit Unterstützung der Referats Wissenschafts- und Forschungsförderung der Magistratsabteilung 7 der Stadt Wien und des Bundesministeriums für Bildung, Wissenschaft und Kultur.

Zwischen Wiener Kreis und Marx

Walter Hollitscher (1911–1986)

HERAUSGEBER: ALFRED KLAHR GESELLSCHAFT

Titelfoto: Walter Hollitscher, April 1938 im Schweizer Exil
Fotos: Alfred Klahr Gesellschaft: Zentrales Parteiarchiv (ZPA), Bildarchiv, Nachlass Walter Hollitscher

Herausgeber: Alfred Klahr Gesellschaft
Drechslergasse 42, A-1140 Wien
© bei den AutorInnen
Gestaltung, Satz, Lektorat: Manfred Mugrauer
Eigenverlag
ISBN 3-9501204-6-7
Herstellerin: Druckerei Fiona, Wien.

Berechtigte Ausgabe für Deutschland:
Bonn: Pahl-Rugenstein Verlag, ISBN 3-89144-343-9

Inhalt

Vorwort — 7

Hans Heinz Holz
Walter Hollitscher – Vom Wiener Kreis zu Marx — 9

Dieter Wittich
Walter Hollitscher als Interpret und Popularisator wissenschaftlicher Prozesse. Feststellungen und Gedanken zu seinem Leben und Werk – unter besonderer Beachtung seiner Jahre in der frühen DDR — 15

Herbert Hörz
**Zwischen Freud und Pawlow
Anmerkungen zu einer aktuellen Hollitscher-Deutung** — 45

Friedrich Stadler
Walter Hollitscher: „Wendung und Verblendung – Zwischen Wiener Kreis und Marx" — 59

Robert Steigerwald
**Auch eine Wiedergutmachung
Zum Erscheinen von Hollitschers Naturdialektik-Vorlesungen** — 65

Hans Mikosch
Naturdialektik und Walter Hollitscher — 69

Hubert Laitko
Walter Hollitschers Konzept der Naturdialektik: Die Berliner Vorlesung im Kontext seiner intellektuellen Biographie — 75

Petra Stöckl
Lebewesen Mensch — 131

Thomas Schönfeld
**Entschlossenheit und Nachdenklichkeit
Über einige Arbeiten Walter Hollitschers in den Siebziger- und Achtzigerjahren** — 135

Samuel Mitja Rapoport
Persönliches über Walter Hollitscher — 143

Auswahlbibliographie von Walter Hollitscher — 146

AutorInnenverzeichnis — 151

Vorwort

Am 20. Oktober 2001 fand im Saal der Alfred Klahr Gesellschaft in Wien das Symposium „Zwischen Wiener Kreis und Marx" statt, eine Gedächtnisveranstaltung zu Ehren von Walter Hollitscher. Renommierte Wissenschafter und Wissenschafterinnen wie die Professoren Hans Heinz Holz, Herbert Hörz, Hans Mikosch, Samuel Mitja Rapoport, Thomas Schönfeld, Friedrich Stadler sowie Dr. Petra Stöckl hielten Referate, in denen wichtige Aspekte des Lebenswerks von Walter Hollitscher behandelt wurden. Ein zahlreich erschienenes Publikum aus dem In- und Ausland legte den Beweis dafür ab, dass dieser enzyklopädische Denker, der zum Zeitpunkt der Veranstaltung 90 Jahre alt geworden wäre, nicht vergessen ist.

Der marxistische Wissenschafter und Kommunist Walter Hollitscher (1911-1986) trat sowohl als Theoretiker und Publizist als auch als Volksbildner in Erscheinung und leistete mit einer Vielzahl von Veröffentlichungen wesentliche Beiträge zur Philosophie, Biologie, Psychologie, Medizin, Ethologie, Anthropologie, Sexualwissenschaft und Ökologie, aber auch für ein marxistisches Verständnis der Religion, des Friedenskampfes und der Ideologie. Hollitschers Hauptwerk über die Natur und den Menschen im Weltbild der modernen Wissenschaft (1960 und 1969, sowie in einer überarbeiteten sechsbändigen Neuausgabe 1983-1985 erschienen) ist eine universal angelegte Darstellung der Entwicklungsgeschichte von der unbelebten Natur bis zur menschlichen Gesellschaft und wurde in mehr als zehn Sprachen übersetzt.

1911 in Wien geboren, schloss sich Hollitscher als Mittelschüler in Prag der kommunistischen Bewegung an und wurde 1929 Mitglied der KPÖ. 1933 promovierte er bei Moritz Schlick mit einer Arbeit über das Kausalprinzip in der Quantenphysik. Nach der Annexion Österreichs musste Hollitscher emigrieren, zuerst nach Zürich, dann nach London, wo er – unter anderem als Vizepräsident des *Austrian Centre* – bis 1945 lebte. Nach der Befreiung Österreichs war Hollitscher als Mitarbeiter in der Wiener Volksbildung und des Instituts für Wissenschaft und Kunst tätig. 1947 wurde er Konsulent für Wissenschaft im Amt für Kultur und Volksbildung der Gemeinde Wien. 1949 folgte er einem Ruf der Berliner Humboldt-Universität, wo er bis 1953 als Ordinarius für Logik und Erkenntnistheorie und erster Direktor des philosophischen Instituts wirkte. Nach seiner Rückkehr wurde Hollitscher Wissenschaftskonsulent des Zentralkomitees der KPÖ. Seit 1966 war er als Gastprofessor für philosophische Probleme der modernen Naturwissenschaften an der Karl-Marx-Universität in Leipzig tätig, die ihm 1971 die Ehrendoktorwürde verlieh.

Neben seinen regen wissenschaftlichen und volksbildnerischen Publikationsaktivitäten (unter anderem als Leiter der Wissenschaftsrubrik der *Volksstimme* und Redaktionsmitglied von *Weg und Ziel*) trat Hollitscher als Lehrer an Parteischulen, Referent in Parteiorganisationen im In- und Ausland, Vortragender an Universitäten und auf internationalen philosophischen Kongressen in Erscheinung. In besonderer Weise engagierte er sich für den Dialog zwischen Christen und Marxisten. In Walter Hollitscher verkörperte sich das Vorbild eines Intellektuellen, der engstens mit der revolutionären Arbeiterbewegung verbunden ist.

Die Alfred Klahr Gesellschaft, die den Nachlass Walter Hollitschers und seine umfangreiche Bibliothek verwahrt, legt hiermit das Protokoll des Symposiums vom 20. Oktober 2001 vor, ergänzt mit Beiträgen der deutschen Wissenschafter Hubert Laitko, Robert Steigerwald und Dieter Wittich. Den Autorinnen und Autoren sowie den Verantwortlichen für die Durchführung der Gedächtnisveranstaltung und die Herausgabe des Bandes, Univ.Prof. Dr. Gerhard Oberkofler und Manfred Mugrauer, spreche ich meinen herzlichen Dank aus.

Wien, im Februar 2003

ao. Univ.Prof. Dr. Hans Hautmann
Präsident der Alfred Klahr Gesellschaft

Walter Hollitscher – Vom Wiener Kreis zu Marx

HANS HEINZ HOLZ

Ich war dreiundzwanzig und ein junger Student in Frankfurt am Main, als ich in Berlin anlässlich eines Auftrages, den ich vom demokratischen Kulturbund erhalten habe, Walter Hollitscher zum ersten Mal begegnete. Ich suchte natürlich den marxistischen Philosophen auf, der mir Ratschläge geben sollte für mein weiteres Studium.

Als ich ihm sagte, ich beschäftige mich mit Fragen der Ästhetik, kam für mich die ganz erstaunliche Reaktion von einem Mann, den ich eigentlich mehr der Naturphilosophie zugeordnet hatte. Ja, kennst du den Christopher Caudwell, er war ein englischer Ästhetiker, der im Spanienkrieg auf der Seite der Republikaner gefallen ist, und einige wichtige Werke zur Kunst- und Kulturtheorie hinterlassen hat. Ich kannte ihn natürlich nicht, denn es gab von ihm damals kein Buch, außer ein einziges in englischer Sprache. In Deutschland ist er auch erst 1968 zum ersten Mal im Zuge der Studentenbewegung übersetzt worden. Ich erzähle das, um zu sagen, wie breit und reich Walter Hollitscher den gesamten Bereich der Geisteswissenschaften, der Philosophie und der Naturwissenschaften, aus denen er ja eigentlich herkam, auf die Probleme der Zeit reagierte und dass es unter diesen Umständen natürlich ganz ausgeschlossen ist, in einem kurzen Eröffnungsvortrag, der nicht mehr als eine halbe Stunden dauern soll, der Breite und der Souveränität dieses großen Gelehrten gerecht zu werden. Ich kann also nur einige Aphorismen zu seinem Werk und zu seiner Bedeutung, seiner Bedeutung vor allen Dingen auch für uns und für mich natürlich, weil ich Philosoph bin, insbesondere in meiner eigenen Wissenschaft anmerken.

Wenn diese Gedenktagung unter den Titel steht „Zwischen Wiener Kreis und Marx", dann würde ich sagen, ist das Wort „zwischen" fast noch ein wenig untertrieben, denn es müsste ja eigentlich gesagt werden, Hollitscher war den Weg gegangen vom *Wiener Kreis* zu Marx. Es war selbstverständlich in den Zwanzigerjahren, dass ein dem Irrationalismus der Zeitströmungen widerstehender junger Gelehrter, ein Gelehrter der insbesondere auch durch sein Studium der Naturwissenschaften, der Biologie und Medizin, wie wir gehört haben, mit den realen Fragen der empirischen Wissenschaften konfrontiert war, dass ein solcher angehender Gelehrter sich an einer philosophischen Richtung orientierte, die für sich in Anspruch nahm, den Vorrang der Vernunft zu bewahren, eine rationale Philosophie zu sein. Und das hat ja die gesamte Tradition des *Wiener Kreises* im Verhältnis zu den weltanschaulichen Strömungen der bürgerlichen Philosophie des späten 19. und 20. Jahrhunderts ausgezeichnet, dass auf der Striktheit der ideologischen und vernünftigen Argumentation bestanden wurde. Allerdings hat sich der *Wiener Kreis* in der Abwehr dieser irrationalistischer Strömung der spätbürgerlichen Philosophie einen viel zu engen Begriff dessen gemacht, was Vernunft zu leisten habe. In der Sprache Hegels würde man sagen, der *Wiener Kreis* hat sich ausschließlich auf die Verstandesseite der Vernunft beschränkt und gerade nicht das angestrebt, was Vernunft zu leisten hat, nämlich über die durch die endlichen Grenzen unseres Verstandes bedingten Möglichkeiten der Erfahrungserkenntnis hinaus einen Entwurf von Welt im Ganzen, die ja über unsere möglichen endlichen Erfahrungen geht, zu machen. Im Gegenteil, es war das Programm des *Wiener Kreises*, darauf zu verzichten, das, was man Weltanschauung nannte, überhaupt noch für eine philosophisch sinnvolle Aufgabe zu halten. Selbstverständlich hat jeder Mensch eine Weltanschauung und orientiert sich irgendwo in dieser Welt, aber darüber noch philosophisch, logisch abgesicherte und begründete Aussagen machen zu können, genau dies leugnete der *Wiener Kreis*.

Wenn wir jetzt schon in den Einführungsworten von Hans Hautmann gehört haben, das große Lebenswerk von Walter Hollitscher, sein Werk *Mensch und Natur im Weltbild der Wissenschaft*, war der Entwurf einer gesamten wissenschaftlichen Weltanschauung, die mehr war als nur die auf endliche empirische Aussagen zu begrenzenden Einzelwissenschaften, dann sehen wir schon, wie weit er sich in seinem eigenen Denken, seiner eigenen Denkentwicklung von den Ausgangsbedingungen des *Wiener Kreises* entfernt hat, obwohl er bis an sein Lebensende immer an der Strenge des Anspruchs rationaler Philosophie festgehalten hat. Und wie wir ja aus der großen Tradition des klassischen deutschen Idealismus von Leibniz über Kant bis zu Hegel doch wissen, dass es auch eine Rationalität nicht nur des empirisch Absicherbaren geben kann, sondern auch der Rationalität dessen, was man in jener Zeit spekulative Philosophie genannt hat. Die Doppelrichtung, die Zweiseitigkeit unseres Verstandes- und Vernunftsvermögens, einerseits eingegrenzt zu sein in die Tätigkeit empirischen Wissens und andererseits nicht umhin zu können, über die Grenzen es empirischen Wissens hinaus eine Konzeption des Ganzen der Welt zu entwerfen, damit wir uns in der Welt orientieren können, wie schon Kant sagt. Diese Zweiseitigkeit unseres Denkens hat in der Begründung der marxistischen Philosophie zuerst mit aller Deutlichkeit Friedrich Engels entwickelt. Friedrich Engels, der ja auch davon gesprochen und das Wort geprägt hat, dass der Marxismus, die marxistische Philosophie eine „wissenschaftliche Weltanschauung" zu sein hat. Eine wissenschaftliche Weltanschauung heißt also sowohl eine Weltanschauung, die die empirischen Möglichkeiten unseres Erfahrungswissens im Hinblick auf das Ganze, auf die Kategorie Totalität überschreitet, wie es auch in der *Dialektik der Natur* heißt, Dialektik sei die Wissenschaft des Gesamtzusammenhangs. Der Gesamtzusammenhang ist nicht in der Erfahrung der einzelnen Wissenschaften gegeben, aber hält sich streng an das Bild, das im wissenschaftlichen Wissen erarbeitet vorliegt und als gesichert oder wenigstens für eine Epoche gesichert (denn wissenschaftliches Wissen entwickelt sich ja immer weiter) zu gelten hat. Diese Doppelfunktion der Philosophie, einerseits sich an die Wissenschaft zu binden und andererseits wissenschaftliche Weltanschauung, das heißt Entwurf des Ganzen zu sein, diese Doppelfunktion der Philosophie war es, die über dem gesamten Lebenswerk von Walter Hollitscher steht. In einer vor mehr als zwanzig Jahren erschienenen Schrift zur „Kritik der philosophischen Grundposition des Wiener Kreises" von Jörg Schreiter, im damaligen philosophischen Institut der Akademie der Wissenschaften der DDR entstanden, lese ich, der Einzige von den Schülern Schlicks im *Wiener Kreis*, der von da aus den Weg wieder zum Gesamtkonzept einer Philosophie gefunden hat, sei Walter Hollitscher gewesen. Ich muss das in einem gewissen Sinn korrigieren, es gab einen zweiten Schüler des *Wiener Kreises*, einen italienischen Kollegen, Ludovico Geymonat, den großen Wissenschaftshistoriker, dessen zehnbändige *Geschichte der Philosophie im Zusammenhang mit der Geschichte der Wissenschaften* eines der Standardwerke unserer Disziplin ist. Geymonat, der als Promovend und Schüler des berühmten Mathematikers Peano zur Fortsetzung seines Studiums nach Wien ging und bei Schlick und bei Reichenbach seine philosophische Fortbildung erfuhr, ist denselben Weg gegangen, um auch unter Insistenz auf der Rationalität des einzelwissenschaftlich logisch gesicherten Denkens die Kategorie eines Ganzen von Welt nicht aus dem Blick zu verlieren. Und in seiner deutsch auch erschienenen *Theorie der Wissenschaften* beginnt er damit, dass die Unverzichtbarkeit der Kategorie Totalität, als des Gesamtzusammenhanges, die Voraussetzung einer Philosophie sei, die nicht nur die Richtigkeit von Aussagen überprüfen sondern die uns eine Orientierung in der Welt vermitteln will.

So hat auch Walter Hollitscher schon sehr früh, in einer der ersten Publikationen nach dem Zweiten Weltkrieg, die in Deutschland herauskam, geschrieben: „So besteht die Aufgabe der modernen materialistischen Philosophie darin, ein allgemeines und verallgemeinerndes Fazit aus den Methoden und Ergebnissen der Wissenschaft von der Entwicklung der Natur, der Gesellschaft und des menschlichen Denkens zu geben". Und dann in einem etwas pathetischen Schluss dieses Aufsatzes: „die wissenschaftliche Weltanschauung, die unser Orientierungsmittel im Ozean der auf uns einströmenden Erfahrungen und unser Mittel zur Erkenntnis und Veränderung der Realität ist, wird durch die Philosophie zusammengehalten". Ich lege Wert nicht nur auf das Wort Erkenntnis, sondern auch auf das Wort Veränderung, denn wir leben ja in einer sich verändernden Welt. Als ich Hollitscher kennen lernte, da hatten wir alle ja noch die Hoffnung, dass wir eine neue Welt bauen können, eine Welt des Friedens, der sozialen Gerechtigkeit, wir waren getragen von Optimismus. Wir dachten, wir bauen jetzt eine Welt auf, in der die Klassengegensätze allmählich verschwinden werden, in der der Unfriede aufgehoben wird, in der die Funktion einer Weltorganisation wie der UNO eine friedensstiftende Funktion besitzt. Wir sind ja sehr bald belehrt worden, dass unter dem Druck des großen Kapitals sich das nicht so realisieren ließ, wie wir es gedacht hatten. Aber immerhin war damals diese junge Generation getragen von der Überzeugung. Das Wort „Veränderung der Realität" sagte uns mehr vielleicht als manchen heute. Wir glaubten daran – nun, wir sind der Illusion gefolgt, zu glauben – dass wir in kurzer Lebensfrist die Welt verändern könnten.

Aber die Welt verändert sich natürlich immer, und sie hat sich verändert seit der Sklavenhandelgesellschaft über den Feudalismus über den Kapitalismus und sie wird sich mit Notwendigkeit zu einer den Kapitalismus überschreitenden Gesellschaftsordnung hin verändern, weil der Kapitalismus seine internen Widersprüche, seine Selbstwidersprüche hervorbringt, die ihn an die Grenzen der Funktionsfähigkeit seiner selbst als Gesellschaftssystem führen. Er hat, wie Marx das im *Kommunistischen Manifest* beschrieben hat, zunächst die ungeheuer progressive Funktion gehabt, die Entfaltung der Produktivkräfte zu entfesseln und zu enthemmen, die Menschen also auf einen Weg des Produzierens gesellschaftlichen Reichtums freizusetzen, aber inzwischen hat der Kapitalismus – und das ist die Dialektik der Geschichte – über die uns Hollitscher vieles zu sagen gehabt hat, die Grenzen seiner Funktionsfähigkeit erreicht und hat uns in allen Bereichen unseres Lebens in eine für die Gattungsgeschichte der Menschheit bedrohliche Lage gebracht. Wenn wir also nicht in dieser Lage untergehen wollen, dann bleibt uns gar nichts anderes, als die Welt zu verändern, und ich bin auch fest überzeugt, dass wir sie verändern werden – unter welchen Opfern das geschieht, ist eine andere Frage. Hollitscher war einer, der sein Leben lang unbeirrt auch an dieser Veränderung dieser Welt mitgearbeitet hat. Also Veränderung der Realität. Veränderung der Realität ist aber nicht möglich, ohne dass wir uns doch ein Ziel setzen. Wir verändern ja nicht Realität in irgendeiner Weise irgend wohin, sondern wir wollen sie auf einen bestimmten Zweck, auf die Verbesserung der Zustände verändern. Wollen wir uns aber im Gesamtzusammenhang der vielen Phänomene, die uns begegnen, also in diesem Ozean der auf uns einströmenden Erfahrungen, um es mit den Worten Hollitschers zu sagen, im Hinblick auf zukünftige Zwecke, rational begründbare Zwecke und nicht einfach utopistisch illusionistisch orientieren, dann bedürfen wir einer Theorie des Gesamtzusammenhanges, eines Entwurf des Gesamtzusammenhanges. Das kann natürlich nie – und darauf hat Hollitscher in allen seinen Schriften nachdrücklich hingewiesen – ein Entwurf sein, der eine endgültige Wahrheit behauptet, so sei die Welt im Gesamtzusammenhang, sondern es kann immer nur der Entwurf eines Modells von Gesamtzusammenhang sein.

Alle großen Metaphysiken der Weltgeschichte waren Modellentwürfe von Welt im Ganzen, und nur da, wo sie dem Irrtum verfielen, zu meinen, dass das Modell eine identische Abbildung sei des Gesamtzusammenhangs, sind sie zu reaktionären Positionen erstarrt. Wo aber die Modellentwürfe nichts anderes als eine Orientierung in einem Entwicklungsprozess von Welt gegeben haben auf einen Entwurf hin, wie überhaupt das Ganze gedacht und im Kopf konstruiert werden könne, damit wir planmäßig zu handeln vermöchten, da hat in der gesamte Geschichte der Philosophie, von Aristoteles bis Hegel, die Metaphysik natürlich immer eine progressive Funktion gehabt. Diese Doppelseitigkeit auch in der Funktion unserer geistigen Entwürfe, die etwas anderes sind als nur naturwissenschaftliche Abbildungen von Sachverhalten – diese Doppelfunktion, also zugleich progressive Perspektiven eröffnen zu können und sie durch dogmatische Verhärtung wieder zuzustellen, dies ist die große Auseinandersetzung, die sich durch die ganze Geschichte der Philosophie zieht. Und an der wir zu lernen haben, was Philosophie leisten kann, eben diese Orientierungswissenschaft zu sein, und was sie nicht leisten kann, nämlich eine Art quasi religiöses Abbild einer Welt, Abbild einer Welt im Ganzen zu sein. Das hat Walter Hollitscher in einer Einleitungsvorlesung in Wien, die er, ich glaube im Rahmen des Volksbildungsprogramms über den „Nutzen der Geschichte der Philosophie" gehalten hat, sehr deutlich herausgestellt. Er sagte, wir können uns von dieser Welt nicht an Planungen, Entwürfen, an ethischen Normen orientieren, wenn wir nicht zugleich die Geschichte all der Begriffe, all der Konzepte, all der Vorstellungen, die in diese Orientierung eingingen, mitzudenken vermögen. Denn eben nur, indem wir die Geschichte mitreflektieren, können wir uns sowohl der realen Seite wie der ideologischen Verzerrungen solcher Entwürfe an den Beispielen der großen Philosophie bewusst werden.

Philosophiegeschichte muss als eine Geschichte ihrer Probleme, wie sie aus den historischen Bedingungen der jeweiligen Entstehungszeit heraus sich bilden, verstanden werden, um aus der Problemgeschichte die Analogie zu den Fragen zu gewinnen, die sich uns stellen, die nie dieselben Probleme sind, die einer der großen Philosophen hatte, aber doch in einer genauen Beziehung dazu stehen. Wir lesen heute Hegel mit einer – ich muss es von mir sagen – ungeheuren Begeisterung, was dieser Mann alles unter den Bedingungen der sich herausbildenden bürgerlichen Gesellschaft als interne Selbstzersetzungserscheinungen dieser bürgerlichen Gesellschaft gesehen hat. Aber so wie er es in der Rechtsphilosophie beschreibt, ist es natürlich nicht eine Beschreibung dessen, wie wir heute die bürgerliche Gesellschaft kritisch sehen, sondern ist die Beschreibung der Probleme, die sich unter den Bedingungen der damals entstehenden bürgerlichen Gesellschaft gestellt haben. Und nur wenn wir diese Differenz mitdenken, kann Hegel für uns aktuell sein. Wenn wir Hegel in die Hand nehmen und lesen ihn so, als ob er jetzt ewige Wahrheiten verkündete, dann wird das alles toter Wissensstoff. Wenn wir es aber als ein Stück der geistigen Bewegung auffassen, in der wir uns selbst befinden, deren Erben wir sind, und die wir selbst den Jüngeren zu vererben haben, verstehen, dann bekommen diese relativ auf das Jahr 1820 bezogenen Arbeiten Hegels für uns ungeheure aktuelle Bedeutung. Und dasselbe gilt natürlich auch für Marx. Wenn wir heute im *Kapital* lesen, was Marx alles schon über die Probleme gesehen hat, die mit der Ausbeutung der Natur entstehen, also ökologische Probleme, die 1860 natürlich überhaupt keine brennenden Probleme waren, aber natürlich zurücktreten hinter den damals aktuellen Problemen der politischen Bedingungen – dann wissen wir, wie in den Denkprozessen sich bereits antizipierend keimhaft zeigt und ausbildet, was in späteren Zeiten sich dann voll, wie Ernst Bloch gesagt hat, herausprozessiert hat.

Und so eignen wir uns das Erbe unserer Großen an. Nicht indem wir sie in tote Schemata fixieren, sondern indem wir uns auf ihre eigene Denkbewegung einlassen. Auf die Denkbewegung, die Marx dahin geführt hat zu sehen, dass die Ausbeutung des Menschen durch den Menschen unter Bedingungen geschieht, die zugleich eine zerstörende Ausbeutung der Natur ist, wie ja der Mensch selbst ein Element der Natur ist. Nur noch ein weiteres Beispiel: Ich bin überrascht, was Marx bereits alles über den Globalisierungsprozess gesagt hat. Das steht alles schon im 24. Kapitel des *Kapital*, was heute sich abspielt, nur natürlich in einer damals noch abstrakten Form, während wir es heute in der Entfaltung des Finanzkapitals vor Augen vorgeführt bekommen. Dies, meine ich, gehört also mit zum Aneignen dessen, was der Mensch in der Geschichte und Gesellschaft ist. Ich glaube, dass es ganz wichtig war, dass Hollitscher schon sehr früh die Perspektiven der aktuellen Aneignung publiziert hat, im Zweiten Weltkrieg, als wir noch in einer Phase steckten, wo das Zitieren von Autoritäten wichtiger war als das eigene Denken. Er hat aufmerksam gemacht hat, wie wichtig es ist, dass wir in der Aneignung unserer ganzen Geistesgeschichte, Philosophiegeschichte und Kulturgeschichte uns mit der Gegenwart einlassen und dass ohne diese Vermittlung der Gegenwart mit der Geschichte wir den Boden der Realität unter den Füßen verlieren. Es gehört mit zu den großen Krisenerscheinungen unserer Zeit, dass wir uns von unseren geschichtlichen Voraussetzungen weitgehend abgekoppelt haben. Wenn man sieht, was heute in Schulbildungs- und Universitätsreformplänen an Inhalten abgestrichen wird, die konstitutiv sind für die Identität unserer Kultur, für unser Sein als Kulturwelt, wenn man sieht, dass dies gerade eine Politik ist, die sozialdemokratische Kulturpolitiker tragen, unter Verleugnung dessen, was sie sozusagen aus ihrer eigenen Geschichte hätten lernen müssen, dann ist es umso wichtiger, dass Denker wie Hollitscher bei uns im Gedächtnis bleiben. Denker, die die Realwissenschaften der Gegenwart weiter entwickeln und mit der Geschichte unseres Denkens vermitteln. Das sage ich jetzt nicht nur in Bezug auf die Person Walter Hollitschers, sondern das sage ich in Bezug auf uns alle, die wir hier sitzen, und insbesondere auch für diejenigen, die in der Klahr Gesellschaft mitarbeiten; es ist eine ganz, ganz wichtige Funktion, die Kommunisten in dieser Welt haben, dass sie geschichtsbewusst sind und wissen, dass die Gegenwart nur aus dem Werden ihrer Selbst, ihrer Geschichte heraus verstanden werden kann. Dass sie an dieser Kulturtradition, an diesem Erbe festhalten, dass sie die Träger der Identität unserer Kultur geblieben sind in einer Zeit, in der auch die Erben der analytischen Philosophie, auch die Erben des *Wiener Kreises*, das Wissen um unsere Geschichte längst abgeschrieben haben. Und in diesem Sinne meine ich, steht eben Walter Hollitscher nicht zwischen dem *Wiener Kreis* und Marx, sondern er ist vom *Wiener Kreis* zu Marx gegangen und hat von Marx her das auch aufnehmen können, was am *Wiener Kreis* bedeutungsvoll war. Aber er hat in einem Zusammenhang des Denkens einen Entwurf von Prozessen integriert, die weit über all das hinausgeht, was bürgerliche Philosophie heute noch leistet.

Walter Hollitscher als Interpret und Popularisator wissenschaftlicher Prozesse
Feststellungen und Gedanken zu seinem Leben und Werk – unter besonderer Beachtung seiner Jahre in der frühen DDR.*

DIETER WITTICH

Walter Hollitscher lehrte seit 1965 und fast bis zu seinem Tod 1986 jährlich für mehrere Wochen als Gastprofessor für philosophische Fragen der Naturwissenschaften an dem damaligen Institut für Philosophie bzw. (seit 1968) an der Sektion Marxistisch-leninistische Philosophie der einstigen Karl-Marx-Universität. 2001 wäre er 90 Jahre alt geworden. Viele erinnern sich seiner als eines freundlichen älteren Herrns, der außergewöhnlich interessant über wissenschaftliche, politische oder ideologische Vorkommnisse aus einer Welt zu berichten wusste, die DDR-Bürgern persönlich weitgehend verschlossen war. Aber ist deshalb wenigstens in den alten akademischen Kreisen Leipzigs sein Lebenswerk und seine Bedeutung für den internationalen Marxismus auch erkannt? Das darf zu Recht bezweifelt werden. Doch lohnt es sich überhaupt von ihm mehr zu wissen, seinem Leben und Werk näher als bislang üblich nachzugehen? Wir leben heute in einer Zeit der politischen Niederlage. So wird es nicht bleiben, denn der gegenwärtige Kapitalismus widerspricht in grober Weise elementaren Interessen und Bedürfnissen der Mehrzahl der Menschen. Für die weitere Auseinandersetzung mit ihm bedarf es noch vieler Untersuchungen und Überlegungen zu unserer nicht- oder antikapitalistischen Vergangenheit.

Walter Hollitscher wirkte in einer Zeit als eine sozialistische Gesellschaft und Staatsmacht in Deutschland und in der Welt zuerst versucht wurde. Diese Jahre waren politisch von viel Elan und von für die Zukunft wertvollen sozialen Innovationen geprägt, doch nicht weniger auch von einer mangelnden intellektuellen Reife einer bis dahin unterdrückten und verfolgten Unterschicht. Gerade dies erkannten viele jener ihrer Vertreter nicht, die sich während der kapitalistischen und insbesondere faschistischen Vergangenheit mutig und standhaft gewehrt hatten und oft brutal verfolgt worden waren. Ihre intellektuellen Gebrechen äußerten sich, als sie zu politisch Mächtigen geworden waren, vor allem in dogmatischen Festlegungen, in sturer Rechthaberei, in absolutistischer Selbstgefälligkeit oder in dem vagen Gefühl, intellektuell anspruchsvollen Diskursen um die Ausübung von Macht nicht gewachsen zu sein. Sie, die die Halbheiten kapitalistischer Demokratie nicht bitter und ausdauernd genug zu beklagen wussten, flüchteten in den Schoß halbfeudaler Herrschaftsweisen. In einer solchen Zeit hatte Hollitscher als Intellektueller zu bestehen. Der Kapitalismus, in welcher Gestalt auch immer, schien ihm keine Alternative zu dem, was Sozialismus bereits war oder für die Zukunft zu sein verhieß. Das war sein geschichtliches „Rhodos" und hier musste er „tanzen". Walter Hollitschers Lebensleistung, aber auch sein Irren und Versagen darf deshalb als ein aufschlussreiches Thema angesehen werden.

Zum Lebensweg Walter Hollitscher

Eine Reihe von Dokumenten, die für das Verständnis seines Lebens und Wirkens wichtig sind, wurden erst in den letzten Jahren bekannt. Das betrifft zunächst fünfzig Lektionen, die Hollitscher vom November 1949 bis zum Juli 1950 im Rahmen seiner Vorlesung zur Naturphilosophie an der Humboldt-Universität zu Berlin hielt. Sie sind mehr als 50 Jahre später durch Josef Rhemann unter dem Titel *Vorlesungen zur Dialektik der Natur* zuerst veröffentlicht worden./1/ Diese späte Publikation ist auch deshalb für die Beurteilung von Walter Hollitscher aufschlussreich, weil sie das (wenn auch höchst miserabel verfasste) Protokoll einer „Diskussion" zwischen marxistischen Philosophen, Einzelwissenschaftlern und Politikern der DDR enthält. In ihrem (sicher schon vorhergeplanten) Ergebnis untersagte sie dem Aufbau-Verlag die Publikation der Vorlesungsreihe, obwohl sie bereits im Satz vorlag. Diese Debatte musste für Walter Hollitscher gewiss so etwas wie ein politisches Schlüsselerlebnis gewesen sein. Dennoch hat das disziplinierte Mitglied der KPÖ fast bis zu seinem Tod darüber öffentlich, aber auch in ihm vertrauteren Kreisen geschwiegen.

Wichtig für das Verständnis von Leben und Wirken Hollitschers ist auch eine Autobiographie von Ingeborg Rapoport, die sie 1997 mit dem Titel *Meine ersten drei Leben* veröffentlicht hat./2/ In diesem Buch wurden nämlich zum ersten Mal Hintergründe des Weggangs Hollitschers von Berlin im Frühjahr 1953 und seiner Rückkehr nach Wien angedeutet. Beides geschah sowohl für Leitung der Humboldt-Universität als auch für deren Mitarbeiter und Studenten sehr überraschend. Diese Ereignisse haben auch mein Leben stark beeinflusst, waren die doch der wohl wichtigste Grund dafür, dass mein Lehrer Georg Klaus zum 1. September 1953 als Professor auf den bis dahin von Hollitscher besetzten Lehrstuhl für Logik und Erkenntnistheorie der Humboldt-Universität berufen wurde. Damit gelangten eben auch jene sechs Jenenser Studenten nach Berlin, die Klaus sich als eine Art persönliche Leibgarde für die Hauptstadt der DDR ausbedungen hatte. Das alles ist mir allerdings zur Gänze erst in diesem Jahr und in Beschäftigung mit diesem Vortrag bewusst geworden.

Weiter möchte ich auf eine von den beiden österreichischen Marxisten Peter Goller und Gerhard Oberkofler im Jahre 2000 in Wien herausgegebene Neuerscheinung verweisen, die den Titel trägt: *Walter Hollitscher. Briefwechsel mit Otto Neurath (1934-1941)*./3/ Dieser Briefwechsel, über den ich bereits in der Presse berichtet habe,/4/ ist in Holland archiviert. Er war seit langem Forschern zum *Wiener Kreis* bekannt,/5/ aber bislang nicht veröffentlicht worden. Diese Korrespondenz umfasst insgesamt 74 Briefe, die Hollitscher und der fast dreißig Jahre ältere Otto Neurath in den Jahren 1934 bis 1941 einander schrieben. 30 dieser Briefe verfasste Hollitscher, die Mehrzahl also Neurath. Diese Publikation verdeutlicht, wie intim der junge Hollitscher mit der Gedankenwelt des Wiener Kreises vertraut war, ohne dieser aber jemals in irgendeiner ihrer Varianten gedanken- oder widerspruchslos nachgelaufen zu sein.

Schließlich hat Hubert Laitko kürzlich eine Untersuchung zu Walter Hollitscher veröffentlicht, die die Überschrift trägt „Walter Hollitscher und seine Naturdialektik-Vorlesung in Berlin 1949/50"./6/ Dieser Aufsatz bietet u.a. auch neue, in Berliner Archiven entdeckte Hinweise zur Tätigkeit von Hollitscher 1949/53 an der Humboldt-Universität. Dank der genannten Publikationen erschließen sich uns heute der Lebensweg Hollitschers sowie die Quellen und Motive seines Denkens detaillierter und genauer als dies selbst jenen bekannt sein konnte, die (wie auch ich) mit Hollitscher während seiner Leipziger Zeit alljährlich darüber gesprochen haben.

Hollitscher wurde am 16. Mai 1911 in der Hauptstadt der damaligen österreichisch-ungarischen Monarchie, also in Wien geboren, als Sohn eines Baumwollgroßhändlers. Da sein Vater verarmte und seine Eltern bald geschieden wurden, lebte der junge Hollitscher seitdem in ständiger materieller Bedrängnis, oft sogar in Not. Zeitweise war er in einem Prager Kinderheim untergebracht, wo er u.a. von Helene Weigel betreut worden war./7/ Sein Abitur absolvierte er in der damals überwiegend von Deutschen bewohnten böhmischen Kleinstadt Arnau (tschechisch: Hostinné). Diese Stadt hatte 1900 ca. 4200 Einwohner, von denen viele als Leineweber ihr Brot verdienten. Von materiellen Entbehrungen hat er sich auch in seinem späteren Leben kaum befreien können. Erst seine Tätigkeit als ordentlicher Professor in Berlin und als Gastprofessor in Leipzig vermochten seine finanzielle Lage deutlich zu verbessern, ohne dass er es jemals zu etwas ähnlichem wie Wohlstand gebracht hätte. Das war allerdings auch nie sein Lebensziel gewesen. Er war vielmehr über Kollegen in der DDR dann verwundert, wenn diese sich mit materiellen Gütern allzu auffällig umgaben oder gar mit solchen zu imponieren suchten.

Auch seine missliche Lebenslage hat Hollitscher schon als Schüler in die Nähe der Kommunistischen Partei der Tschechoslowakei gebracht, in deren Jugendverband er früh als Laienschauspieler aktiv war (und zwar in einer Theatergruppe namens *Stoßbrigade*). Er habe besonders gern und häufig Kurt-Weill-Melodien aus der *Dreigroschenoper* gesungen./8/ Eine enge Bindung an die kommunistischen Bewegung hat er bis zu seinem Tod am 6.7.1986 bewahrt. Mit Beginn seines Studiums 1929 bereits war er Mitglied der KPÖ geworden, und er wurde seit den 1960er Jahren wiederholt in deren Zentralkomitee gewählt. Zeitweise war er nach 1945 auch hauptamtlicher Mitarbeiter der KPÖ. Seine lebenslange antifaschistische und vor allem antirassistische Haltung hatte für Hollitscher wahrscheinlich auch einen sehr persönlichen Hintergrund. Seine Mutter wie Großmutter sollen von den deutschen Faschisten in Auschwitz ermordet worden sein. Hubert Laitko fand diese Angabe kürzlich in einem in der Berliner Humboldt-Universität archivierten Antrag des Historikers Alfred Meusel vom 23. April 1949, Hollitscher als Gastprofessor zu berufen./9/ Hollitscher selbst hat sich später dazu niemals, so weit mir das bekannt ist, schriftlich oder mündlich geäußert.

1929 begann er an der Universität Wien Medizin zu studieren, konzentrierte sich aber bald auf Philosophie und Psychoanalyse. 1934 promovierte er bei Moritz Schlick und Robert Reininger, der das Gutachten von Schlick vom 13.7.1934 gegenzeichnete./10/ Das Thema seiner Dissertationsschrift lautete: „Über Gründe und Ursachen des Streites um das Kausalprinzip in der Gegenwart"./11/ Goller und Oberkofler geben ihren Umfang mit „69 Blätter" an. Die Angaben um den Titel dieser Schrift differieren in der Literatur./12/ Das Rigorosum wünschte der Promovend zur „reinen Philosophie" bei Schlick und Reininger zu absolvieren, zur Zoologie bei

Paul Krüger und Jan Verslluys. Bei beiden hatte er entsprechende Praktika absolviert, bei Wolfgang Pauli zudem kolloidchemische Übungen. In seiner Dissertationsschrift habe Hollitscher auch zuerst Interesse für Sigmund Freud und die Psychoanalyse gezeigt./13/

Nach seiner Promotion auf dem Gebiet der Philosophie hat sich Hollitscher wieder stärker auf das Medizin-Studium konzentriert. 1938 befand er sich offenbar kurz vor dem Abschlussexamen./14/ Mit dem Anschluss Österreichs an das von Faschisten beherrschte Deutsche Reich endete seine Wiener Ausbildung. Von Otto Neurath unterstützt, flieht er zunächst in die Schweiz. Goller und Oberkofler meinen: „Nur der Nazi-Überfall und der Kriegsausbruch 1939 hatten es verhindert, dass Hollitscher sein weit gediehenes Medizinstudium und die psychoanalytische Ausbildung abschließen konnte." Immerhin hatte er bereits die hierfür erforderlichen Rigorosa in Physik, Chemie, Anatomie, Physiologie, Histologie und Embryologie mit Auszeichnung absolviert./15/ Gleichzeitig hielt er in der Zeit vor der Emigration für zukünftige Psychoanalytiker Vorlesungen über Biologie. Auch war er in der Psychoanalytischen Vereinigung tätig, wo er 1937/38 Vorträge über die behavioristische und psychoanalytische Begriffsbildung hielt./16/

Während seines kurzen Aufenthaltes in der Schweiz, an der Universität Lausanne, erarbeitete Hollitscher eine medizinische Promotionsschrift, die er 1947 in Wien unter dem Titel *Über die Begriffe der psychischen Gesundheit und Erkrankung* veröffentlicht hat./17/ Noch vor Ausbruch des II. Weltkriegs gelangte er nach England, wo er in der Londoner Glaucester-Place-Klinik als Assistent Kriegsneurosen heilte./18/ Gleichzeitig lehrte er an der *Freien Deutschen Hochschule,* war Sekretär der *Free Austrian Movement* und einer der beiden Vizepräsidenten des *Austrian Centre* (Sekretär war der spätere DDR-Musikwissenschaftler Georg Knepler)./19/

Nach seiner Rückkehr nach Österreich im Oktober 1945 war er Wissenschaftskonsulent der Gemeinde Wien und als solcher mit der Abteilung „Wissenschaftstheorie und Psychologie" des städtischen *Instituts für Wissenschaft und Kunst* betraut. Er war überdies für die neuen Lehrpläne der Wiener Volkshochschulen verantwortlich, zudem aber auch Mitglied der österreichischen UNESCO-Kommission. In seiner letztgenannten Funktion suchte er mit Unterstützung von Jean F. Joliot-Curie, Joseph Needham und J.B.S. Haldane internationale Wissenschaftsbeziehungen Österreichs, die während der Zeit des Faschismus unterbrochen waren, neu zu beleben./20/

Ab 1. Oktober 1949 dann trat Hollitscher eine auf ein Jahr begrenzte Professur mit vollem Lehrauftrag für Philosophie an der Berliner Humboldt-Universität an. Seine Gastprofessur wurde nach einem Jahr in eine ständige umgewandelt. 1951 dann wurde er ordentlicher Professor auf dem neu eingerichteten Lehrstuhl für „Logik und Erkenntnistheorie". Seine Berliner akademische Karriere verlief bis zu den ersten Monaten des Jahres 1953 erfolgreich und hoffnungsvoll, wenn auch nicht ohne für Hollitscher schmerzliche Erfahrungen. Am 23. Dezember 1950 fand im Haus des Kulturbundes in der Jägerstraße unter Leitung von Kurt Hager die bereits erwähnte „Diskussion" zu Hollitschers Vorlesung zur Naturphilosophie statt, die deren Herausgabe verhinderte und in deren Verlauf er großer theoretischer und ideologischer Schwächen bezichtigt wurde. Doch nicht aus diesem Grund fand über zwei Jahre später seine Berliner Tätigkeit, bei der er bis dahin oft auch gelobt und mit Prämien sowie Mitgliedschaften belohnt worden war, ein jähes Ende.

Im Frühjahr 1953 (in der Zeit um Stalins Tod) wurde er für kurze Zeit in der DDR und offensichtlich durch sowjetische Dienststellen inhaftiert und dann nach Österreich ausgewiesen. Er stand unter dem Verdacht während seines englischen Exils Kontakte zu „sowjetfeindlichen Agenten" gepflegt zu haben./21/ Ingeborg Rapoport schildert in ihrer Autobiographie diese Ereignisse wie folgt: „Plötzlich wurde Walter verhaftet. Weder er noch (seine Ehefrau) Violetta haben je etwas über diese Zeit, die Ursachen und Umstände seiner Verhaftung verlauten lassen. Wir hatten den Eindruck, Walter säße *in* Karlshorst, bei der Zentrale der Sowjetischen Besatzungsmacht: ein anderer Freund und Schüler Hollitschers meinte, man habe ihn nach Moskau gebracht. Walter konnte offensichtlich nichts Ehrenrühriges nachgewiesen werden. Er kam nach kurzer Zeit wieder frei, verlor aber seine Professur an der Humboldt-Universität, musste die DDR verlassen und in seine Heimatstadt Wien zurückkehren, wo ihn schwierige finanzielle Verhältnisse erwarteten"./22/ Seine Loyalität gegenüber der Sowjetunion und der DDR ließen Hollitscher, wie Goller und Oberkofler im Jahre 2000 mitteilen, bis knapp vor seinem Tod darüber schweigen. Ich kenne nur einen Menschen, der mir zur Zeit der DDR die eben geschilderte Verfolgung und Verhaftung mitteilte: Alfred Kosing. Auch ich habe dieses für das Ansehen der DDR und besonders der SU höchst peinliche Wissen verdrängt, ja nicht einmal Hollitscher selbst um nähere Auskunft ersucht. Über Helfershelfer an der Humboldt-Universität, die auf ihre Weise zu Hollitschers Verhaftung beitrugen, macht Inge Rapoport nur vage Andeutungen: „... das Schicksal von Hollitscher hat wenigstens zum Teil Robert Havemanns Verhalten zu tun. Die Beziehungen zwischen Hollitscher und ihm brachen jedenfalls mit Walters Verhaftung abrupt ab." Sie habe sich „der Vermutung nicht erwehren (können), daß er (Havemann) sich irgendwelcher Unterstützung mir unbekannter Mächte sicher war."/23/

Zwölf Jahre später (1965) wurde Hollitscher, was sicher auch als eine Art Wiedergutmachung gedacht war, ordentlicher Gastprofessor für philosophische Fragen der Naturwissenschaften an der Karl-Marx-Universität Leipzig. Jahr für Jahr kam nun Walter Hollitscher, begleitet von seiner Frau, für 1-2 Monate an die Leipziger Universität, um anschließend einen von der DDR bezahlten Kururlaub zu verleben. Die studentischen Hörer dieser Gastvorlesungen schätzten sie in der Regel, vermittelte ihnen Hollitscher doch auch (und zwar viel facettenreicher und eindrucksvoller als dies einheimische Lehrkräfte aus bekannten Gründen vermocht hätten) ein Bild von dem, was in der Welt außerhalb des Realsozialismus gedacht, gefühlt und verkannt, beraten und erkannt wurde. Aber nicht minder gespannt waren wir Lehrkräfte darauf, was er Neues aus der Welt des Kapitals zu berichten wusste. Jedes Jahr arrangierten Werner und Ruth Müller in ihrer Wohnung ein ausführliches Gespräch mit Walter und Violetta Hollitscher, an dem, wenn ich mich richtig erinnere, außer den vier Genannten Helmut Seidel, Frank Fiedler, Klaus Gößler und ich, begleitet von unseren Frauen, teilnahmen.

Doch kehren wir noch einmal in die etwas fernere Vergangenheit zurück. Mit seiner Rückkehr nach Österreich 1945 wurden Hollitscher zwei für sein weiteres Leben wichtige persönliche Entscheidungen abverlangt: Einmal, ob er sich zukünftig einer Spezialdisziplin, naheliegend war die Psychoanalyse, widmen sollte oder ob er vornehmlich als Enzyklopädist, als Universalwissenschaftler und damit auch als Philosoph und Popularisator wirken wollte. Die zweite Entscheidung, die er zu treffen hatte, war, ob er im Denk- und Themenkreis der analytischen Philosophie, wenn auch möglichst als Marxist, verharren oder sich thematisch, methodisch, dem ganzen Denkstil nach in den Marxismus-Leninismus einordnen sollte. Diese zweite Entscheidung dürfte ihm insofern relativ leicht gefallen sein, als es auch in Wien keine Möglichkeit mehr gab an der Universität an die Traditionen Schlicks oder Neuraths anknüpfen zu können. Für eine Tätigkeit als approbierter Psychoanalytiker wiederum fehlten ihn die entscheidenden Abschlusszeugnisse. So wurde er durch den Zwang der Umstände, in eine Richtung gelenkt, die seinen Neigungen durchaus entsprach, in die eines Universalwissenschaftlers und Popularisators namentlich von naturwissenschaftlichen Erkenntnissen, als deren politisch-philosophischer Interpret. Dieser Seite seines weiteren Wirkens wollen wir uns nun als erstes zuwenden. Dabei bin ich mir bewusst, dass damit nur ein Teil der Lebensleistung von Hollitscher beachtet werden kann. Es ist aber jener Teil, dem er sich am intensivsten und auch beständig gewidmet hat. Andere seiner Arbeitsgebiete bleiben hier unbeachtet, bedürfen aber gleichfalls noch einer gründlicheren Erforschung. Dazu zählen seine theoretische und praktische Arbeit in der Friedensbewegung, seine vertrauensvolle Zusammenarbeit mit kirchlichen Kreisen, seine langjährigen Beziehungen zu Künstlern wie Bert Brecht oder Hanns Eisler.

Hollitschers Weg zum Interpreten und Popularisator der Wissenschaftsentwicklung seiner Zeit

Mit den eben genannten Charakterisierungen wurde Hollitscher nach Ende des II. Weltkrieges in Deutschland und Österreich vor allem bekannt. Zu dieser seiner später hauptsächlichen Arbeitsrichtung wurde Hollitscher schon vor Beginn des II. Weltkrieg und zwar im *Wiener Kreis* animiert. Dessen Initiatoren verstanden ihren „Kreis" auch als eine politisch und kulturell alternative und emanzipatorische Bewegung. Dafür hielten sie die Verbreitung wissenschaftlicher Erkenntnisse unter möglichst breiten Volksschichten für unerlässlich. Es wurde seitens des *Wiener Kreises* zu diesem Zweck 1928 eine besondere Institution ins Leben gerufen: Der „Verein Ernst Mach. Verein zur Verbreitung von Erkenntnissen der exakten Wissenschaften", wie seine vollständige Bezeichnung lautete. Doch bereits das 1925 von Otto Neurath in Wien gegründete *Gesellschafts- und Wirtschaftsmuseum* wusste sich einer ähnlichen volkspädagogischen Aufgabe verpflichtet. Es verstand sich als ein „Lehrmuseum der Gegenwart" für das Begreifen und Erkennen sozioökonomischer Zusammenhänge. Bis 1934 wurden von dem Museum 36 nationale und internationale Ausstellungen organisiert bzw. mit Material beschickt. Themen der Ausstellungen waren u.a. das Wohnungs- und Siedlungswesen, die Friedenserziehung, die Arbeiterbewegung, die Architektur. Eine populär aufbereitete Wissenschaft wie überhaupt Volks- und Gesellschaftsnähe pflegten Mitglieder und Freunde des „Kreises" auch durch eine umfangreiche und langjährige Mitarbeit in Volkshochschulen sowie in Bildungsstätten und Zeitschriften der SPÖ. Die Verbreitung wissenschaftlicher Kenntnisse war also im „Kreis" eine sowohl gewollte als auch geachtete Arbeit. Von dieser Arbeit wusste man aber auch, dass keineswegs jeder Wissenschaftler für sie gleichermaßen interessiert und geeignet war. Denn mancher, heißt es in der Programmschrift des *Wiener Kreises*, wird „der Vereinsamung froh, auf den eisigen Firnen der Logik ein zurückgezogenes Dasein führen; mancher vielleicht sogar die Vermengung mit der Masse schmähen, die bei der Ausbreitung unvermeidliche ‚Trivialisierung' bedauern ..."/24/ Der junge Hollitscher aber scheute „die Vermengung mit der Masse" nicht; er half Neurath, Gästen das von ihm geleitete Museum zu erklären./25/

Zu Hollitschers späterer Haupttätigkeit, seinem Wirken als ein philosophisch, ideologisch und politisch engagierter Interpret und Popularisator naturwissenschaftlicher Erkenntnisse, hat aber sicher auch seine Bekanntschaft mit der englischen Wissenschaftler-Linken während seiner englischen Emigration beigetragen. Die englischen Wissenschaftler-Linken der 1930er und 1940er Jahre waren keine in die Jahre gekommenen, vielleicht schon pensionierte Professoren, die am Ende ihrer Tage mühsam erworbenes Wissen volkstümlich darzustellen suchten. Sie waren auch keine Diplomanden oder Doktoren, die der wissenschaftlichen Arbeit überdrüssig, fortan ihr Glück in Partei- oder gewerkschaftlichen Funktionen gesucht hätten. Nein, das waren in der Regel hochproduktive, aktive Wissenschaftler, häufig Mitglieder der Royal Society, wie der Biologe J.B.S. Haldane, der Kristallograph John Desmond Bernal, der Embryologe und spätere Erforscher der chinesischen Geistes- und Wissenschaftsgeschichte Joseph Needham, der Biologe und erste Präsident der UNESCO Julian Huxley oder der Atomphysiker und spätere Nobelpreisträger Patrick Blackett. Sie, die an einer oft radikal angestrebten politischen und sozialen Emanzipation der britischen Gesellschaft arbeiteten, verstanden Populärwissenschaft als Brücke zwischen ihrer naturwissenschaftlichen Forschung und ihrer praktisch-politischen Arbeit. Sich auch der Popularisierung von Wissenschaft zu widmen, sahen sie geradezu als Teil ihres Ehrenkodexes an. Unter ihren Publikationen finden sich Titel wie *Science for the Citizen* oder *Marthematics for the Million* von dem Mathematiker Lucien Hogben, *The Universe of Science* von dem Mathematiker Hyman Levy. Der Biologe J.B.S. Haldane war nicht nur Autor des Buches *Science and Everyday Life*, sondern schrieb auch dreizehn Jahre lang, von 1938 bis 1951 Woche für Woche in der damaligen kommunistischen Tageszeitung *Daily Worker* die Kolume *Science for the Layman*./26/

Hollitscher selbst hat während seines Berliner Aufenthalts 1949-1953 – im Wissen sicher auch um die von ihm persönlich erlebten Aktivitäten der englischen Wissenschaftler-Linken – mehrmals zur Bedeutung populärwissenschaftlicher und damit auch seiner eigenen Arbeit geschrieben. In seiner Aufsatzsammlung von 1951 „*... wissenschaftlich betrachtet ...*" bemerkte er: „Eine außerordentlich wichtige, mit dem Problem der wissenschaftlichen Buchproduktion verbundene soziale Funktion der Wissenschaft liegt in ihrer Popularisierung. Eine Ideologie wird nur dann tatsächlich zur herrschenden Ideologie, wenn sie die Massen ergreift. Und die Ideologie der Wissenschaft kann in unseren Tagen die Massen nur mit Hilfe der Popularisierung ergreifen. Ich verstehe hier unter popularisierter Wissenschaft *allgemeinverständliche Wissenschaft* und keineswegs kindisch-verspielte, sich tantenhaft-herablassende oder großväterlich-verzopfte Pseudo-Wissenschaft, nicht journalistisch aus dritter oder vierter Hand zubereitete ‚Wissenschaft' und durch unziemliche Schlagzeilen ‚attraktiv-gemachte'. Die Popularisierung der Wissenschaft ist Sache der Wissenschaftler selbst ..." Die populärwissenschaftliche Literatur müsse sorgfältig erarbeitet werden./27/ Der sozialistische Wissenschaftler müsse so dazu beitragen, dass die „wissenschaftliche Weltauffassung" zur „herrschenden Ideologie" werde. Dafür habe er zu wirken, „will er ein volles staatsbürgerliches Leben führen". „Nicht bloß der Spezialisten- und Lehrernachwuchs – das ganze wissensdürstende Volk ist seine Schülerschaft. Populäre, volkstümliche Wissenschaft ist keineswegs eine Reservat für Leute, bei denen es zu produktiver wissenschaftlicher Arbeit nicht gelangt hat. Ein populäres wissenschaftliches Buch zu schreiben ist nicht ein Verstoß gegen die ‚Standesehre', sondern ihre Erfüllung"./28/

In den genannten intellektuellen und kulturpolitischen Milieus Österreichs und Englands gedieh jedenfalls Hollitschers Veranlagung, anderen Menschen wissenschaftliche Einsichten in möglichst einfacher und dennoch genauer Weise mitteilen zu wollen und zu können. An Neuraths „Einheitswissenschaft" oder „Enzyklopädie" mitzuwirken, die ja schon von ihrem Anliegen her zumindest für Intellektuelle beliebiger Coleur einigermaßen verständlich sein wollte, war deshalb für den jungen Hollitscher ein ausgesprochener Herzenswunsch. Sein Briefwechsel mit Neurath aus den Jahren 1934 bis 1941 gibt hierüber hinreichend Auskunft./29/

Schon bevor Hollitscher in Ostdeutschland überhaupt bekannt werden konnte, hatte er Proben nicht nur seines wissenschaftlichen, sondern auch seines didaktischen Vermögens öffentlich vorgestellt, so in seiner *Rassentheorie?* (London 1944), in dem von ihm herausgegebenen Band *Sigmund Freud: An Introduction* (London 1947), in der Schrift *Über die Begriffe der psychischen Gesundheit und Erkrankung* (Wien 1947) oder bei der von ihm zusammen mit Joseph Rauscher besorgten Herausgabe von *Moritz Schlick, Grundzüge der Naturphilosophie. Aus dem Nachlaß* (Wien 1948).

Als Walter Hollitscher aber im Spätsommer 1949 nach Ostdeutschland, in die damalige Sowjetische Besatzungszone kam, fand er auch hier Marxisten vor, die ähnlich wie er um eine politisch wie philosophisch engagierte Verbreitung wissenschaftlicher Erkenntnisse bemüht waren. Ich denke etwa an die Schrift von Georg Klaus und Peter Porst *Atomkraft – Atomkrieg?*, deren 1. Auflage in einem Umfang von 179 Seiten 1949 im Berliner Verlag *Kultur und Fortschritt* erschienen war („Peter Porst" war dabei das Pseudonym von Karl Böhm, einem Jugendfreund von Klaus aus Nürnberger Zeiten. Böhms Vetter Hansheinz Porst war Besitzer der gleichnamigen Foto-Ladenkette). Diese heute nahezu vergessene Schrift fand bei ihrer Herausgabe 1949 ein außergewöhnlich großes Interesse. Noch im Erscheinungsjahr folgten zwei weitere Auflagen. Es war ja die aufregende Zeit, als die USA bereits Atombomben besaßen und deren ungeheure Zerstörungskraft bereits in Hiroshima und Nagasaki der Welt im beginnenden Kalten Krieg demonstriert hatten, die Sowjetunion aber noch weit davon entfernt schien, hierin ein gleichmächtiger Gegner sein zu können.

Eine weitere selbständige Publikation zu der auch von Hollitscher gepflegten Thematik hatte damals bereits Klaus Zweiling vorgelegt. 1950 erschien von ihm *Dialektischer Materialismus und theoretische Physik*. Diese Arbeit wurde zusammen mit einem Aufsatz von Pascual Jordan veröffentlicht: *Das Plancksche Wirkungsquantum* (Berlin 1950). Bald nach Hollitschers Eintreffen erschienen in Ostdeutschland zu seinem Themenkreis auch Schriften anderer linker Wissenschaftler aus dem Ausland, so etwa von J.D. Bernal und M. Cornforth: *Die Wissenschaft im Kampf um Frieden und Sozialismus* (Berlin 1950). Auch wurde in dieser Zeit in Ostdeutschland bereits und zum Teil sehr heftig über philosophische Deutungen naturwissenschaftlicher Gegenstände gestritten. Viktor Stern etwa hatte in der theoretischen Zeitschrift der SED *Einheit* (H. 2/1948) mit dem Artikel *Über die Vererbung erworbener Eigenschaften* eine Debatte über Lyssenko ausgelöst, an der sich auch im Heft 11/1948 Hermann Ley mit dem Aufsatz *Zur philosophischen Bedeutung der Lyssenko-Debatte* beteiligte. Der damals noch sehr junge Physiker Hans-Jürgen Treder schrieb im Heft 5/1948 dieser Zeitschrift zu *Dialektik und Kausalität* und im Heft 10/1948 zu *Die Kopenhagener Schule*, Georg Klaus in Heft 2 und 4/1949 zu *Mathematik und Realität*. Zudem erschienen in dieser Zeit auch ähnliche Artikel sowjetischer Autoren in ostdeutschen Zeitschriften, so vor allem in der Halbmonatszeitschrift *Neue Welt* der SMAD, aber auch in der Kulturbund-Zeitschrift *Aufbau*. In letzterer hatte beispielsweise schon in Heft 7/1946 der sowjetische Physiker Sergej Wawilow zu *Lenin und die moderne Physik* geschrieben und der sowjetische Philosoph Michail E. Omeljanowski in Heft 11/1947 zu *Materialismus und Idealismus in der modernen Physik*. In der sowjetischen Zeitschrift *Neue Welt* schrieben umgekehrt auch ostdeutsche Autoren über den Hollitscher interessierenden Themenkreis. So veröffentlichte z.B. H.J. Treder in dieser sowjetischen Zeitschrift (H. 12/1950) den Beitrag *Eine mystische und eine wissenschaftliche Darstellung von Problemen der modernen Physik*.

Hollitscher traf also nach Kriegsende in Ostdeutschland auf eine ganze Reihe von Autoren, die, wie er selbst, sich um eine Verbreitung neuer naturwissenschaftlicher Ergebnisse und Entwicklungen und deren marxistische Interpretation bemühten. Die von ihnen dabei beachteten naturwissenschaftlichen Erkenntnisse hatten sie, da sie sich mit ihren Beiträgen keineswegs nur an einige Spezialisten, sondern an weit darüber hinausgehende Menschengruppen wandten, nolens volens letzteren erst einmal verständlich zu machen, also zu popularisieren. Das alles unterschied sie nicht von Hollitscher. Und dennoch bestand zwischen seiner Vorgehensweise und der von Autoren wie Klaus, Ley, Zweiling und anderen in Ostdeutschland, S.Wawilow oder Omeljanowski in der UdSSR, Bernal, Haldane oder Needham in England von Anbeginn an ein gravierende Differenz. Im Unterschied zu allen genannten Autoren war allein Hollitscher um eine Gesamtsicht der naturwissenschaftlichen Ergebnisse und deren philosophisches und politisches Verständnis bemüht. Klaus hingegen beschränkte sich bald auf Fragen der Logik, Semiotik und Kybernetik, Zweiling auf solche der Physik und Ley auf Aspekte der Philosophiegeschichte. Ähnliches gilt für die anderen der hier genannten Autoren. Den Gesamtblick auf die Naturwissenschaft pflegte allein Hollitscher. Er war, was seine nichtmarxistischen Konkurrenten betraf, ein Gegenpol vor allem zu jenen bürgerlichen Autoren, die – wie er – um eine philosophisch oder politisch engagierte Gesamtsicht der Naturwissenschaften bemüht waren.

Und als ein solcher Autor war in Deutschland besonders einer bekannt und einflussreich geworden: Bernhard Bavink (1879-1947). Ihn hatte Hollitscher bereits in seiner Dissertationsschrift von 1935 kritisch bedacht./30/ Bavinks Buch *Ergebnisse und Probleme der Naturwissenschaften. Eine Einführung in die heutige Naturphilosophie* war zuerst 1914 im Verlag von S. Hirzel in Leipzig erschienen und erlebte kurz vor Ende des II. Weltkriegs (1944) seine von vielen Intellektuellen geradezu sehnsüchtig erwartete achte Auflage. Diese Auflage, die trotz der „bekannten Schwierigkeiten der Papierbeschaffung" in „beträchtlicher Höhe" herauskam, konnte dennoch nur „ungefähr die Hälfte der bisherigen Vorbestellungen decken", wie sein Verfasser 1944 im „Vorwort zur achten Auflage" mitteilte. Er sehe darin, schrieb Bavink weiter, „einen Beweis dafür, daß das Bedürfnis nach Synthese des in so ungeheuer viele Spezialgebiete zersplitterten Wissens unserer Tage in den weitesten Kreisen unserer führenden Forscher selber aufs tiefste empfunden wird und daß sie in meinem nun schon 30 Jahre alten Werk dieses Bedürfnis in großen Zügen befriedigt finden. Und wenn von einem wissenschaftlichen Werk bei einer Neuauflage rund 25 000 Exemplare im voraus bestellt werden, so muß es ja wohl wirklich auch einem allgemein gefühlten Bedürfnis entgegenkommen." Das Buch hatte inzwischen einen Umfang von über 800 Seiten erreicht. Zwei weitere Auflagen kamen nach dem Krieg noch in Westdeutschland heraus, die letzte, die 10. Auflage, erschien 1954./31/ Dieses Buch suchte nicht zuletzt Naturwissenschaft und Religion versöhnen und musste schon deshalb sowie seines großen Einflusses wegen von Materialisten als eine gewaltige Herausforderung angesehen werden. Aber erfolgreich entgegentreten, konnte Bavink nur jemand, der zunächst, wie dieser, die gesamte Naturwissenschaft philosophisch im Blick hatte. Bavinks Buch war ja in die vier Hauptabschnitte „Kraft und Stoff", „Weltall und Erde", „Materie und Leben" sowie „Natur und Mensch" gegliedert.

Es war deshalb naheliegend, dass, als Hollitscher Buchmanuskript *Vorlesungen zur Dialektik der Natur* Ende 1950 in der Berliner Jägerstraße von fast dreißig marxistisch und sozialistisch eingestellten Intellektuellen beraten wurde, man sein Manuskript besonders mit dem über Jahrzehnte gewachsenen Werk von Bernhard Bavink verglich. Gleich zu Beginn der Debatte hatte Kurt Hager betont, dass das geplante Buch Hollitschers ja „als ein gewisser Ersatz" für das von Bavink gedacht sei./32/ Hollitscher bestätigte dies, fügte aber hinzu, dass seine Arbeit dies nur in der „einfachsten Form" sein könne. Dennoch gehe es auch ihm wie Bavink darum, er seinen Hörern und Lesern den Gesamtzusammenhang der Naturwissenschaften zu verdeutlichen./33/ Hollitscher war, als er Ende 1950 in Berlin mit seinen naturphilosophischen Lektionen seinen ersten Versuch eines solchen anspruchsvollen Unternehmens öffentlich vorstellte, kaum älter als dies Bavink bei der ersten Auflage seines Buches 1914 war. Und wie dieser hat er nun ein Leben lang sich darum bemüht, ein solches Werk von seiner marxistischen und sozialistischen Sichtweise her reifen zu lassen.

Zu Hollitschers erstem Versuch einer philosophischen Einführung in die Gesamt-Naturwissenschaft seiner Zeit

Hollitschers erster Versuch reichte über Themen wie „Naturgesetzlichkeit und Kausalität", „Die räumliche Ordnung in sinnlicher Wahrnehmung", „Subjektive und objektive Zeit", „Die allgemeine Relativitätstheorie", „Einige Grundbegriffe der Wellenmechanik", „Die chemische Bindung der Atome", „Die Entstehung von Spiralnebeln und Sternen", „Die Frühgeschichte unserer Erde", „Das Fließgleichgewicht des lebendigen Systems", bis hin zu Themen wie „Die Abstammung des Menschen" oder „Die menschliche Sprache". Insgesamt war seine Vorlesung zur Naturphilosophie in 50 Lektionen gegliedert. Die Themen nur einiger dieser Lektionen habe ich hier erwähnen können.

Sowohl für die Gliederung seiner Vortragsreihe als auch für die Anlage der einzelnen Lektionen war der naturwissenschaftliche Gesichtspunkt ausschlaggebend. Hollitschers philosophische, politische wie seine recht zahlreichen wissenschaftsgeschichtlichen Ausführungen waren dem naturwissenschaftlichen Gesichtspunkt untergeordnet. Er folgte hier einem philosophischen Umgang mit der Naturwissenschaft, wie er seit dem zweiten Drittel des 19. Jahrhunderts bekannt war. Der große Berliner Physiologe Johannes Müller hatte sich seiner ebenso bedient wie der Physiker Hermann Helmholtz, der Zoologe Karl Vogt und der Physiologe Jakob Moleschott und viele andere. Vogts bekannter Vergleich etwa zwischen der Sekretion der Leber und dem Verhältnis von Denken und Gehirn stand ja nicht in einem philosophisch angelegten Kapitel über das Verhältnis von Materie und Bewusstsein, sondern in einer Arbeit aus dem Jahre 1847, die betitelt war mit *Physiologische Briefe für Gebildete aller Stände*. Der betreffende Brief, es war der zwölfte seines Buches, trug die Überschrift trug „Nervenkraft und Seelentätigkeit". Diese Vorgehensweise, die in sich systematisch geordnete naturwissenschaftlichen Inhalte mit philosophischen, wissenschaftsgeschichtlichen oder -politischen Anmerkungen und Interpretationen versah, ist seitdem und bis heute von vielen philosophierenden und popularisierenden Autoren – vor allem solchen aus der Naturwissenschaft selbst – oft und mehr oder weniger konsequent wiederholt worden. In jüngerer Zeit trifft das etwa für den Biologen Max Hartmann, die Physiker Werner Heisenberg oder Carl Friedrich von Weizsäcker, aber auch für den Wissenschaftshistoriker und -theoretiker Thomas S. Kuhn oder den Linguisten Noam Chomsky zu. In der DDR hat u.a. Georg Klaus, etwa bei seinen Studien zur Atomphysik, zur Logik, Semiotik oder Kybernetik, teilweise wenigstens diese Vorgehensweise gepflegt. Sie bietet den Vorteil, philosophische Deutungen mit einer systematischen Darstellung der jeweiligen Wissenschaft oder deren Popularisierung verbinden zu können.

Diese Vorgehensweise musste in einer immer stärker technisierten, aber zugleich von grundlegenden politischen und moralischen, also auch philosophischen Herausforderungen gezeichneten Welt auf ein beachtliches öffentliches Interesse stoßen. Bis sich die herkömmliche akademische Philosophie solchen neuen einzelwissenschaftlichen Vorgängen gleichfalls zuwandte, konnten mitunter Jahre und Jahrzehnte vergehen. Allerdings vermochte letztere dann neue naturwissenschaftliche Entdeckungen und Entwicklungen weit subtiler mit philosophischen Kategorien zu bedenken und viel intensiver in die Geschichte des menschlichen, insbesondere des philosophischen Denkens einzubinden. Anders gesehen, die Produkte der philosophierenden und popularisierenden Naturforscher oder jener, die es ihnen gleichtun wollten, veralteten weit rascher als es bei manchen weit langsameren, aber auf ihrem Fachgebiet weit gründlicheren Universitätsphilosophen der Fall war. Als Georg Klaus während des langen Krankseins, das seinem Tod 1974 vorausging, subtil festlegte, welcher seiner Schüler dieses oder jenes seiner Bücher zur Kybernetik, Logik oder Semiotik zu der von ihm erwarteten 10., 20. oder 30. Auflage begleiten sollte, hat mich das schon damals verwundert. Denn die enge Anlehnung seiner Bücher an einen eben erreichten naturwissenschaftlichen Erkenntnisstand, bereiteten diesen zwar bisweilen geradezu sensationelle Augenblickserfolge, aber um auf längere Zeit als Ganze aktuell bleiben zu können, waren sie viel zu stark einem bestimmten Entwicklungsabschnitt verpflichtet.

Walter Hollitscher hat bei seinen Gesamtdarstellungen der Naturwissenschaft seiner Zeit, die Gefahr eines nahen Verfallsdatums dadurch zu vermeiden gesucht, dass er sie in einem Abstand von etwa anderthalb Jahrzehnten gründlich überarbeitete und sie so in modernerem Gewand und oft auch mit einem veränderten Titel weiterführte. Den Berliner Vorlesungen von 1949/50 folgte in den 1960er Jahren eine Neubearbeitung ihres Anliegens als *Die Natur im Weltbild der Wissenschaft* und *Der Mensch im Weltbild der Wissenschaft*. In den 1980er Jahren führte er dann seine populärwissenschaftliche Gesamtübersicht über die Naturwissenschaft in Einzelarbeiten weiter, wobei er von Mitarbeitern des damaligen Zentralinstituts für Philosophie der Akademie der Wissenschaften der DDR auf deren Weise unterstützt wurde (Hubert Horstmann, Rolf Löther u.a.).

Folgt man der von dem polnischen Mediziner und Wissenschaftstheoretiker Ludwik Fleck 1935 gebotenen Klassifikation der Publikationsaktivitäten von Wissenschaftlern, also deren Aufteilung in Forschungs- oder Fachzeitschrift-, Handbuch-, Lehrbuch- und populärwissenschaftliche Literatur,[34] dann hat Hollitscher zweifellos die letztgenannte Sparte zu bedienen gesucht. Allerdings hat er 1950 noch manche Partie seiner Darlegungen selbst für Hörer oder Leser mit Abiturkenntnissen zu detailliert und damit kompliziert entwickelt. Angesichts seiner Lektionen zu physikalischen Tatbeständen im Rahmen der Vorlesung von 1949/50 gestand er seinen Hörern beispielsweise zu, er stelle bisweilen „hohe Anforderungen ... an die ... Speicher Ihrer physikalischen Schulerinnerungen". Doch sei das „Schlimmste" nunmehr überstanden.[35]

Fragt man weiter danach, welchen Sparten wissenschaftlicher Literatur ein Autor seine didaktisch aufbereiteten Kenntnisse entnommen hat, so sagt die Antwort hierauf viel darüber aus, wie moralisch ehrenhaft sich ein Popularisator gegenüber seinem Publikum verhält. Ich kann hier nur konstatieren, dass diese Antwort sehr zugunsten von Walter Hollitscher ausfällt. Selbst auf aktuelle Forschungsliteratur griff er bisweilen zurück, was freilich besonders hohe Ansprüche an das Fassungsvermögen seiner Hörer stellte. So referierte er u.a. einen gerade zur Veröffentlichung eingereichten Aufsatz des damals noch in England tätigen und späteren DDR-Physikers Martin Strauß *Zu Einsteins neuer Feldtheorie* und musste hinzufügen: Dieser Aufsatz werde „zum Teil wohl nur den physikalisch und mathematisch geschulten Lesern ... voll verständlich (sein), denen ich aber diese Andeutung über Einstein nicht vorenthalten zu dürfen glaube"./36/ Freilich scheint bei solchen Berufungen auf die aktuelle Forschungssituation auch bisweilen ein wenig Eitelkeit des damals noch jungen und erst um wissenschaftliche Anerkennung bemühten Hollitscher durch. So bemerkt er angesichts seiner Lektion „Die Entwicklung der Sterne": „Ich habe hier bloß ausgeplaudert, was die Astronomen, in privaten Kreisen sozusagen, einander erzählen und kaum öffentlich zu äußern wagen"./37/ Dominierend bei seiner Quellenliteratur waren aber anerkannte und bewährte naturwissenschaftliche Hand- und Lehrbücher, teilweise auch populäre Darstellungen bedeutender Naturforscher. Um solche Arbeiten handelte es sich, wenn er sich wieder und wieder auf Physiker wie Philipp Frank, Arthur March, Friedrich Hund oder Leopold Infeld, auf Biologen und Physiologen wie Joseph Needham, Ludwig von Bertalanffy oder J.B.S. Haldane usw. berief. Allein diese eben genannten Namen zeugen zudem davon, wie sehr Hollitscher die Naturwissenschaft als ein internationales Unternehmen im Blick hatte. Dabei hat er sowjetische Wissenschaftler wie die Astronomen und Geophysiker Wiktor Ambarzumjan oder Otto Juljewitsch Schmidt, Biologen und Physiologen wie Iwan Petrowitsch Pawlow oder Aleksandr Iwanowitsch Oparin alles andere denn zu kurz kommen lassen.

Hollitschers Mühen um die Akzeptierung neuer Wissenschaften durch den Marxismus-Leninismus und den Realsozialismus

Ideengeschichtlich vermochte Hollitscher dabei mancherlei Wissen zu vermitteln, das der Mehrheit der deutschen Intellektuellen bis dahin völlig unbekannt geblieben sein dürfte. Das betrifft mit Sicherheit für die 41. Lektion seiner Vorlesungsreihe von 1949/50 zu, die die Überschrift trägt: „Probleme der Kybernetik"./38/ Hier führte Hollitscher 1949/1950 aus: „Die neue Wissenschaft von den Steuermechanismen des Zentralnervensystems erhielt ihre systematische Gegenwartsform durch den Mathematiker Prof. Norbert Wiener vom Technologischen Institut in Massachusetts, einem fortschrittlichen, auch durch seine Einsetzung für die Friedensidee bekannten Mann". Seine „zusammenfassende Veröffentlichung" dazu trage den Titel „Cybernetic oder die Lenkung und Nachrichtenübermittlung im Tier und in der Maschine". Das war wohl eine der ersten deutschen Übersetzungen wenigstens des Titels von Wieners berühmten Buch *Cybernetics, or Control and Communication in the Animal and the Machine*, einer Arbeit, die eben (1948) in New York und Paris erstmals erschienen war. In deutscher Sprache wurde dieses Buch zuerst 1963 (!) mit der Überschrift „Kybernetik. Regelung und Nachrichtenübermittlung im Lebewesen und in der Maschine" herausgegeben.

Hollitscher stellte den Cambridger Mathematiker Charles Babbage (1792-1871), der auch von Marx im ersten Band des *Kapital* erwähnt worden war, als einen Vorläufer Wieners vor, hatte dieser doch schon in den 1830er Jahren theoretisch und praktisch an einer „analytischen Maschine" gearbeitet. Die heute konstruierten Maschinen dieser Art könnten, teilte Hollitscher schon Ende der 1940er Jahre seinem Publikum mit, nicht nur mathematische Aufgaben lösen, sondern auch eine vollautomatisierte Fabrik regulieren, die Ausführung ergangener Befehle kontrollieren (der Ausdruck „feedback" war wohl gleichfalls in einer philosophischen Vorlesung der DDR zuerst bei Hollitschers zu vernehmen). Er informierte seine Hörer über das binäre Zahlensystem, nach dem solche Maschinen arbeiten, und verwies mit McCulloch und Pitts darauf, dass dieses Zahlsystem auch in der Arbeitsweise von Nervenzellen eine Entsprechung finde. Er verstand kybernetische Maschinen als Modelle für menschliche Gehirntätigkeit, ohne dass diese letzterer gleichkommen, warnte davor, kybernetische Maschinen zur Entwertung menschlicher Lohnarbeit zu nutzen, statt mit ihnen kreative Fähigkeiten von Menschen zu aktivieren. Ein Jahr später (1951) stellt Hollitscher in einer im Berliner *Aufbau-Verlag* herausgegebenen Aufsatzsammlung fest: Man könne: „in einem gewissen Sinn ...sagen: Je besser wir unseren Rechenmaschinen das ‚Denken' beibringen, desto besser beginnen wir zu verstehen, wie unser Gehirn funktionieren mag. Indem wir unser intellektuelles Ebenbild in wissenschaftlicher Praxis erschaffen, wird es uns klarer, wie es im eigenen Kopf zugehen könnte"./39/

Freilich könnte man heute meinen, mit solchen eher knappen und vielleicht auch etwas simpel erscheinenden Bemerkungen über Kybernetik und Rechenmaschinen habe man im Realsozialismus nicht eine wirkliche Maschine dieser Art bauen können und darauf wäre es ja letztlich wohl angekommen. Das trifft gewiss zu, aber Populärwissenschaft will ja auch nicht die eigentliche Wissenschaft oder gar die auf ihr beruhende Technik ersetzen, sondern das *gesellschaftliche Klima* für solche Leistungen vorbereiten, wie übrigens schon L. Fleck 1935 angedeutet hatte. Und an einer solchen Vorbereitung war Hollitscher zweifellos beteiligt.

Das alles geschah Jahre bevor sich Georg Klaus in der DDR als Philosoph der gleichen Thematik zuzuwenden begann. Erst 1957 erschien in Leipzig/Jena das Referat, das Klaus im gleichen Jahr auf dem II. Kongress der *Gesellschaft zur Verbreitung wissenschaftlicher Kenntnisse* gehalten und mit dem er seine eigene – so überaus erfolgreiche und bekannte – Propagierung und Deutung der Kybernetik eröffnet hatte: „Elektronengehirn contra Menschengehirn? Über die philosophischen und gesellschaftlichen Probleme der Kybernetik"./40/ Leider findet sich weder bei Klaus noch bei seinem Herausgeber Heinz Liebscher ein Hinweis auf die zeitlich deutlich früheren Aktivitäten von Hollitscher, die Klaus ja als einem Teilnehmer der Diskussion von 1950 um Hollitschers Vorlesungsreihe bekannt gewesen sein mussten.

Ähnliches gilt für Hollitschers Eintreten für die moderne, nacharistotelische Logik./41/ Sie hatte er im *Wiener Kreis* kennengelernt, wurde sie dort ja als ein so wichtiges Arbeitsmittel geachtet, gebraucht und insbesondere auch fortgebildet, dass die durch diesen Kreis repräsentierte Denkrichtung auch als *Logischer Positivismus* bezeichnet wird. Hollitscher erläuterte seinen Hörern einige elementare Ergebnisse der Aussagenlogik, z.B. die Wahrheitswert-Matrize, macht sie mit Antinomien vom Typ der des kretischen Lügners bekannt oder der des Katalogs aller Kataloge, die sich nicht selbst aufführen. Er erläuterte die Bedeutung und den Zweck der Termini „Objekt-" und „Metasprache", „sinnvoller Satz" und „sinnloser Satz" usw. Hollitscher hat als wohl erster Marxist in der DDR klar ausgesprochen: Der logische Widerspruch hat „nicht das geringste mit unserer Verwendung des Begriffs ‚Widerspruch' in der Dialektik zu schaffen"./42/

Ich hätte, bevor ich nun Arbeiten Hollitschers aus den Jahren 1950 und 1951 kennenlernte, viel darauf gewettet, dass es Georg Klaus war, der in der DDR zuerst ein breiteres Publikum mit allen diesen Gegenständen bekannt gemacht hat. Doch war auch hier Hollitscher der frühere, Klaus begann erst nach der 1953 erfolgten Publikation seines Referats auf der Jenenser Logik-Konferenz von 1951 einem breiteren DDR-Publikum als Streiter für die moderne Logik bekannt zu werden. Die gleichfalls der modernen Logik verpflichteten Vorlesungen und Schriften des Jenenser Philosophen Paul Ferdinand Linke/43/ blieben selbst jenen unbekannt, die damals, wie ich, in Jena Philosophie studierten. Ähnliches gilt auch für Günther Jacoby in Greifswald. Hingegen war Hollitschers Buch „... *wissenschaftlich betrachtet ...*" in der gesamten DDR verbreitet. Fragt man danach, warum dennoch Georg Klaus (und nicht Walter Hollitscher) in der DDR und bald auch über sie hinaus als der philosophische Bahnbrecher für die moderne Logik und die Kybernetik bekannt wurde, so hat dies nicht nur mit der Intensität und auch publizistischen Extensität von Klaus' Arbeitsweise zu tun. Klaus kämpfte, er scheute sich nicht, theoretisches Hinterwäldlertum auch bei Ideologen der DDR und anderer sozialistischer Länder (ich denke etwa an seine Kritik des ungarischen Marxisten Bela Fogarasi) offensiv und argumentativ zu attackieren. Diesen Kampfeswillen für die Anerkennung neuer wissenschaftlicher Einsichten hat er allerdings mit Jahrzehnten seines Lebens bezahlen müssen. Ein solches intellektuelles und ideologisch höchst gefährliches Gerangel lag dem ruhigen und eher zu sachter Polemik neigenden Hollitscher nicht. Er bezahlte diese Haltung damit, dass in der Öffentlichkeit innerhalb und außerhalb der DDR rasch vergessen wurde, was er zur modernen Logik und zur Kybernetik mit auf den Weg gebracht hatte.

Als Pionier wirkte Hollitscher auch dann, als er in seiner Berliner Vorlesung von 1949/50 wohl als erster in Ostdeutschland auf die berühmte Studie des sowjetischen Philosophen und Physikers Boris Hessen zu den sozialökonomischen Wurzeln von Isaac Newtons Hauptwerk *Philosophiae naturalis principia mathematica* verwies, die dieser 1931 in London auf einem internationalen Kongress zur Wissenschaftsgeschichte vorgetragen hatte./44/ Wenig später hat er dann Grundgedanken von Hessens Studie detailliert darzustellen versucht./45/ Das war auch moralisch beachtenswert, weil Hollitscher sicher nicht entgangen war, dass Hessen 1939 im Rahmen der Stalinschen Verfolgungswellen ermordet wurde und es deshalb im sowjetischen Machtbereich verpönt war, seinen Namen zustimmend zu erwähnen. Tatsächlich hat Hollitscher das 1951 auch im Unterschied zu seinen Berliner Vorlesungen unterlassen, Hessens Ausführungen darüber, wie Wissenschaft sich historisch bewegt, aber umso intensiver propagiert.

Mit dem großen Aufsehen, das Hessens Vortrag seit den 1930er Jahren in den angloamerikanischen Ländern auslöste, hängt auch, wie Horst Poldrack zuerst historisch genauer belegen konnte, Thomas S. Kuhns sensationelle Arbeit *Die Struktur wissenschaftlicher Revolutionen* (zuerst Chicago 1962) eng zusammen. In *Der Mensch im Weltbild der Wissenschaft*[46] hat Hollitscher Kuhns Arbeit in einem Buch, das auch in der DDR von jedermann gekauft werden konnte, ausführlich referiert. Ich jedenfalls habe dank dieses Buches von Hollitscher über Kuhn zuerst näheres erfahren. Es war ja die erste oder einer der ersten Bezugnahmen auf Kuhn in der DDR. Leider hat auch Hollitscher diese Studie insofern verkannt, als er Kuhn als einen Theoretiker der Wissenschaftsgeschichte vorstellte und kritisierte, obwohl dieser tatsächlich lediglich allgemeine Charakteristika der Ontogenese von wissenschaftlichen Theorien in ihrem sozialen Kontext zu beschreiben versucht hatte. Aber darüber wird im kommenden Jahre anlässlich des 40. Jahrestages von Kuhns bahnbrechender Arbeit eingehender zu sprechen sein.

Es wäre also falsch zu meinen, dass Hollitscher, wenn auch mit leisen Tönen, Vorgänge in den verschiedenen Naturwissenschaften und ihres sozialen Umfeldes stets zutreffend gewertet hätte. Schließlich war auch er, wenigstens zeitweise, ein überzeugter Anhänger und Propagandist des pseudowissenschaftlichen Konzepts von der Vererbung erworbener Eigenschaften, wie dies Trofim Denissowitsch Lyssenko lauthals und mit jahrelanger Unterstützung durch die Führung der KPdSU national und international durchzusetzen versucht hatte. So suchte auch Hollitscher seinen Lesern Sätze zu vermitteln wie: „Durch die Theorien Mitschurins und Lyssenkos wird heute die biologische Entwicklungslehre auf eine neue und höhere Stufe gehoben und das Fortleben der erneuerten Lehren Darwins gesichert"[47]; oder: Lyssenko „studierte aufs neue – in höchst aktivistischer Weise – die Beziehungen zwischen den Erbeigentümlichkeiten und den Umweltbedingungen des Pflanzenlebens". Lyssenko wäre dabei zu dem Resultat gelangt, dass man „Veränderungen der Erbanlagen in planmäßiger Weise durch Veränderung der Umweltbedingungen hervorbringen kann. Er betonte hiermit eine für die Praxis außerordentlich wichtige theoretische Auffassung, welche von vielen Vererbungsforschern in ihrer Bedeutung bisher unterschätzt oder gar geleugnet wurde."[48] Oder: „Lyssenko schuf ... die neue Wissenschaft und Praxis der *Agrobiologie*"[49] Solche Sätze sind aus der Feder Hollitschers nicht nur deshalb überraschend, weil er einzelwissenschaftlich auf dem Gebiet der biologischen Wissenschaften zweifellos am besten ausgebildet und belesen war, sondern auch deshalb, weil viele der ihm seit seiner englischen Emigration gut bekannten und von ihm hoch geschätzten englischen Wissenschaftler-Linken damals an dem Lyssenko-Konzept zerbrachen. Sie traten aus der KP Großbritanniens aus oder zogen politisch sich zurück, weil sie nicht gewillt waren, ihren wissenschaftlichen Ruf einem verfehlten ideologischen Konzept zu opfern. An erster Stelle ist hier der Biologe J.B.S. Haldane zu nennen, den Hollitscher in seinen damaligen wie auch in späteren Publikationen immer wieder als einen wichtigen Gewährsmann für eigene Überzeugungen zitiert hat.

Es ließen sich noch manche andere Fehlurteile Hollitschers bei der Beurteilung wissenschaftlicher Entwicklungen seiner Zeit hier anführen. Er hat sie zumeist mit anderen marxistisch-leninistischen Philosophen seiner Zeit geteilt. Ich will mich auf eines beschränken: auf das Verhältnis von Logik und Philosophie. Auch er vertrat die Ansicht, dass die formale Logik, einschließlich ihrer modernen Fortbildung, ein legitimer Bestandteil der Philosophie wäre, also nicht nur Jahrhunderte lang an philosophischen Lehrstühlen gepflegt und gelehrt worden sei. Diese selbst heute noch anzutreffende Ansicht wäre mit jener vergleichbar, die die Stomatologie dem Friseurhandwerk oder umgekehrt zuordnet, nur weil in früheren Jahrhunderten Barbiere bisweilen auch Zähne gezogen haben. Im Marxismus-Leninismus hat diese fehlerhafte disziplinäre Identifikation von Konzepten, die aus unterschiedlichen Zwecken entstanden sind und unterschiedlichen Zwecken dienen, zu einer Jahrzehnte dauernden Diskriminierung der formalen Logik geführt. Diese, hieß es oft, sei nur eine primitive, metaphysische Vorstufe der einzig wissenschaftlichen oder dialektischen Logik. Doch ließ Hollitscher an seiner Hochachtung gegenüber der formalen Logik nicht rütteln: Ohne Logik gehe nichts, wenn sie auch auf sich allein gestellt wenig vermöge./50/

Intellektuelle und politische Quellen für Hollitschers philosophisches Verständnis von Wissenschaft

Auf welche intellektuelle Richtungen und Ideen nun hat Hollitscher bei seinem eignen Verständnis der Wissenschaft, bei der Bewertung insbesondere von naturwissenschaftlichen Ergebnisse und beim Umgang mit diesen (namentlich bei seinem Bestreben, gerade sie zu popularisieren und zwar in ihrer Gänze) zurückgegriffen? Es sind vor allem drei geistige Quellen zu nennen, die Hollitschers eigenes Wirken nahezu ein Leben lang geleitet und geprägt haben.

Hollitscher war Ende der 1920er Jahre Kommunist geworden, Mitglied einer der Parteien, die sich streng an Moskauer Vorgaben hielten. Solidarität mit der KPdSU, Verteidigung der Sowjetunion, um unter ihrer Führung eine neue bessere Welt zu errichten, bedeutete dieser Generation von Radikalkritikern des Kapitalismus nahezu alles. Hierfür waren die bewusstesten unter ihnen selbstlos bis zur Askese, diszipliniert wie ein Berufssoldat, tapfer wie ein Märtyrer, stets aber auch bereit zu verzeihen und zu entschuldigen, wenn es um die eigene „Sache" ging, also um Fehlurteile und -handlungen der „einzig revolutionären" Bewegung. Und Hollitscher gehörte zu den bewusstesten Genossen. Es war für ihn selbstverständlich, wie auch immer den Vorgaben der KPdSU zu folgen. Bedenken dabei überkamen ihn allerdings schon als Student. Als etwa 1934 in der Sowjetunion und im Gedenken an die 25jährige Wiederkehr der Erstauflage von Lenins *Materialismus und Empiriokritizismus* der *Wiener Kreis* und die von diesem hochgeschätzte moderne Logik besonders laut und heftig diffamiert wurden, hat auch Hollitscher dies in seinem Briefwechsel mit Neurath keineswegs gutgeheißen. Aber er hat es mit der Nonchalance jener abgetan, die stets zu wissen meinen, dass es weit Wichtigeres gebe, als es jeder aktuell beklagte Fauxpas der kommunistischen Bewegung sein könne. Er riet Neurah zur Geduld. Die von ihm beklagten Verurteilungen seien keine „Zustandsgrößen ..., die in die Gesetze eingehen, aus denen wir unsere Prognosen ... über die wissenschaftliche Entwicklung des russischen Volkes ableiten", tröstete er den empörten Neurath am 25.1.1935./51/

So war auch für Hollitscher die in der Sowjetunion vorgetragene Sicht der marxistischen Philosophie so etwas wie ein von jedem „echten" Kommunisten gehorsam hinzunehmendes Schicksal. Bedenken, die er gegenüber fragwürdigen Interpretationen des parteiamtlichen Marxismus hatte, äußerte er wohl lebenslang nicht als Kritik, sondern indem er für sich entsprechende Thesen einfach ignorierte. So widerstrebte es ihm, einen Corpus von philosophischen Sätzen als „Weltanschauung" zu bezeichnen; meist sprach er, ganz in der Sprache des *Wiener Kreises*, von „*Weltauffassung*". Weltanschauung schien ihm viel zu individuell, viel zu persönlich, viel zu intim, um Inhalt von philosophischen Kompendien sein zu können./52/

Schon als Dreizehnjähriger, schrieb er 1949, habe er begonnen, in Marxens *Kapital* zu lesen./53/ In seiner frühen Studentenzeit habe ihn Neurath 1932 die gerade erschienene *Deutsche Ideologie* von Marx und Engels exzerpieren lassen – in einem Kaffeehaus mit einem „Paar Würstel" und „zwei Semmeln" als Lohn./54/ Doch hat sich Hollitscher auch in reiferen Jahren damit beschieden, lediglich über einige Hauptwerke des Marxismus-Leninismus genauer Bescheid zu wissen. Dazu zählen insbesondere Werke von F. Engels wie *Anti-Dühring*, *Dialektik der Natur*, *Der Ursprung der Familie, des Privateigentums und des Staats*, *Ludwig Feuerbach und der Ausgang der klassischen deutschen Philosophie*, Lenins *Materialismus und Empiriokritizismus* sowie – wenigstens bis Mitte der 1950er Jahre – Stalins *Über dialektischen und historischen Materialismus*. Die zuletzt genannte Arbeit zählte er sogar neben Lenins *Materialismus und Empiriokritizismus* zu den zwei bedeutendsten philosophischen Werken „unserer Zeit"./55/ Bei Stalin stimmte er in die zeitüblichen Lobeshymnen ein, nannte ihn gelegentlich auch einmal einen „Geistesriesen"./56/

Untersuchungen zur Geschichte des Marxismus, zu einzelnen seiner Thesen und Begriffe sucht man bei Hollitscher meist vergebens./57/ Das schließt nicht aus, dass in Metabekundungen von ihm bisweilen der jeweils offizielle Marxismus und dessen Geschichte geradezu enthusiastisch gefeiert werden./58/ Doch wenn es etwa um genauere Belege darüber geht, dass die klassische deutsche Philosophie ein wichtiger Ausgangspunkt marxistischen Denkens sei, verarmen Hollitschers Publikationen. Hegel etwa bleibt durch ihn nahezu unerwähnt. Einmal machte er sich über Hegels Versuch eines Beweises darüber lustig, warum es nur genau sieben Planeten der Sonne, die damals bereits bekannten nämlich, geben könne./59/

Wolfgang Harich wies in einem Brief vom 29.3.1952 an Fred Oelßner, der damals Mitglied des Politbüros der SED war, auf solche Mängel in der philosophischen Bildung Hollitschers offen hin. Mit einer Rigorosität, wie sie nur einem damals von Erfolgen verwöhnten und knapp dreißigjährigen Literaten eigen sein kann, formulierte Harich: „Der Ordinarius für Philosophie an der Berliner Humboldt-Universität, also der Mann auf dem Lehrstuhl Fichtes und Hegels, ist Prof. Hollitscher. Hollitscher hat das Niveau eines Feuilletonschreibers, der die Leser der Sonntagsausgabe mit Belehrungen über ‚das Leben im Wassertropfen' und dergleichen erfreuen kann ... Von der Geschichte der Philosophie, speziell der klassischen deutschen Philosophie, versteht dieser Mann nichts. Ich mache mich anheischig, in einer Diskussion zu beweisen, daß er von der ‚Kritik der reinen Vernunft' bis zu Feuerbachs ‚Wesen des

Christentums' kein einziges Werk der deutschen klassischen Philosophie wirklich kennt"./60/

Dieses Desinteresse Hollitschers an der Philosophiegeschichte hatte viel mit seinem generellem Philosophieverständnis zu tun. Ausführlich hat er dieses in einem Wiener Vortrag des Jahres 1946 dargelegt: „Vom Nutzen der Philosophie und ihrer Geschichte"./61/ „Vom Standpunkt der Logik" betrachtet, meinte er damals seien „eine gewisse Teilmenge ‚philosophischer Probleme'... Scheinprobleme", z.B. das sogen. Problem der Willensfreiheit. „Sie beruhen – sachlich genommen – recht häufig auf sprachlichen ‚Mißverständnissen', die sich einer sorgfältig verfahrenden logischen Analyse unter den Händen des Dialektikers auflösen". Alles wahrhaft Philosophische sei per Verallgemeinerung den verschiedenen Wissenschaften zu entnehmen, denn es handele sich bei Philosophie um einzelwissenschaftliche Grundlagenforschung. Nur solange nicht jeder Einzelwissenschaftler philosophisch und jeder Philosoph einzelwissenschaftlich gebildet sei, könne es noch so etwas wie eine separate Philosophie geben. Das war natürlich eine nur wenig verzuckerter Wiener-Kreis-Arznei, die er philosophisch um Genesung Bittenden auch später anbot. 1951 publizierte er seinen Wiener Vortrag von 1946 in der DDR erneut. Eine eigenständige philosophische Problemmenge, die sich aus der Zuwendung zum geschichtlichen und gesellschaftlichen *Gesamtprozess* der Menschheit ergibt, wollte Hollitscher nicht gelten lassen bzw. er sah sie gar nicht.

Das schließt allerdings nicht aus, dass Hollitscher bisweilen für die Rezeption des ursprünglichen Marxismus wichtige Fingerzeige gab. So war er einer der wenigen, die in der frühen DDR auf die damals und aus naheliegenden Gründen[62] ziemlich verpönte „asiatische Produktionsweise" als einen Gegenstand verwiesen, zu dem „noch Gewaltiges zu leisten" sei./63/

Hollitschers Umgang mit dem Marxismus ähnelt dem der Vertretern der englischen Wissenschaftler-Linken der 1930er und 1940er Jahre, von denen bereits die Rede war. Ihnen fühlte er sich als Naturwissenschaftler wie aber auch ihrer philosophisch und ideologisch zupackenden Vorgehensweise wegen verbunden. Auch deren persönliche Tapferkeit und Uneigennützigkeit fand seinen Respekt. Er zitierte nicht nur aus Christopher Caudwells „genialem Buch" *Illusion and reality. Study of the Source of Poetry*/64/ oder aus der ersten Einführung in den dialektischen Materialismus, die in England von dem jungen Mathematiker David Guest verfasst worden war./65/ Er beklagte zugleich auch den großen Verlust, den die englische und internationale Linke dadurch erlitten habe, dass sowohl Guest als auch Caudwell in den Reihen der in Spanien kämpfenden Internationalen Brigaden gefallen sind. Neben bereits weiter oben genannten Vertretern der englischen Wissenschaftler-Linken wie Haldane oder Needham zählten auch Samuel Lilley, Maurice Cornforth, Patrick M. Blackett oder Gordon Childe zu den von Hollitscher geschätzten und wiederholt zitierten Persönlichkeiten.

Der Marxismus, den Hollitscher in England propagiert fand, musste ihm auch deshalb zusagen, weil er sich wenig bei philosophischen Details und Feinheiten, etwa begrifflichen Überlegungen, aufhielt, dafür aber philosophische, ideologische und politische Ambitionen eng mit einem naturwissenschaftlichen Wissen von hohem und aktuellem Niveau zu verbinden wusste. Seine Bekanntschaft mit den englischen Wissenschaftler-Linken war für Hollitscher so bewegend und nachhaltig, dass, worauf bereits hingewiesen wurde, sein Verhältnis zu ihnen sich auch dann nicht änderte, als einige von ihnen, darunter der von ihm so geschätzte Haldane, aus Protest gegen die Monopolisierung der Lyssenko-Position in der Sowjetunion, aus der Kommunistischen Partei austraten und auch ihr früheres politisches Engagement aufgaben. Darüber verlor Hollitscher nicht viele Worte. Eine lebenslange Verehrung von Personen, denen er viel verdankte oder die er als empirische Forscher schätzte, war ihm ebenso selbstverständlich wie seine stete Hochachtung gegenüber seinen Wiener Lehrern.

Und das waren immerhin die im Marxismus-Leninismus geradezu verteufelten Repräsentanten des Neopositivismus. Anfang der 1950er Jahre hatte beispielsweise Adam Schaff festgestellt: „Man kann ohne Übertreibung sagen, daß der Neopositivismus in unserer Philosophie und Wissenschaft der Feind Nr. 1 der marxistischen Ideologie ist"./66/ Hollitscher ist allerdings deren Positionen wohl niemals widerspruchslos gefolgt, vielmehr hat er sie durch ihnen eigentlich fremde Inhalte zu ergänzen gesucht. In seiner Dissertationsschrift von 1935 etwa bot Hollitscher Schlick auch soziologische Interpretationen des damaligen Streites um das Kausalprinzip an. Kühn hatte er hier verkündet: „Die ‚geistige' ist der ‚materiellen' Welt gegenüber nichts weniger als autonom. Wer Wirtschafts- und Wissenschaftsbetrieb unserer Zeit voneinander trennt, wird keinem von beiden gerecht"./67/ Schlick „übersah" in seinem Gutachten den marxistischen Hintergrund solcher Behauptungen seines ihm auch politisch wohlbekannten Schülers und verweist auf den „berühmten Satz" Fichtes: „was für eine Philosophie man wähle, hängt davon ab, was man für ein Mensch ist", um dann fortzufahren: „In der vorliegenden Dissertation werden Beispiele für diese alte Wahrheit zusammengetragen, die sich auf die gegenwärtige Diskussion um das Kausalprinzip beziehen"./68/ Willkommener und vertrauter dürfte Schlick jedoch das Bemühen Hollitschers gewesen sein, die Operationsregeln anzugeben, nach denen der Begriff „Kausalität" in den empirischen Wissenschaften zweckmäßig verwendet werden darf und zuvor erst einmal methodisch herauszufinden, wie man solche Regeln überhaupt erfassen kann./69/

Nach dem Krieg publizierte Hollitscher nicht nur zusammen mit Joseph Rauscher Schlicks Vorlesungen zur Naturphilosophie, die dieser im Sommersemester 1936 in Wien gehalten hatte, sondern er protestierte auch am 4.11.1948 in einem Memorandum dagegen, dass „vor allem durch die Nichtbesetzung der Lehrkanzel für Philosophie der induktiven Wissenschaften, der etwa Boltzmann und Schlick zu solch großem Weltrufe verholfen hatten, die Anziehungskraft der Wiener Universität beträchtlich gemindert wird"/70/ Die beiden Herausgeber seines Briefwechsels mit Otto Neurath meinen sogar: „Walter Hollitscher und Viktor Kraft haben das historische Verdienst, dass die Philosophie des Wiener Kreises in allen ihren Varianten nicht endgültig aus der österreichischen Geistesgeschichte verdrängt werden konnte."/71/ Noch in seinem 1949 an der Berliner Humboldt-Universität eingereichten Lebenslauf berichtet Hollitscher stolz: „Prof. M. Schlick war mein Lehrer. Noch als Student nahm er mich in seinen Zirkel – den sogenannten ‚Wiener Kreis' – auf. Gemeinsam mit ihm fuhr ich zum Prager und Pariser Internationalen Philosophenkongress und hielt dort Vorträge. (Nach seinem Tode war es mir übertragen, seinen ‚Naturphilosophischen Nachlass' herauszugeben)"./72/

Dankbarkeit gegenüber seinen neopositivistischen Lehrern lag für Hollitscher auch noch aus einem anderen Grund nahe. Neurath hatte Hollitscher kurz nach dessen Flucht aus dem okkupierten Österreich und auf dessen Bitte hin am 18.5.1938 folgendes Zeugnis ausgestellt: „Der Unterzeichnete hatte während mehrerer Jahre Gelegenheit Herrn Dr. Walter Hollitscher als vielseitig begabten jungen Wissenschaftler kennen zu lernen, der schon als Student vielversprechend war. Dr. Hollitscher verbindet, was für viele Untersuchungen besonders wichtig ist, Begabung für logische Analyse mit dem Interesse für Realwissenschaften. Seine Arbeiten zeigen, dass er sich mit Erfolg der wissenschaftlichen Laufbahn zugewendet hat. Jede Förderung, die ihm dabei zuteil wird, wird zweifellos gute Früchte tragen. Den Unterzeichneten würde es sehr freuen, wenn diese Erklärung die Entwicklung Dr. Hollitschers unterstützen würde."/73/

Die Kritik, die Hollitscher sich dann 1949/50 in der DDR anzuhören hatte, ließen später seine positiven Bekundungen zu Schlick oder Neurath, Ph. Frank, Carnap usw. zwar etwas spärlicher werden, aber keineswegs verstummen. Sie wurden allerdings zunehmend auch mit kritischen Bemerkungen zu einzelnen Positionen seiner Lehrer vermischt. Zu bedauern ist, dass Hollitscher sich in seinen späteren Jahren niemals grundsätzlich und ausführlich zum „Wiener Kreis" geäußert hat. Wie gut hätte es auch der DDR-Philosophie getan, wenn er von seinen methodischen Erfahrungen aus einmal unmissverständlich erklärt hätte, dass etwa die in Wien gepflegte logische und semantische Analyse von Texten ursächlich nichts mit philosophischer Antipathie zu tun hat, sondern solche Verfahren unentbehrliche Instrumente jeglicher theoretischen Arbeit, auch der marxistischen, sind! Wie sehr hätte er dazu beitragen können, das in der DDR-Philosophie verbreitete Wohlbehagen in Umgangsdenken und -sprache zurückzudrängen! Der Vermeidung unzähliger Äquivokationen, Synonyme, unscharfer Begriffe, Irrationalismen, bloßer Phrasen und anderer Fallstricke gegen ein formal korrektes Denken hätte das ebenso genutzt, wie manche sich daran anschließende und theoretisch oft völlig sinn- und nutzlose Debatte (ich denke nur an die, die den logischen Widerspruch in seiner Gültigkeit begrenzen wollte) vielleicht vermieden worden wäre. Hollitscher wusste ja schon seit seinem Briefwechsel mit Neurath, dass dieser bestimmte sowjetische Dialektik-Ausführungen als „a kind of hocus pocus" zu bezeichnen pflegte, als eine Preisung von Wortgebilden, die sich den in der Wissenschaft üblichen Kriterien zur Erhellung ihres Sinns entziehen: Neurath nannte als ein Beleg für solche Vorgehensweisen: „wenn man *A* sagt und *A* ist gut, *dann* ist's eine Verschleierung des Non-*A* usw."/74/

Bei meinen Bedauern darüber, dass Hollitscher nicht bestimmte, im *Wiener Kreis* gepflegte und ihm bekannte Verfahren wissenschaftlicher Arbeit in der DDR weit offensiver als er es tat verteidigt hat, beziehe ich mich vor allem auf Publikationen aus seiner Berliner Zeit oder noch davor. In seinen Leipziger Vorlesungen, die ich leider nicht kenne, mag es vielleicht anders zugegangen sein. Ich könnte das allerdings auch aus vielen persönlichen Gesprächen mit Hollitscher in Leipzig nicht bestätigen.

Klaus-Peter Noack jedenfalls bewunderte 1981 in einem Interview mit Hollitscher dessen in seinen Leipziger Vorlesungen offenbartes „hellwaches sprachanalytisches Bewußtsein".[75] Auch Wittgensteins *Tractatus logico-philosophicus*, dem Hollitscher laut seinem 1981 in Leipzig publizierten Lebenslauf, die „Einsicht" verdankt, „dass manche ‚Probleme', die als philosophische gelten, durch eine ‚Berichtigung des Sprachgebrauchs' – wie Lichtenberg dies genannt hatte- geklärt werden konnten", fand bei ihm in dieser Hinsicht ansonsten keine positive Würdigung.

Hollitschers Verhältnis zu den Lehren Sigmund Freuds wäre einer besonderen Untersuchung wert, schließlich hat er bereits 1939 im *International Journal of Psychoanalysis* einen Beitrag mit dem Titel *The Concept of Rationalization. Some Remarks on the Analytic Criticism of Thought* veröffentlicht und 1947 sein Buch *Sigmund Freud. An Introduction. A Presentation of his Theory, and a discussion of the Relationship between Pschoanalysis and Sociology* in der von K. Mannheim herausgegebenen Reihe *International Library of Sociology and Social Reconstruction* (London 1947, New York 1970). Doch 1951 bereits bezeichnete er sein damaliges Freud-Buch als „nicht unproblematisch",[76] obwohl Hollitscher mit dieser Arbeit „pure Freud and not somebody else's interpretation of him" bieten wollte.

Zur Berliner Debatte, die am 23. Dezember 1950 über Hollitschers philosophisches Konzept geführt wurde

Während seiner einzelwissenschaftlichen Ausbildung, aber natürlich auch bei den Wiener Positivisten und den englischen Wissenschaftler-Linken lernte Hollitscher einen Denkstil kennen und schätzen, der unvereinbar war mit solchen von Moskau ausgehenden Redeweisen wie jener von den „unerschütterlichen Wahrheiten des Marxismus-Leninismus", oder mit der in diesem Geiste ständig vorgetragenen Warnung, niemand solle klüger sein wollen als Marx, Engels, Lenin und natürlich die jeweilige Parteiführung. In seinen Publikationen trifft man vielmehr, mitunter sogar dort, wo er zu offiziell gebilligten marxistischen Positionen schreibt, auf relativierende Ausdrücke wie: „wahrscheinlich ist das zutreffend", „man könnte annehmen, daß", „diese Antwort ist zur Zeit noch umstritten", auf Bilder wie „wenn die Amöben denken könnten..." oder gar „wir neigen dazu, Engels recht zu geben ..." u.ä. Eine solche Denkhaltung musste in der noch jungen DDR allen jenen höchst fremd und ungelegen sein, denen eine gründliche theoretische Ausbildung versagt geblieben war, die aber nun – ihrer Verdienste im antifaschistischen Kampf wegen – in hohe politische und staatliche Ämter eines zentralistisch angelegten Apparates gelangt waren. Sollten sie ihre politische Autorität einer für sie gänzlich ungewohnten filigranen Denkarbeit opfern, sich als zwar politisch Mächtige, doch der von ihnen selbst gepriesenen Theorie wegen als Deppen öffentlich vorführen lassen, als nobodies, unfähig zur Entwicklung der marxistisch-leninistischen Theorie, der, wie Stalin sie nannte, „Weltanschauung der Partei" (*ihrer*! Partei), einen persönlichen Beitrag leisten zu können? Ein solches Ansinnen war für sie weder bildungsmäßig einsehbar noch politisch wie sozial akzeptabel. Am 23.12.1950 wurde mit Hollitschers Vorlesungen zur Naturphilosophie im Haus des Kulturbundes in der Berliner Jägerstraße in einer Debatte, die von 10 bis 18.30 Uhr währte, gründlich abgerechnet./77/ Für den damals knapp vierzigjährigen Hollitscher muss dies geradezu ein Schockerlebnis gewesen sein.

Die Debatte, die von Kurt Hager, damals Leiter der Abteilung Propaganda im ZK der SED, eingeleitet und geleitet wurde, stemmte sich massiv gegen das von Hollitscher zum Druck vorgelegte Manuskript seiner damaligen Gesamtsicht der Naturwissenschaft. Es war aber der Urtyp aller seiner späteren Bemühungen in dieser Frage. Der vorgelegte Text war, wie alle späteren, zuvörderst um eine populärwissenschaftliche Mitteilung bemüht, allerdings eine solche die philosophisch, politisch und ideologisch engagiert war, keinen Zweifel an dem marxistischen und kommunistischen Standort seines Verfassers ließ. Die knapp dreißig Teilnehmer der Debatte waren überwiegend naturwissenschaftliche Laien, lediglich Gerhard Harig, Robert Havemann, Georg Klaus, Hermann Ley und Robert Rompe konnten als Ausnahmen gelten.

Nicht wenige der Anwesenden dürften Hollitschers Text kaum verstanden haben, noch hatten sie jemals über Typen und Kriterien einer wissenschaftlich haltbaren Popularisierung von Texten näher nachgedacht. Dennoch war die Verständlichkeit der ihnen von Hollitscher gebotenen Lektüre das einleitenden Thema der Debatte. Dabei wurde Hollitschers Annahme, eine marxistische Naturphilosophie geboten zu haben (und nicht, was weit mehr der Fall war, eine um Popularität bemühte Gesamtsicht der Naturwissenschaft), von allen Anwesenden für bare Münze genommen und somit ihrer Kritik Tür und Tor geöffnet. Als erstes hielt man ihm entgegen: Marxismus als „Weltanschauung der Arbeiterklasse" muss immer verständlich sein, wobei „verständlich-sein" als ein absoluter Wert behandelt wurde. Verständlichkeit so gesehen sei aber mit dem vorgelegten Text offensichtlich nicht gegeben. Hager beklagte, er habe „ganze Passagen" der Vorlage erst nach „drei bis viermaligen Lesen verstanden". Es wurden nun alle möglichen Personengruppen aufgeführt, die das Manuskript nicht verstanden hätten oder haben könnten: FDJ-Studenten beispielsweise oder *die* Arbeiterklasse und *die* Volksmassen schlechthin. Hanna Wolf verwies auf Schüler der Parteihochschule, die selbst nach zweijährigem Studium dort mit dem Text nichts anzufangen gewusst hätten usw.

Schon in diesem einleitenden Abschnitt der Debatte wurde einer der Irrtümer deutlich, die auch noch Jahrzehnte später das Niveau philosophischer Forschung in der DDR arg behindert haben. Niemand unter den Anwesenden begriff *„Verständlichkeit eines Textes"* als etwas, das nicht allein von diesem, sondern auch von dem Bildungsniveau der Rezipienten abhängig ist. Niemand monierte, dass die Forderung nach absoluter und ausnahmsloser Allgemeinverständlichkeit des Marxismus eigentlich das Todesurteil für seine Wissenschaftlichkeit bedeuten muss. Denn welcher wirklich neue Gedanke könnte anders als ein vorerst esoterischer zustande kommen und zunächst nur in einer für Außenstehende schwer verständlichen „Laborsprache" der Forschenden existent sein?

Hollitscher suche, kritisierte Hager weiter, „eine Überfülle neuer Wortungetüme in die marxistische Terminologie" einzuführen: „Gegenwartsvoreingenommenheit", „Wirkungsbeziehungen", „Plausibilität", „Gesellschaftszweckmäßigkeit" usw. Er

„kommerzialisiere" die Sprache, wenn er von dem „Betrieb der Naturphilosophie", dem „Fachbetrieb der Naturwissenschaften", dem „Betrieb der theoretischen Physik", dem „Geschäft des Beschreibens" usw. berichte. Seine Sprache sei „schwerfällig", „geschraubt", „nebelhaft". Das sei nur Ausdruck dessen, dass Hollitscher in einer Reihe von Fragen selbst nicht „klar" sehe. Damit war man endlich in einem den meisten Anwesenden sehr vertrauten Milieu angelangt.

Nun ging es darum, wie Hager formulierte, „ob der Verfasser es verstanden habe, die Weltanschauung unserer Partei richtig darzulegen und allseitig zu entwickeln", ob er, wie Ernst Hoffmann sagte, den dialektischen Materialismus in seiner „Reinheit" biete, die Klassiker des Marxismus-Leninismus „richtig" studiert und verstanden habe. Was war damit gemeint? Hanna Wolf warf Hollitscher vor, dass er nach neuen Lösungen suche, wo es doch nur darauf ankomme, die Klassiker des Marxismus-Leninismus zutreffend zu interpretieren. Er strebe, wie auch Leo Kofler, Georg Klaus oder Klaus Zweiling danach, „Amerika neu zu entdecken". Dem Manuskript fehle es an „kämpferischer Auseinandersetzung" mit der bürgerlichen Ideologie, monierte Hager. Es „schmuggele" vielmehr deren Gedanken ein, sei also „objektivistisch". Hollitscher verbeuge sich vor der „bürgerlichen Wissenschaft", traue ihr gar noch neue Erkenntnisse zu. Beispielsweise würdige er zu Unrecht Norbert Wiener und die Kybernetik, da beide die Relation Einzelnes-Allgemeines nicht besser als die bisherige Gesellschaftswissenschaft darbieten würden. Wenn Hollitscher der Naturwissenschaft den Gebrauch von Zeichen nachsage, so sei dies nach Lenin eine reaktionäre Unterstellung. Wolfgang Harich sah in der Behauptung Hollitschers, dass es schachspielende Maschinen geben könne, „einen ganz krassen Fall von mechanistischer Vorstellungsweise" usw. usw.

Als wichtige Ursache für diese „Schwächen" machten insbesondere Ernst Hoffmann, aber auch Ley, Klaus, Havemann den Einfluss des *Wiener Kreises* und der englischen Wissenschaftler-Linken auf Walter Hollitscher verantwortlich. Mit anderen Worten: Hollitscher wich von den insbesondere durch Stalin gesetzten Normen philosophischer Darbietungen in Sprache, Inhalt und Methode deutlich ab. Sein Buch durfte nicht erscheinen.

Niemand, es wäre vor allem Hagers wissenschaftspolitische Aufgabe gewesen, unterzog sich der Mühe, Hollitscher und sein Manuskript einmal von den an die Gruppe der ostdeutschen Marxisten insgesamt gestellten Aufgaben zu durchdenken. Verfügte er nicht über wissenschaftlich wichtige, damals durch keinen DDR-Philosophen kompensierbare Einsichten, Fähigkeiten und Erfahrungen? Man vermochte sich damals offensichtlich in der SED-Führung die DDR-Philosophie nur als eine Ansammlung von Gleich-Wissenden, Gleich-Denkenden, Gleich-Gehorchenden vorzustellen. Jede Abweichung von dem verlangten Durchschnitt galt als suspekt.

Um sich dagegen zu wehren und durchzusetzen, musste man über die Robustheit eines Georg Klaus verfügen. Die besaß, wie bereits bemerkt, Hollitscher nicht, er war „einsichtig", suchte auf stille und unmerkliche Weise seinen Weg weiter zu gehen. Seine völlig ungerechtfertigte Vertreibung aus der DDR im Frühjahr 1953 hat allerdings die Mächtigen in der DDR nach dem XX. Parteitag der KPdSU ihm gegenüber Nachsicht walten lassen. Nie wieder gab es in der DDR eine politisch-ideologische Debatte um Hollitscher. Noch weniger als bisher hat Hollitscher aber auch eigene Standpunkte mit einer Polemik gegenüber anderen Marxisten durchzusetzen gesucht. Ruhe verschaffte ihm auch, dass er im Titel seiner späteren Darstellungen des Wissenschaftsspektrums nicht weiter auf ein philosophisch gemeintes Werk verwies. Hollitscher fand nun zu einer Gesamtdarstellung der Naturwissenschaft, in der das popularisierende Anliegen noch stärker als 1949/50 dominierte, dagegen philosophisch-ideologische Kritik nahezu ausschließlich jenen bürgerlichen Positionen galt, die dem Realsozialismus oder dem Marxismus-Leninismus schädlich schienen. So hatte Hollitscher eine gegenüber persönlichen Angriffen sichere Nische im Realsozialismus gefunden, die er als Kommunist gewiss so nie gewünscht hatte.

Einem Professor gegenüber, der zu allen philosophischen und politischen Ungereimtheiten in der DDR öffentlich und auch weitgehend privat schwieg, verhielt sich die SED-Parteiführung nicht nur gnädig, sondern sogar – allerdings erst nach der sogen. „Wende" in der DDR – reumütig. Jedenfalls bekannte Kurt Hager in seinen 1996 erschienenen *Erinnerungen*: „Ein Meinungsstreit wurde unter meiner Leitung auch zu dem Manuskript ‚Naturphilosophie' des österreichischen Philosophen Walter Hollitscher geführt. Diese Vorlesungen zur Einführung in die Naturdialektik wiesen nach Ansicht der Versammelten Einflüsse der Wiener Schule des logischen Positivismus auf. Zugleich waren sie jedoch auch ein Versuch, aus den Ergebnissen der modernen Naturwissenschaft Schlußfolgerungen für die Theorie der Dialektik zu ziehen. Auch in diesem Fall plädierten wir nicht für eine Veröffentlichung ... Es war sicher ein Fehler, ... (das Werk von) Hollitscher nicht zu drucken. ... (es hätte trotz seiner) Schwächen vor allem bei Naturwissenschaftlern Interesse an der Dialektik der Natur geweckt"./78/

Wie berechtigt es war, wenn der Hager der Nach-Wende-Zeit diese vertanene politische Chance bereute, zeigt besonders die Tatsache, dass Hollitscher zumindest einen international hervorragenden Fachwissenschaftler für seine Art des Denkens und Debattierens gewinnen konnte, ohne dass dieser ihm inhaltlich in wesentlichen Fragen gefolgt wäre: Paul Feyerabend (1924-1994). Feyerabend bekannte sich stolz als Schüler des Marxisten und Kommunisten Hollitscher. Dass ein vorwiegend populärwissenschaftlich tätiger Autor Forscher sich dazu bekennende Schüler gewinnen kann, ist wissenschaftsgeschichtlich gewiss ein seltener Fall. In seinem Buch *Erkenntnis für freie Menschen* (Frankfurt a.M. 1980, S. 222 f.; vgl. auch ders.: *Zeitverschwendung*. Frankfurt a.M. 1994. S. 100-102) schrieb Feyerabend, dass Hollitscher ihm „ein Lehrer und später einer meiner besten Freunde wurde. Als ich mit Hollitscher zu diskutieren begann, war ich ein hirnloser (wenn auch nicht wortloser) Positivist"./79/ An anderer Stelle bemerkte Feyerabend: „Hollitscher hatte kein Argument, das den Gegner Schritt für Schritt vom Positivismus in den Realismus geführt hätte. Ein solches Argument wäre ihm als der Gipfel philosophischer Einfalt erschienen. Er entwickelte den realistischen Standpunkt, zeigte, wie er mit der Praxis der Wissenschaft und dem Alltagsdenken verbunden war, und tat dasselbe mit dem Positivismus"./80/ Auf Hollitscher als einen seiner Lehrer berief sich auch der Berliner Physikochemiker Werner Haberditzl (s. Ebd.)./81/

Damit erfüllte sich spät ein Herzenswunsch Hollitschers, den er seit seiner Studentenzeit gehegt hatte: nämlich der, eigene Schüler zu haben. Im März 1936 berichtete der damals knapp fünfundzwanzigjährige Hollitscher seinem Lehrer Neurath: Zum II. Internationalen Kongress für Einheit der Wissenschaft, der im Juni 1936 in Kopenhagen stattfinden sollte, werde auch eine Frau Dr. Käthe Steinhardt (geb. Straus) mitkommen, die über Aspekte der biologischen Begriffsbildung sprechen wolle. Frau Dr. Steinhardt sei, fuhr Hollitscher in seinem Brief an Neurath fort, „was ich Ihnen unter dem Siegel der tiefsten Verschwiegenheit mitteile, meine Schülerin (seit fast zwei Jahren)". Sie möchte dort auch einen Vortrag halten „(für dessen Brauchbarkeit meine daran unmittelbar beteiligte Lehrerschaft Ihnen hoffentlich eine hinreichende Garantie bietet)". Nur diesem Lehrer-Schüler-Verhältnis konnte keine nennenswerte Zukunft beschieden sein. Frau Dr. Steinhardt, die gleichfalls bei Schlick promoviert hatte, war damals bereits 42 Jahre alt, ihr „Lehrer" also 17 Jahre jünger.[82]

Zum Schluss noch eine Bemerkung zu der Konferenz, welche auf Einladung der *Rosa-Luxemburg-Stiftung Sachsen* gleichermaßen Walter Hollitscher und Gerhard Harig gelten soll. Das lässt über Gemeinsamkeiten nachdenken, die zwischen beiden bestehen. Der Hinweis, dass beide naturwissenschaftlich gut gebildet waren und bereits in den Jahren ihrer akademischen Ausbildung, die vor der faschistischen Herrschaft lag, sich zur kommunistischen Partei bekannten, in ihren Reihen organisiert waren, liegt auf der Hand. Beide waren vom Faschismus verfolgte Menschen und beide flohen in das Exil, Hollitscher nach England und Harig in die Sowjetunion. Vor allem Harig aber hat auch die sogenannte Stalin-Zeit übel mitgespielt, obwohl hier quellenmäßig noch längst nicht alles geklärt ist. Wie Hollitscher hat auch Harig über das ihn von den eigenen Genossen angetane Unrecht ein Leben lang in der Öffentlichkeit geschwiegen – der „großen Sache" wegen. Doch sie verehrten auch gemeinsame Vorbilder: die englischen Wissenschaftler-Linken und einen ihrer geistigen Urheber: Boris Hessen. Wir sollten also auch diesen Gemeinsamkeiten 2002 in Leipzig die gebührende Beachtung schenken.

Anmerkungen

* Bearbeitete Fassung eines Vortrages, den der Verfasser am 25.9.2001 im Rahmen der *Rosa-Luxemburg-Stiftung Sachsen* in Leipzig gehalten hat.

1/ Vgl. Walter Hollitscher: Vorlesungen zur Dialektik der Natur. Erstveröffentlichung der 1949/50 an der Humboldt-Universität gehaltenen Vorlesungsreihe. Mit einem Vorwort von Josef Rhemann. Band 3 der von Karl-Heinz Braun und Konstanze Wetzel herausgegebenen „Studienbibliothek der Kritischen Psychologie". Marburg 1991.

2/ Vgl. Ingeborg Rapoport: Meine ersten drei Leben. Erinnerungen. Berlin 1997.

3/ Vgl. Peter Goller und Gerhard Oberkofler (Einführung zu und Herausgabe von): Walter Hollitscher – Briefwechsel mit Otto Neurath (1934-1941). In: Die Alfred Klahr Gesellschaft und ihr Archiv. Beiträge zur österreichischen Geschichte des 20. Jahrhunderts. Hg. von Hans Hautmann. Wien 2000. S. 119-209. Die Einführung der beiden Herausgeber umfasst dabei die Seiten 119 bis 140.

4/ Vgl. Dieter Wittich: Walter Hollitscher und Otto Neurath – zwei ungleiche Freunde. In: Neues Deutschland. 16.3.2001. S. 13.

5/ Vgl. Friedrich Stadler: Studien zum Wiener Kreis. Ursprung, Entwicklung und Wirkung des Logischen Empirismus im Kontext. Frankfurt a.M. 1997. S. 259.
6/ Vgl. Hubert Laitko: Walter Hollitscher und seine Naturdialektik-Vorlesung in Berlin 1949/50. In: Volker Gerhardt, Hans-Christoph Rauh (Hg.): Anfänge der DDR-Philosophie. Ansprüche, Ohnmacht, Scheitern. Berlin 2001. S. 420-455.
7/ Vgl. eb., S. 423.
8/ Vgl. P. Goller und G. Oberkofler, wie Anm. 3, S. 119.
9/ Vgl. H. Laitko, wie Anm. 6, S.422 f.
10/ Vgl. P. Goller und G. Oberkofler, wie Anm. 3, S. 120.
11/ Vgl. eb. sowie F. Stadler, wie Anm. 5, S. 257.
12/ Die Angaben um den genauen Titel der Dissertationsschrift Hollitschers differieren in der Literatur. Hollitscher selbst nannte mir bei der Vorbereitung des 1982 in Berlin erschienenen und von Erhard Lange und Dietrich Alexander herausgegebenen „Philosophenlexikon" als Titel „Gründe und Ursachen des Streites um das Kausalprinzip in der modernen Physik". H. Laitko (wie Anm. 6, S.424) zitiert ihren Titel mit „in der gegenwärtigen Physik".
13/ Vgl. P. Goller und G. Oberkofler, wie Anm. 3, S. 120.
14/ Vgl. H. Laitko, wie Anm. 6, S.424.
15/ P. Goller und G. Oberkofler, wie Anm. 3, S. 132.
16/ Vgl. eb., S. 132 f.
17/ Vgl. W. Hollitscher: Über die Begriffe der psychischen Gesundheit und Erkrankung. Wien 1947. (62 S.)
18/ Vgl. P. Goller und G. Oberkofler, wie Anm. 3, S. 134.
19/ Eb.
20/ Eb.
21/ A.a.O., S. 135.
22/ I. Rapoport, wie Anm. 2, S. 321 f.
23/ Eb., S. 323
24/ Vgl. Rudolf Carnap, Hans Hahn und Otto Neurath: Wissenschaftliche Weltauffassung – der Wiener Kreis. In: Otto Neurath, Wissenschaftliche Weltauffassung, Sozialismus und Logischer Empirismus. Hg. Von Rainer Hegselmann. Frankfurt a. M.1979. S. 81-101. Hier zitiert S. 101.
25/ Vgl. P. Goller und G. Oberkofler, wie Anm. 3, S. 135.
26/ Vgl. hierzu Dieter Wittich und Horst Poldrack: Der Londoner Kongress für Wissenschaftsgeschichte 1931 und das Problem der Determination von Erkenntnisentwicklung. Berlin 1990. S. 26 ff.
27/ Walter Hollitscher: Bemerkungen über die Beziehung zwischen Gesellschaft und Wissenschaft. Vortrag, gehalten im Auditorium maximum zur Einleitung der Tagung des wissenschaftlichen Nachwuchses am 17. Juli 1950. In: Ders.: „... wissenschaftlich betrachtet ..." Vierundsechzig gemeinverständliche Aufsätze über Natur und Gesellschaft. Berlin 1951. S. 386-402. Hier zitiert S. 400 f.
28/ Walter Hollitscher: Wissenschaft und Nation. In eb., S. 328-334, hier zitiert S. 330.
29/ Vgl. etwa W. Hollitscher, Brief an O. Neurath vom 20.10.1935. In: P. Goller, G. Oberkofler, wie Anm. 3, S. 164. Hier ist u.a. zu lesen: „Ich habe Ihnen gesagt, wie sehr ich mich nach einem Wissenschaftsbetrieb sehne, – noch dazu nach einem, in dem Sie Chef sind".
30/ Vgl. P. Goller, G. Oberkofler; wie Anm. 3, S. 121.
31/ Bernhard Bavink: Ergebnisse und Probleme der Naturwissenschaften. Ein Einführung in die heutige Naturphilosophie. Achte Auflage. Leipzig 1944. Vorwort.
32/ Vgl. Protokoll der philosophischen Diskussion über das Buch des Gen. Hollitscher „Naturphilosophie" am 23.Dezember 1950, 10 Uhr, im Clubhaus Jägerstr. In: W. Hollitscher: Vorlesungen zur Dialektik der Natur. A.a.O.; S. 373-421. Hier S. 374.
33/ Eb., S. 386.
34/ Vgl. L. Fleck: Entstehung und Entwicklung einer wissenschaftlichen Tatsache. Einführung in die Lehre vom Denkstil und Denkkollektiv. Mit einer Einleitung herausgegeben von Lothar Schäfer und Thomas Schnelle. Frankfurt a.M. 1980. S. 146-164.
35/ Vgl. W. Hollitscher, Vorlesungen zur Dialektik der Natur (vgl. Anm. 1), S. 138.
36/ Vgl. eb., S. 140.

37/ Vgl. eb., S. 180.
38/ Vgl. eb., S. 292-299.
39/ W. Hollitscher: Geister und Seelen. Was man im Umgang mit Scharlatanen wissen muß. In: Ders., ... wissenschaftlich betrachtet ... A.a.O., S. 350-356. Hier zitiert S. 356.
40/ Vgl. Georg Klaus: Elektronengehirn contra Menschengehirn? Über die philosophischen und gesellschaftlichen Probleme der Kybernetik. (1957) Wiederabdruck in: Georg Klaus: Beiträge zu philosophischen Problemen der Einzelwissenschaften. Herausgegeben von Heinz Liebscher. Berlin 1978. S. 62-80.
41/ Vgl. z.B. seinen Vortrag „Die Entwicklung in Gegensätzen" aus den Jahren 1949/50. In: W. Hollitscher, Vorlesungen zur Dialektik der Natur (wie Anm. 1), S. 74-79; vgl. ferner: W. Hollitscher: Zum Verrücktwerden! In: Ders., ... wissenschaftlich betrachtet ..., A.a.O., S. 364-367.
42/ Vgl. W. Hollitscher: Vorlesungen zur Dialektik der Natur. A.a.O., S. 78.
43/ Vgl. etwa Paul Ferdinand Linke: Niedergangserscheinungen in der Philosophie der Gegenwart. München/Basel 1961.
44/ Vgl. W. Hollitscher: Vorlesungen zur Dialektik der Natur (wie Anm.1), S.57.
45/ Vgl. Ders.: Newton und seine Zeit. Zur 300. Wiederkehr seines Geburtstages. In: W. Hollitscher: ... wissenschaftlich betrachtet ... A.a.O., S. 63-67.
46/ Vgl. W. Hollitscher: Der Mensch im Weltbild der Wissenschaft. Wien 1969. S. 366-369.
47/ W. Hollitscher: Darwins Lehren sind lebendig. In: Ders., ... wissenschaftlich betrachtet ... A.a.O., S. 132-134. Hier zitiert S. 134.
48/ W. Hollitscher: ... und der Mensch schuf Pflanzen und Tiere. In Ders.: ... wissenschaftlich betrachtet ..., A.a.O., S. 194-197. Hier zitiert S. 196.
49/ W. Hollitscher: 50 Jahre Wissenschaft 1900-1950. In: Ders., ... wissenschaftlich betrachtetet ... A.a.O., S.403-408. Hier zitiert S. 406.
50/ Vgl. W. Hollitscher: Sollen wir logisch denken? In: Ders., ... wissenschaftlich betrachtet ... A.a.O., S. 230-235.
51/ Vgl. W. Hollitscher, Brief an Otto Neurath vom 25.1.1935. In: P. Goller und G. Oberkofler, wie Anm. 3, S. 148.
52/ Vgl. W. Hollitscher: Bemerkungen über das Verhältnis von Philosophie und Wissenschaft. In: Ders. ... wissenschaftlich betrachtet ... A.a.O., S. 305-327.
53/ Vgl. W. Hollitscher: Kurzfassung des (bisherigen) Lebenslaufes. In: Wissenschaftliche Zeitschrift der Karl-Marx-Universität Leipzig. Gesellschafts- und sprachwissenschaftliche Reihe. Heft 2/1981. S. 111-116.
54/ Vgl. W. Hollitscher: Otto Neurath – Begegnungen und Erwägungen. In: Weg und Ziel. Wien. Heft 7/8, 1982. S. 284.
55/ W. Hollitscher: 50 Jahre Wissenschaft. 1900-1950. In: Ders.: ... wissenschaftlich betrachtet ... A.a.O., S. 407.
56/ Vgl. W. Hollitscher: Bemerkungen über die Beziehung zwischen Gesellschaft und Wissenschaft. A.a.O., S. 401.
57/ Eine dieser Ausnahmen bildet: Walter Hollitscher: Der Ideologiebegriff in marxistischer Sicht. In: Akten des XIV. Internationalen Kongresses für Philosophie. Wien, 2.-9. September 1968. Band I. Wien 1969. S. 504-509.
58/ Vgl. z.B. W. Hollitscher: Entwicklungsprobleme. In: Ders., ... wissenschaftlich betrachtet ... A.a.O.; S. 123-131, insbes. S. 123 f.
59/ W. Hollitscher: Der Mann, der einen Planeten fand. In: Ders., ... wissenschaftlich betrachtet ... A.a.O.; S. 30-33, hier bezogen auch S. 30.
60/ Wolfgang Harich: Eine Denkschrift. In: Siegfried Prokop, Ich bin zu früh geboren. Auf den Spuren Wolfgang Harichs. Berlin 1997. S. 195-220. Hier zitiert S. 200.
61/ W. Hollitscher: Vom Nutzen der Philosophie und ihrer Geschichte, (zuerst Wien 1946) Wiederabdruck in Ders.: ... wissenschaftlich betrachtet ... A.a.O., S. 247-269.
62/ Ich denke insbesondere an Aufsätze und Bücher, die Karl August Wittfogel in dieser Zeit zum „orientalischen Despotismus" als einer „totalen Macht" publiziert hat. Solche Publikationen wurden als direkte Angriff auf die sowjetische Gesellschaftsform aufgefasst und waren sicher auch so gemeint.
63/ Vgl. W. Hollitscher: Entwicklungsprobleme. In: Ders., ... wissenschaftlich betrachtet ... A.a.o., S. 123-131. Hier zitiert S. 124 f.

64/ Vgl. W. Hollitscher: Vorlesungen zur Dialektik der Natur. Wie Anm. 1, S. 324; vgl. auch S. 287, 290 sowie Ders.: ... wissenschaftlich betrachtet ... A.a.O., S. 349.
65/ Vgl. David Guest: A Textbook of Dialectical Materialism. London 1939.
66/ Adam Schaff: Zu einigen Fragen der marxistischen Theorie der Wahrheit. Berlin 1954. S. 470.
67/ Z.n. P. Goller/G. Oberkofler, wie Anm. 3, S. 120.
68/ Eb.
69/ Eb., S. 122.
70/ Z.n. P. Goller/G. Oberkofler, eb., S. 124.
71/ Eb., S. 134.
72/ Z.n. H. Laitko: Walter Hollitscher und seine Naturdialektik-Vorlesung in Berlin 1949/50. A.a.O.
73/ Die zitierte Beurteilung ist enthalten in: P. Goller/G. Oberkofler, a.a.O., S. 196.
74/ Z.n. P. Goller/G. Oberkofler, wie Anm. 3, S. 127.
75/ Vgl. W. Hollitscher: Ich erinnere mich ... Protokoll eines Gesprächs zwischen W. Hollitscher, Siegfried Kätzel und Klaus-Peter Noack, geführt am 16.2.1981 in Leipzig. In: Informationsbulletin: Aus dem philosophischen Leben der DDR 17 (1981), S. 47-61.
76/ Vgl. W. Hollitscher: Kritik der Psychoanalyse. In: Ders.: ... wissenschaftlich betrachtet ... A.a.O., S. 335-344. Hier zitiert S. 343.
77/ Vgl. Protokoll der philosophischen Diskussion ..., wie Anm. 32, S. 371-421.
78/ Kurt Hager: Erinnerungen. Berlin 1996. S. 135 f.
79/ Paul Feyerabend: Erkenntnis für freie Menschen. Frankfurt a.M. 1980. S. 222 f.
80/ Ders.: Der wissenschaftstheoretische Realismus und die Autorität der Wissenschaften. Z.n. P. Goller/G. Oberkofler, wie Anm. 3, S. 134 f.; vgl. Auch: P. Feyerabend: Zeitverschwendung. Frankfurt a.M. 1994. S. 100-102.
81/ P. Goller/G. Oberkofler: eb.
82/ Vgl. Brief von W. Hollitscher an O. Neurath vom 3.3.1936. In: P. Goller/G. Oberkofler, wie Anm. 3, S. 166.

Zwischen Freud und Pawlow
Anmerkungen zu einer aktuellen Hollitscher-Deutung

HERBERT HÖRZ

1. Vorbemerkung

Das Leben und Wirken Walter Hollitschers nach 1949 war eng mit der Entwicklung der Deutschen Demokratischen Republik verbunden, in der er erst in Berlin und später dann in Leipzig Philosophie lehrte./1/ So schrieb er 1971 über seine Heimat Österreich und über die DDR, er fühle „sich jedoch in beiden Ländern im präzisen Vernunft- und Gefühlssinne des Wortes zu Hause: als Teilnehmer am gleichen Emanzipationskampf, dem revolutionäre Kämpfer wie Sieger, da wie dort, ihre Lebensenergien widmeten und widmen"./2/ Ein Teil seiner Arbeit war den Auffassungen von Sigmund Freud und Iwan Petrowitsch Pawlow gewidmet, hatte er doch selbst eine psychoanalytische Ausbildung und Praxis hinter sich, die er philosophisch-kritisch verarbeitete. Ihn interessierten philosophische Probleme der Physiologie und Psychologie sehr, was ihn zu den Leistungen Pawlows führen musste. So bewegte sich der Philosoph Walter Hollitscher zwischen Freud und Pawlow als einem Problemfeld, das politische, philosophische und wissenschaftliche Auseinandersetzungen miteinander verband.

Eine neuere Publikation zur Geschichte der Psychoanalyse in Ostdeutschland/3/ enthält dazu einen Beitrag, der Hollitschers „Wende" von Freud zu Pawlow und die Abkehr von der Psychoanalyse/4/ behandelt. Manches ist interessant. Man kann sich jedoch des Eindrucks nicht erwehren, dass die Geschichte von Wissenschaftlern in der DDR und das Wirken Hollitschers in Klischees von der Ideologisierung der Wissenschaft gepresst wird, die die notwendige wissenschaftliche Debatte um Freud und Pawlow der politischen Kampagne für Pawlow und gegen Freud unterordnen. Etwas differenzierter ist das doch zu sehen. Meine Anmerkungen sollen dazu beitragen.

Betrachten wir deshalb zuerst die Hollitscher-Deutung der „Wende" von Freud zu Pawlow, um dann zwei Linien der Gegenargumentation im Wirken von Hollitscher zu verfolgen, das Verhältnis von Wissenschaft und Ideologie und die Beziehungen des Marxismus zu Freud und Pawlow. Zum Schluss ist dann noch das über Hollitschers Auffassungen hinausgehende aktuelle Thema der Gestaltung des Menschen zu erwähnen.

2. Hollitschers „Wende" zu Pawlow?

Heike Bernhardt befasst sich mit den drei Psychoanalytikern Walter Hollitscher, Alexander Mette und Dietfried Müller-Hegemann, mit ihren Wegen von Freud zu Pawlow, mit der Zerstörung der Psychoanalyse in der Sowjetunion und in der DDR, mit ihrer „Identität als Antifaschist und Parteikommunist versus psychoanalytische Identität"/5/ und mit dem Thema: „Die Schlaftherapie, der Sieg des ‚Pawlowschen' Dogmas in der Psychotherapie."/6/ Wir werden uns auf die Ausführungen zu Hollitscher konzentrieren. Drei Argumente für die Abkehr von Freud und der Psychoanalyse führt die Autorin an. Erstens: Hollitscher habe seine Wende zu Pawlow nach den Parteibeschlüssen vollzogen. Zweitens: Die Motivation dafür sei in seiner Haltung als kommunistischer Antifaschist, in seiner Treue zur Partei und in Karriereabsicht zu suchen. Drittens: Die Psychoanalyse habe 1953 in der DDR aufgehört zu existieren und ihre Tradition sei nicht wieder aufgenommen worden.

Zum ersten Argument wird auf die Diskussionen in der Sowjetunion zu Pawlow und auf die stalinistischen Verurteilungen von Wissenschaften und Wissenschaftlern, die Freud und die Psychoanalyse verteidigten, verwiesen. So heißt es: „Neben der Zerstörung der Psychoanalyse war die Durchsetzung der Pawlowschen Ideen als Parteidogma in der Sowjetunion für die DDR entscheidend. 1950 erklärte Stalin Pawlows Lehre zur alleinigen Grundlage der sowjetischen Psychologie."/7/ Hollitschers Werk war in diesem Zusammenhang in die Kritik geraten. Der Physikochemiker Robert Havemann warf ihm in einer Besprechung des Buches „... wissenschaftlich betrachtet" von 1951, die im November 1951 in der Einheit erschien, „mangelnde Parteilichkeit und Objektivismus" vor, unterschob ihm eine „mechanistische Denkweise" und „positivistische Gedankengänge". Havemann forderte Hollitscher auf, zu erkennen, dass die Psychoanalyse nichts mit Wissenschaft zu tun habe. Diese „parteipolitische Zurechtweisung Hollitschers durch Havemann" ist nach H. Bernhardt der Grund für die Wende Hollitschers zu Pawlow. „Walter Hollitscher gab dem Druck nach und wandte sich der Pawlowschen Lehre als ‚Grundlage der wissenschaftlichen Physiologie und Psychologie' zu, einen entsprechenden Artikel dazu veröffentlichte er 1952 ebenfalls in der ‚Einheit'. Dieser Artikel Hollitschers war die parteioffizielle Einleitung der ‚Pawlow-Kampagne' in der DDR ... In diesem Beitrag benutzte Hollitscher Pawlow noch nicht direkt gegen die Psychoanalyse, wie es in seiner Rede zur Pawlow-Tagung 1953 geschah."/8/ Am 15. und 16.1.1953 fand die vom Sekretariat des Zentralkomitees der SED beschlossene Pawlow-Tagung in Leipzig statt, auf der Hollitscher referierte. Er „prangert die Lehre Freuds als wissenschaftsfeindlich und antihuman an."/9/ Dafür hatte er Argumente, auf die einzugehen gewesen wäre. Mit der Kritik an der Tiefenpsychologie als pseudowissenschaftliche Ideologie hob er die Biologisierung der Psychologie, die Isolierung des Menschen und die Leugnung der Widerspieglungstheorie hervor./10/

Zweitens wird zu den Motiven der drei Wissenschaftler für die Abkehr von Freud und die Hinwendung zu Pawlow betont: „Ihr kommunistischer Antifaschismus und ihre Treue zur Partei waren stärker als ihre psychoanalytische Überzeugung. Zusätzlich sicherte ihnen die Anpassung an die herrschende Ideologie ihre Karriere in der DDR, die für Hollitscher allerdings ein jähes Ende fand."/11/ Nicht erkannter Antisemitismus wird diagnostiziert. Mit Hinweis auf die Abkehr des Kommunisten Hollitscher von der Religion habe er „sicher keine jüdische Identität, jedoch hatten die Nationalsozialisten seine Angehörigen in Auschwitz als Juden ermordet. Da Hollitscher seine eigene rassistische Bedrohung durch die Nazis nicht wahrnahm, konnte er auch Freuds Bedrohung als Jude und neue antisemitische Tendenzen in der DDR nicht wahrnehmen. Oder nahm er sie wahr und hatte Angst?"/12/

Drittens wäre die Tradition der Psychoanalyse auch später nicht wieder aufgenommen worden. „Psychoanalyse wurde 1953 in der DDR vollständig zerstört. Nur ganz langsam und mühevoll konnte Ende der 70er Jahre und in den 80er Jahren wieder Wissen um Unbewußtes, Verständnis für Beziehungsdynamik und Wissen um Siegmund Freud neu erworben werden. Es gab keine Rückbesinnung auf ehemalige Traditionen der Psychoanalyse, ausgenommen von Elementen der Neo-Psychoanalyse Schultz-Henckes."[13]

Gegen die drei Behauptungen gibt es Gegenargumente, zu denen auch gehört, dass sie dem Verhalten Hollitschers zur Wissenschaft nicht voll gerecht werden.[14] Das Verhältnis von Wissenschaft und Ideologie im Wirken Hollitschers und anderer Marxisten ist komplizierter, als es die Autorin wahrhaben will, wenn sie die parteipolitische Kampagne zur Förderung der Rezeption Pawlowscher Arbeiten mit der Auseinandersetzung um Freud in den Vordergrund stellt und die wissenschaftlichen Debatten ignoriert. Im politisch-ideologischen Streit um die Interpretation und Wirksamkeit wissenschaftlicher Theorien durchdringen sich verschiedene Linien, das gewollte ideologische Ziel, die Suche nach wissenschaftlichen Erkenntnissen, das Verhalten der Akteure, die möglichen Konsequenzen „abweichlerischen" Verhaltens und die konkreten nationalen und internationalen Rahmenbedingungen.

Hollitscher hat sich schon vor seiner Emigration und dann vor allem in seinen Vorlesungen zur Naturdialektik von 1949/50 kritisch mit Freud auseinandergesetzt und sich auf Pawlow berufen. Er brauchte keine politischen Beschlüsse, um sich wissenschaftlich fundiert und kritisch mit den philosophischen Strömungen in den Humanwissenschaften und auch in der Psychoanalyse zu befassen. Hollitscher nahm Parteibeschlüsse sehr ernst. Sie konnten ihn zur Prüfung eigener Auffassungen veranlassen, auch zu Fehleinschätzungen. Gegen die Linie der Partei aufzutreten, war ihm zuwider. Doch ging es bei Freud und Pawlow um Gebiete, die er selbst intensiv bearbeitet hatte. Seine Meinung zu solchen prinzipiellen wissenschaftlichen Fragen änderte er nur mit entsprechenden wissenschaftlichen Argumenten, die sich eventuell später als nicht haltbar herausstellen konnten.

Eine Rezension in der FAZ bestätigt den beiden Herausgeberinnen und Autorinnen des Buches zur Psychoanalyse in Ostdeutschland, sie kämen „weder mit Vorverurteilungen noch mit Tätschelgeste daher." Es wird ihnen angerechnet, nicht den Westen als Meßlatte genommen zu haben, doch zugleich betont, da wir nicht mehr im Kalten Krieg seien, „so wäre den Psychotherapeuten des Ostens doch zuzumuten, mit ihren Traditionen zu brechen und nicht zu verharmlosen, wie ideologisch verblendet der ganze klinische Betrieb war."[15] Die Haltung der Rezensentin ist klar erkennbar, denn: „Der Sozialismus war ein Surrealismus mit anderen Mitteln ... Nur mit einer großen gemeinsamen, sozusagen solidarischen Lebenslüge ließ sich die DDR ertragen."[16] Heike Bernhardts Passagen über die drei Psychoanalytiker und ihre „Identität als Antifaschist und Parteikommunist versus psychoanalytische Identität" werden als die aufschlussreichsten des ganzen Buches bezeichnet. Sie stützen die Linie von der Ideologisierung der Wissenschaft in der DDR, wodurch wissenschaftliche Arbeit nicht mehr möglich war. Das führt zu historischen Vor- und aktuellen Nachverurteilungen. Sie sind Programm bei der Aufarbeitung der Wissenschaftsentwicklung in der DDR auf diesem Gebiet. In einer anderen Rezension wird das charakterisiert, wenn es zu H. Bernhardts Beitrag heißt: „Sie unternimmt anhand der biografischen Skizzen dieser drei Männer, sämtliche echte Psychoanalytiker, den Versuch, die Abkehr von Freud und der Analyse in der DDR und die Unterordnung der Psychologie und Medizin unter die Pawlowsche Lehre als Anpassungsleistung an die Sowjetunion, als deren Satellitenstaat die junge DDR ja anzusehen ist, zu verstehen."/17/

Damit wird die Debatte um den wissenschaftlichen Gehalt der Freudschen Psychoanalyse und um die Leistungen Pawlows, die ebenfalls stattfand, fast völlig ausgeblendet. Schon die Abkehr von Freud wird als Ideologisierung diffamiert. Das haben die drei Wissenschaftler, die ich persönlich kennengelernt habe, nicht verdient. Wenn die Linie der Ideologisierung in der Auseinandersetzung verfolgt werden soll, was möglich ist, dann ist es jedoch, wegen der Suche nach der komplexen Wahrheit dieser Geschichte, erforderlich, darauf hinzuweisen, dass es sich um einen Ausschnitt aus dem komplexen Geschehen handelt. Das ist jedoch nicht der Fall. In einem Akt historischen Reduktionismus wird die Geschichte der Psychoanalyse und das Wirken Hollitschers auf eine wesentliche Linie reduziert, ohne andere Linien zu erwähnen, was den Leistungen der genannten Wissenschaftler nicht gerecht wird.

3. Wissenschaft und Ideologie

Wissenschaft und Ideologie charakterisieren zwei wichtige Aspekte bei der Aneignung der Wirklichkeit durch die Menschen. Wissenschaft ist rationale Wirklichkeitsbewältigung mit der Suche nach wahren Erkenntnissen./18/ Ideologie umfasst die Gesamtheit der durch soziale Interessen bedingten Auffassungen einer historisch entstandenen Gemeinschaft mit einer bestimmten Weltanschauung, die wert-, motiv- und willensbildend wirkt./19/ Hollitscher war sich des Unterschieds zwischen wissenschaftlichen Erkenntnissen und Ideologien als Ausdruck gesellschaftlicher Interessen bewusst. Er lehnte eine Alternative von Ideologie oder Wissenschaft mit dem Hinweis auf den Marxismus als wissenschaftliche Ideologie als grundfalsch ab, untersuchte Ideologie als falsches Bewusstsein und warnte vor falschen Ideologisierungen./20/ Er betonte die Bedeutung nicht-ideologischer Kontroversen und kritisierte Fehlgriffe bei der Ideologisierung, die sich besonders schädlich für die Entwicklung naturwissenschaftlicher Theorien auswirkten./21/ Das ist zu berücksichtigen, wenn man Hollitschers Wirken in der Einheit von Ideologie und Wissenschaft erfassen will.

Parteibeschlüsse waren nicht einfach die Verkündung bestimmter Machtaxiome durch einen Despoten als Generalsekretär. Zweifellos sind die Leninsche Periode eines durch die Verhältnisse eingeschränkten demokratischen Zentralismus, der jedoch zur Förderung der Wissenschaft beitrug, die Stalinsche Periode der Diffamierungen von Wissenschaft und Wissenschaftlern bis zur psychischen und physischen Vernichtung und die verschiedenen Phasen nach der Kritik des Personenkults auf dem 20. Parteitag der KPdSU 1956 zu unterscheiden. In seiner Skizze einer historischen Analyse der „Stalin-Zeit", wie es Hollitscher nennt,/22/ schrieb er: „Es gibt für Menschen mit Gewissen und Gedächtnis keine Absolution, die sie von der Mitverantwortung an dem der eigenen Sache durch Angehörige der eigenen Bewegung Angetanen lossagen könnte."/23/ Seine kritische Haltung zu dieser Zeit schloss Nachdenken über die eigene Haltung zur Wissenschaft ein, die sich vor allem auf seine positiven Äußerungen zu Lyssenko bezogen, wo er den falschen Ratgebern folgte./24/

Wenn man die ideologische Wirkung von Parteibeschlüssen in den sozialistischen Ländern untersucht, dann ist stets zu beachten, dass die in der Wissenschaft vorhandenen Rivalitäten und Intrigen auch mit politischen Mitteln ausgetragen wurden. Das ist ein generelles Problem im Verhältnis von Wissenschaft und Ideologie, nicht nur für die „realsozialistischen" Länder. Wissenschaftler waren an der Ausarbeitung von den sie betreffenden Beschlüssen beteiligt. Für die Planung der Forschung in der DDR sprach ich von einem Münchhausen-Dilemma: Wissenschaftler formulieren Aufgaben, bringen sie in den Beschlüssen unter, lösen sie mehr oder weniger gut und bewerten sie dann. Sie ziehen sich also meist am eigenen Zopf aus dem Sumpf, wenn sie es wollen und können. Dabei hat auch ein Leiter seine Forschungsergebnisse zu verteidigen./25/ In sozialistischen Ländern drückten Parteibeschlüsse die vorherrschenden Meinungen aus, mit der man sich auseinandersetzen musste. Sie waren herrschende Ideologie.

Generell haben wir es, wenn wir das Verhältnis von wissenschaftlicher Erkenntnis und interessengeleiteten Ideen betrachten, auch in der jetzigen Zeit, mit dem Verhältnis von Wissenschaft und Zeitgeist zu tun. Letzterer wurde in den „realsozialistischen" Ländern durch die Parteibeschlüsse und die entsprechenden staatlichen Maßnahmen oft dogmatisch und einseitig kanalisiert, nun wirkt, sicher sehr viel pluralistischer, die Macht der Zeitungen, Zeitschriften, Hörfunk- und Fernsehsendungen und des Internet als öffentlichkeitswirksamer Faktor des Zeitgeistes. Die Medien bestimmen in großem Ausmaß die öffentliche Meinung über die Wissenschaft und es ist oft nicht leicht, in den boomenden Richtungen und Auffassungen, seine fundierte Meinung beizubehalten. Auch da kann Angst aufkommen, wenn man versucht, gegen den Strom zu schwimmen.

H. Bernhardt stellt fest: „Der ideologische Kampf gegen den Imperialismus und Faschismus war für Hollitscher, Mette und Müller-Hegemann notwendig und überschattete alle anderen bisherigen Erfahrungen."/26/ Das besagt eigentlich noch nichts über ihre wissenschaftlichen Leistungen, sondern charakterisiert ihre gesellschaftspolitische Orientierung. Es wird jedoch zugleich ausgedrückt, dass damit wissenschaftliche Erkenntnisse voll politisch-ideologischen Anforderungen durch politische Instanzen untergeordnet wurden, was wiederum zum schon genannten historischen Reduktionismus führt. So stellt man sich als DDR-Kritiker das Verhältnis von Ideologie und Wissenschaft für marxistische Wissenschaftler vor. Mit dieser Linie sind die „Abwicklungen" der DDR-Wissenschaftler nach der Wiedervereinigung begründet, denn wer den Marxismus vertrete, sei politisch-ideologisch uniformiert und könne keine wissenschaftlichen Leistungen vollbringen.

Politik und Wissenschaft sind zu unterscheiden, obwohl die starke Wirkung der Politik auf die Orientierung der Wissenschaftler nicht unterschätzt werden darf. Hollitscher kannte die Wissenschaftspolitik in verschiedenen Ländern, sozialistischen und nichtsozialistischen. Er war an den Ausarbeitungen seiner Partei zur Entwicklung der Wissenschaft mit beteiligt. Beschlüsse nahm er, wie viele andere auch, als Hinweise, die Tragfähigkeit der eigenen Argumente zu prüfen, die Auseinandersetzung auf bestimmte Punkte zu konzentrieren, vernachlässigte Themen aufzugreifen und die politisch-ideologische Wirkung seiner durch die Wissenschaft bestimmten Äußerungen zu kontrollieren. Eine einfach nur parteipolitisch verordnete „Wende" von Freud zu Pawlow, wider besseres Wissen, hätte er nicht vollzogen, da es sich um ein Gebiet handelte, auf dem er selbst philosophisch arbeitete.

Hubert Laitko charakterisiert die Haltung Hollitschers so: „Als überzeugter Kommunist blieb er ideologisch stets im Rahmen der Parteidisziplin ..., doch innerhalb dieses Rahmens suchte er das Maximum möglicher Differenzierungen auf; um dieser Differenzierungen willen beansprucht sein Schaffen bleibendes Interesse."/27/ Man kann sich m.E. in der Bewertung des philosophischen Schaffens von Marxisten auf die generelle marxistische Haltung orientieren oder die kreativen Ideen im Rahmen der marxistischen Position hervorheben. Während sich Marxismuskritiker und -töter auf die erste oberflächliche und leichtere Art der Beschreibung beschränken, muss eine sorgfältige Analyse auch die Inhalte des Philosophierens beachten. Wie problematisch Pauschalurteile sind, zeigt die Feststellung von 1953: „Die in Berlin und Leipzig lehrenden Professoren der Philosophie Hollitscher und Bloch vertraten eindeutig die vorgeschriebene Linie ..."/28/ Wenn man das Philosophieverständnis von Bloch und Hollitscher vergleicht und ihre Wirkung, die sie auf mich als Studenten und jungen Kollegen ausübten, dann lag mir, der ich von Mathematik und Physik her zur Philosophie kam, die Analyse der wissenschaftlichen Erkenntnisse, die Debatte um logische und erkenntnistheoretische Fragen, wie sie Walter Hollitscher durchführte, näher als die oft essayistisch anmutende Darlegung philosophischer Thesen durch Bloch, die mich zwar auch beschäftigten, doch durch ihre vage Darstellung nicht befriedigten. Ich kritisierte seine Auffassungen zur Kategorie Möglichkeit mit der Feststellung: „Hier wird die Dialektik zur Mystik und die Kategorie Möglichkeit, weil von der Wirklichkeit getrennt, wirklich inhaltslos."/29/ Walter Hollitscher zählte ich dagegen zu den Wissenschaftlern, die „sich große Verdienste bei der Entwicklung des Arbeitsbereichs ‚Philosophische Probleme der Naturwissenschaften' ... erwarben."/30/ Differenzierung von Politik und Wissenschaft, von Ideologie und Philosophie und von verschiedenen philosophischen Auffassungen ist also wichtig, um zu sachkundigen Urteilen über Personen und ihre Haltungen zu kommen.

Walter Hollitscher war stets ein aufmerksamer Zuhörer, der interessante Fragen stellte, die Argumente gegen seine Auffassungen sorgfältig prüfte und sich den neuen Problemen in der Wissenschaft stellte, ohne seine marxistischen Grundpositionen aufzugeben. Das ist meine persönliche Erfahrung. Andere mögen davon unterschiedene Eindrücke gesammelt haben, vor allem, wenn sie mit ihm in Parteiveranstaltungen zusammenwirkten. Unsere Gespräche waren stets informell und auf den Gegenstand, eben Philosophie, Wissenschaft und Politik, bezogen. Hollitscher betonte die notwendige Dialogbereitschaft der Marxisten mit Vertretern anderer philosophischer Richtungen und bemühte sich, die Debatte zwischen Marxisten und Christen in Gang zu halten. Auch in der Diskussion unter Marxisten forderte er sachliche Argumente. Er folgte dem Grundsatz, Neues zu lernen und im nicht-ideologischen Bereich, wo die Spezialisten uneins sind, als Nichtspezialist, eigene Überzeugungen vorsichtig zu bilden und auch im ideologischen Bereich Entschlossenheit mit Nachdenklichkeit zu paaren. In einer Replik zu Angriffen des italienischen Marxisten Lombardo-Radice betonte er dazu: „Die Bekämpfung des Dogmatismus – der Glauben ohne hinreichende Beweisführung fordert und die konkreten, sich ändernden Umstände nicht zu berücksichtigen weiß – wie die Zurückweisung des Opportunismus – der Grundsätze grundlos preisgibt, wirklicher oder vermeintlicher Augenblicksvorteile halber – kann sicher nicht dadurch erreicht werden, daß gut gesicherte Erfahrungen relativiert werden."/31/

Wissenschaft ist deshalb, auch im Leben und Wirken von Walter Hollitscher, nicht einfach der Ideologie unterzuordnen, obwohl deren orientierende und motivierende Rolle in der Wissenschaftsentwicklung nicht vernachlässigt werden kann und darf, wenn man sich der komplexen Wahrheit geschichtlicher Prozesse nähern will.

Wie instrumentalisiert die Meinung zu DDR-Wissenschaftlern in der BRD jedoch war, habe ich selbst erlebt. In einer von Friedenskreisen organisierten Veranstaltung an der Universität Karlsruhe sprach ich Anfang der achtziger Jahre vor mehreren hundert Zuhörern über die Verantwortung der Wissenschaftler und betonte die notwendige Kompetenzerweiterung, um die erforderlichen komplexen Probleme, auch der Konversion usw., lösen zu können. Die Ausführungen wurden mit großem Interesse und weitgehender Zustimmung aufgenommen. Vom einem Zuhörer wurde mir jedoch mitgeteilt, was ich eigentlich als Parteilinie vertreten müsse. Ich erklärte, wer meine, Wissenschaftler der DDR seien einfache Erfüllungsgehilfen der Partei oder gar des Generalsekretärs, der habe das Wesen von Wissenschaft als rationale Aneignung der Wirklichkeit, als Wahrheitssuche, nicht begriffen. Mich stimmte das Erlebnis nachdenklich, weil es zeigt, wie durch die öffentliche Meinung vorgeprägte ideologische Schemata an die Marxisten durch die angelegt wurden und werden, die sonst eigentlich der Ideologisierung den Kampf ansagten. Nach der Wiedervereinigung Deutschlands zeigte sich, dass sich in der DDR im philosophischen Bereich eine Kultur der Interdisziplinarität, der offenen Schulen und der Kenntnis anderer Richtungen herausgebildet hatte,/32/ die von der anderen Seite nicht toleriert wurde. Es wurde „abgewickelt" und nun dominierte das Profilieren gegen den anderen, die Entwicklung geschlossener Schulen und die Herabwürdigung der Marxisten.

4. Marxismus, Freud und Pawlow

Wenn man die These ernst nimmt, Hollitscher habe die Wende von Freud zu Pawlow aus Parteidisziplin vollzogen und so ist sie ja gemeint, dann würde das drei Aspekte zum Inhalt haben. Erstens hätte dann Hollitscher vor der parteipolitischen Auseinandersetzung 1952/53 in der DDR ein Freud-Anhänger sein müssen, der Pawlow wenig beachtete und Freud nicht kritisierte. Zweitens hätte die Wende dazu führen müssen, Freud nur noch zu verurteilen und seine Leistungen überhaupt nicht zu sehen, dafür jedoch die Ansichten von Pawlow zu dogmatisieren. Drittens wären neue Fragen, so sie nicht in den Parteibeschlüssen aufgeworfen wurden, nicht zu stellen gewesen. In allen diesen Punkte ist nachzuweisen, dass sie so nicht stimmen.

Hollitscher argumentiert zu Freud und Pawlow nicht politisch, sondern philosophisch auf der Grundlage wissenschaftlicher Erkenntnisse. Er nahm den übergreifenden Gesichtspunkt von Marx zur Grundlage seiner Auffassungen, der den Menschen als Natur- und Sozialwesen begriff. In seinem 1969 geschriebenen Vorwort zum Buch *Der Mensch im Weltbild der Wissenschaft*, betonte er, dass das vielen verborgene Geheimnis des Menschseins von Marx schon 1845 enträtselt wurde, als er in den *Feuerbach-Thesen* das menschliche Wesen als Ensemble der gesellschaftliche Verhältnisse begriff. Hollitscher ergänzte: „In diesem Ensemble lebt das Individuum, und es individualisiert sich darin."/33/ Das ist eine wichtige heuristische Orientierung zur Untersuchung des menschlichen Wesens, der Hollitscher folgte, wenn er die Psychologisierung der Soziologie und die Biologisierung der Psychologie in der Trieblehre Freuds kritisierte./34/

Kommen wir nun zu den Aspekten der „Wende" Hollitschers von Freud zu Pawlow. Wie verhielt sich Hollitscher zu Freud und Pawlow vor der parteipolitischen Wende? Schon in den dreißiger Jahren befasste er sich mit Bedenken von Otto Neurath zur Psychoanalyse, der ihm 1935 für einen Vortrag in Paris riet, ohne Erwähnung der Psychoanalyse auszukommen, da von Freunden der empiristischen Auffassung eine kritische Haltung zu ihr eingenommen würde./35/ Hollitscher wollte für Neuraths Enzyklopädie, wie er 1937 erklärte, „die logische Analyse der psychoanalytischen Begriffs- und Systembildung" durchführen, die „den Logikern Psychoanalyse lehrt und den Analytikern die Logik"./36/ In der 1947 veröffentlichten überarbeiteten Dissertation *Über die Begriffe der psychischen Gesundheit und Erkrankung*, die er 1938 in Lausanne, noch vor seiner Emigration nach England, einreichte, werden in der Literatur neben den Werken von Freud auch die 1927 in London veröffentlichen *Conditional Reflexes* von Pawlow angeführt./37/ Die kritische Beschäftigung mit Freud und der Versuch, seine Überlegungen mit dem logischen Empirismus und dem Marxismus konstruktiv zu verbinden, begann also schon vor parteipolitischen oder ideologischen Kampagnen.

Der Grundgedanke von Marx vom gesellschaftlichen Wesen des Menschen durchzieht die 1949/50 an der Humboldt-Universität Berlin von Hollitscher gehaltenen Vorlesungen zur Dialektik der Natur./38/ Bei der Darlegung der bedingten Reflexe nach Pawlow betont er: „Es war das große Verdienst Iwan Pawlows, die objektive Untersuchung des aktiven psychischen Verhaltens in mehr als dreißigjähriger Arbeit unternommen zu haben."/39/ Es folgen dann Ausführungen über die Entwicklung der zentralen psychischen Vorgänge und über das Bewusstsein. Hollitscher verweist dann auf die Tatsache, dass selbst höchste psychische Leistungen unbewusst sein können, das sei „von Sigmund Freud mit größtem Nachdruck zur Theorie erhoben worden."/40/

Nach der Darlegung hypnotischer Experimente zur Illustration unbewusster psychischer Prozesse, von denen er eins aus dem Pawlow-Institut schildert, und der

Erläuterung der Freudschen Unterscheidung zwischen deskriptivem und dynamischem Begriff des Unbewussten, folgt er dem deskriptiven Begriff, um die Qualität psychischer Leistungen zu zeigen. Er kritisiert Mystifizierungen der psychophysischen Beziehungen, begründet die These, „daß die menschliche Psychologie die Psychologie des vergesellschafteten Organismus ist" und betont, „wissenschaftlich getriebene Psychologie hat das vom Zentralnervensystem gesteuerte Verhalten eines vergesellschaften lebenden Organismus zum Gegenstand, der in seiner natürlichen und gesellschaftsgeschaffenen Umwelt reagiert und agiert, und eben deshalb die Gesetzlichkeiten des menschlichen Verhaltens, Gesetzlichkeiten auf einer höheren Entwicklungsstufe, als wir sie in der Tierpsychologie antreffen ... Unsere Triebe sind nicht mehr tierische Triebe, denn die Gesellschaft hat sie erzogen, hat sie von ihren tierischen Triebobjekten abgelenkt, sublimiert und integriert: kurz, vermenschlicht."/41/ Man kann aus diesen wenigen Bemerkungen schon deutlich die Wertschätzung der Lehre Pawlows und die kritische Haltung zu Freud entnehmen, die Hollitscher dann, prononciert und sicher durch die Parteibeschlüsse beeinflusst, in seiner Rede auf der Pawlow-Tagung darlegt.

Er setzt später, um zum zweiten Aspekt der „Wende" von Freud zu Pawlow zu kommen, seine kritische Auseinandersetzung mit Freud fort. Im Zusammenhang mit der Einwirkung des „Über-Ich", dem verinnerlichten Niederschlag von Autoritäten, die auf das Kind wirkten und den konstant ererbten Triebkomponenten selbstquälerischer Art, die zum schlechten Gewissen führen, fasst er zusammen: „Als Instrument progressiver politischer Weltveränderung hat Freud die Sittlichkeit nicht gesehen – eher als Einwirkung der toten Hand vergangener Generationen auf die Lebenden, beide unhistorisch und abstrakt verstanden. Konflikte sind für Freud nicht vorwärtsstreibend-sozialer Natur, sondern gleichbleibend biologischer."/42/ Es ist die Biologisierung der Psychologie, die Hollitscher bei Freud kritisiert, obwohl dieser doch davon spricht, dass Individualpsychologie von Anfang an Sozialpsychologie sei, „denn für Freud sind ja die Akteure jener Sozietät bloße Charaktermasken der triebbedingten Familienkontroversen."/43/ Doch trotz der kritischen Haltung will Hollitscher die Leistungen Freuds nicht vergessen lassen. „Daß er aber zeitlebens ein enormes Feld psychologischer Probleme durchmaß und dabei vieles bemerkte, was höchster Aufmerksamkeit wert ist, wird niemand bezweifeln, der mit seinem Lebenswerk vertraut ist. Sein Material und einige seiner Resultate, die in die imposante Fehlkonstruktion der Psychoanalyse eingegangen sind, werden, von ihr abgelöst und in richtigen Zusammenhang gebracht, in der exakten Wissenschaft vom Menschen und in der wissenschaftlichen Philosophie den gebührenden Platz finden."/44/

Die Kritik an Freud führte Hollitscher keineswegs zu einer Dogmatisierung der Lehre Pawlows. Er setzte sich begründet mit der These auseinander, Pawlow und seine Schule würden nicht hinter die Szene der äußerlich beobachtbaren Reflextätigkeit blicken und die sowjetische Physiologie habe Pawlows begrenzte Doktrin einbalsamiert./45/ Es wäre jedoch für die parteipolitische bestimmte Wende nachzuweisen gewesen, dass Hollitscher dogmatisch an den Auffassungen Pawlows festhielt, neue Erkenntnisse nicht aufnahm und die Leistungen von Freud missachtete.

Das war nicht der Fall. Von dem verfehlten Projekt der Psychoanalyse zu sprechen ist sein Recht, wenn er Biologisierung, Entsozialisierung und Enthistorisierung der Psychologie kritisiert, denn er betont zugleich, richtige Erkenntnisse seien dialektisch aufzubewahren.

Damit wird auch schon auf den dritten Aspekt eingegangen. Wenn man die kritische Linie von Hollitscher zu Freud verfolgt, dann hat das kaum mit der Hinwendung zu Pawlow zu tun, sondern eher mit der konsequenten Durchsetzung des marxschen Ansatzes vom Menschen als Ensemble gesellschaftlicher Verhältnisse, in den er die Ergebnisse von Freud und anderen einordnet. Insofern gibt es bei Hollitscher eine Traditionslinie, die auch an anderen Stellen existiert. Kann man wirklich davon sprechen, dass die Psychoanalyse 1953 in der DDR zerstört wurde? Da die so ausgebildeten Ärzte weiter arbeiteten, ist doch eher davon auszugehen, dass sie ihre Erfahrungen in neue Konzepte einbrachten und sie nicht einfach aufgaben. Gerda Jun, selbst Psychoanalytikerin, schildert die Entwicklung ihrer älteren Kollegin und Lehrerin Irene Blumenthal in der DDR, die mit 86 Jahren und „Strafrente" als Patientenfürsprecherin tätig ist und als Mitglied eines Gemeindekirchenrats Obdachlose in Berlin-Mitte versorgt. Ihr Fazit über ihre Arbeit als Medizinerin in der DDR ist: „Wir hatten keine institutionalisierte Psychoanalyse, aber wir haben Psychoanalytisches gelernt und gepflegt und so auch zum Nutzen der Patienten in unsere Arbeit integriert."[46] Könnte man Hollitscher heute fragen, so wäre seine Antwort eventuell: „So stelle ich mir die Integration der Ergebnisse von Freud u.a. in eine für die Patienten hilfreiche Diagnose und Therapie vor, ohne sie als enges psychoanalytisches Programm, dogmatisch an Freud ausgerichtet, zu betreiben."

Wenn man schon die Traditionslosigkeit der psychoanalytischen Arbeit nach dem Bruch mit Freud beklagt und das Ansehen von Freud einklagt, wäre es sicher angemessen gewesen, die philosophischen Bedingungen mit zu analysieren, um die Argumente von der Ideologisierung zu untermauern.[47] Da zeigt sich ein interessantes Bild. Die psychoanalytische Literatur wurde philosophisch analysiert und keineswegs nur verdammt.[48] Mit Freud gibt es eine konstruktiv-kritische Auseinandersetzung. Erpenbeck entwickelt „10 Thesen zu Freud" und sieht dabei die Psychoanalyse als bedeutsame philosophische Subjekttheorie des 20. Jahrhunderts, woraus folge, „daß sie nicht durch neue einzelwissenschaftliche Paradigmen auskonkurriert wird, sondern daß jede weiterführende philosophische und einzelwissenschaftliche Subjekttheorie ... bestimmte ihrer Gedanken aufnehmen, weiterführen, sich kritisch mit ihnen auseinandersetzen wird."[49] Das gilt nach seiner Meinung auch für die marxistische Persönlichkeitstheorie und -psychologie. Gerade in dieser Richtung hat Hollitscher wichtige Beiträge erbracht.[50]

In dem von mir seit 1972 an der Akademie der Wissenschaften der DDR aufgebauten Bereich *Philosophische Fragen der Wissenschaftsentwicklung* wurde über „Unbewusstes" und Freud viel diskutiert. Das brachte auch Kritik nicht nur von philosophischen Antifreudianern mit sich. In der Debatte mit einem Vertreter der kognitiven Psychologie lehnte er den Begriff des „Unbewussten" als zu verwaschen ab. Wir versuchten ihn philosophisch genauer zu fassen, da er für die von uns behandelte wissenschaftliche Kreativität von Bedeutung ist.

5. Zur Gestaltung der Menschen

Auf die Komplexität von Forschungsaufgaben, die sich mit den Menschen befassen, machte schon Hollitscher aufmerksam. Er betonte, „der" Mensch sei eine unhistorische Fiktion und es komme darauf an, die Wissenschaften von den Menschen zu entwickeln./53/ Wir können aus vielen bisherigen Arbeiten festhalten: Menschen sind ihrem Wesen nach (a) Ensemble konkret-historischer gesellschaftlicher Verhältnisse und globaler natürlicher Bedingungen in individueller Ausprägung, die sich (b) als Einheit von natürlichen und gesellschaftlichen, materiellen und ideellen, rationalen und emotionalen, bewussten, unter- und unbewussten Faktoren erweist, wobei sie (c) ihre Existenzbedingungen bewusst immer effektiver und humaner gestalten wollen./54/ Leider wird die inter-, multi- und transdiziplinäre Arbeit, die erforderlich ist, um die Menschen in ihrer Komplexität als biopsychosoziale Einheit zu erforschen, so unterschätzt, dass entsprechende Einrichtungen geschlossen werden.

Nun taucht jedoch ein neues Problem auf, das Hollitscher so noch nicht behandeln konnte. Das ist die Gestaltung der Menschen durch therapeutisches und reproduktives Klonen./55/ Der Streit darum ist entbrannt, doch dominiert in Deutschland meist eine religiös geprägte, den Fortschritt der Wissenschaft hemmende Ethik, die biologische Grenzen dort setzen will, wo der Mensch als Krone der Schöpfung verändert werden könnte. Die eigentliche Diskussion ist jedoch um den neuen Humanismus, um seine Kriterien und Gebote zu führen, die zwar keinen Algorithmus für Entscheidungen liefern, jedoch die Diskussion auf die wesentlichen Punkte orientieren.

Wichtigster Grundsatz für ethische Überlegungen ist die Freiheit der Menschen, über sich selbst zu entscheiden. Das gilt auch für die Gestaltung seiner eigenen genetisch-biotischen Grundlagen. Welche Gefahren drohen der Menschheit, wenn die Möglichkeiten genutzt werden, durch präimplantative Diagnostik ungewünschte Behinderungen zu erkennen, durch therapeutisches Klonen von Stammzellen, Leiden von Menschen zu beheben oder zu lindern, den Kinderwunsch zu erfüllen usw.? Selbst geklonte Menschen sind keine Gefahr für die menschliche Gattung. Die Gefahren lauern an anderen Stellen. Kommerzialisierung der medizinischen Verfahren, Rechtsstreit, Verbrechen wegen der menschlichen „Ersatzteile" usw. sind nicht durch Verbote für die Forschung zu verhindern.

Für ethische Fragen ist erstens die Rolle des Zufalls zu beachten. Die frühere Diskussion um die erweiterte soziale Realisierung aus dem genetisch-biotischen Möglichkeitsfeld/56/ hat nun eine andere Dimension. Es geht um die mögliche biotische Realisierung genetisch-biotischer Möglichkeiten. Dabei treten zufällige Abweichungen auf. Wie verhalten wir uns zu diesem Ausschuss, wenn es sich um menschliche Wesen handelt?

Zweitens gibt es die Entscheidungsfreiheit der Menschen über den eigenen Körper. Es ist das Recht der Frau, als eines voll ausgebildeten menschlichen Wesens, über ihren eigenen Körper und ihre Zukunft zu entscheiden, womit sie die Entwicklung potentiellen Lebens garantiert oder unterbindet./57/ Dabei werden Embryonen getötet oder weiter verwertet. Vor allem die katholische Kirche bezeichnet das als

Mord. Da sie Leben als Gottes Schöpfung erhalten will, muss sie gegen Entwicklungen auftreten, die den Menschen als verbesserungsfähig ansehen, ihm Möglichkeiten zur Erhöhung seiner Lebensqualität, auch der Gesundheit, offerieren und ihm Leiden ersparen. Sie schränkt so die Freiheit der Menschen ein. Die vollständige Ablehnung der PID, des therapeutischen Klonens usw. ist Fortsetzung der Linie, Menschen das Recht abzusprechen, über den eigenen Körper zu entscheiden.

Drittens sind deshalb Experimente mit und am Menschen human zu gestalten. Humanität verlangt, alles zu unterlassen, was Menschen in ihrer freien Entscheidung beeinträchtigt, ihre Würde verletzt und sie unterdrückt. Deshalb ist bei Experimenten mit und am Menschen zu prüfen, ob die Risiken minimiert, der persönliche im gesellschaftlichen Nutzen gegeben, die Entscheidungsfreiheit der Betroffenen garantiert und das Verantwortungsbewusstsein der Beteiligten gesichert ist. Kein Experiment, das die Integrität der Persönlichkeit und die Würde des Individuums verletzt, darf dann durchgeführt werden, wenn man Humanität anerkennt.

Bei Eingriffen in das genetische Material von Menschen ist schon lange klar, dass die genetisch-biotische Verbesserung der typischen Individualität, vor allem in Krankheitsfällen, zu bedenken ist./58/ Man kann und wird den wissenschaftlichen Fortschritt im Interesse der Menschen nicht aufhalten. Weiter auszuarbeiten sind deshalb die Grenzen für Entscheidungen in humanen Kriterien, die Integrität und Würde der Persönlichkeit umfassen. Entscheidungen betreffen nicht mehr nur den eigenen Körper, sondern die Entwicklung der Gattung und dabei nicht mehr nur die natürlichen Existenzbedingungen der Menschen, sondern die genetisch-biotischen Grundlagen von Individuen. Das erfordert weitere moralphilosophische Überlegungen zum Wesen und der Würde der Menschen.

Hollitscher sah die Gestaltung der Menschen vor allem in einer Humanisierung der Umstände, unter denen sie leben. Das weitere haben Bildung und Erziehung, auch die Erziehung der Erzieher, zu leisten. In seinem Kampf gegen den Biologismus hätte er nun mit der Debatte um das Klonen von Menschen ein neues Feld der Auseinandersetzung betreten können, auf dem ihn seine zutiefst humanistische Haltung geleitet hätte, das herauszufinden, was Menschen hilft.

Anmerkungen

1/ Die Geschichte seines Weggangs aus der DDR 1953 kann hier nicht erörtert werden. Sie enthält einige dunkle Punkte, die nur schwer aufzuhellen sind.
2/ Walter Hollitscher, Tierisches und Menschliches, Globus-Verlag, Wien 1971, S. 9f.
3/ Heike Bernhardt, Regine Lockot (Hg.), Mit ohne Freud, Zur Geschichte der Psychoanalyse in Ostdeutschland, Psychosozial-Verlag, Gießen 2000
4/ Heike Bernhardt, Mit Sigmund Freud und Iwan Petrowitsch Pawlow im Kalten Krieg, Walter Hollitscher, Alexander Mette und Dietfried Müller-Hegemann in der DDR, in: Heike Bernhardt, Regine Lockot (Hg.), Mit ohne Freud, a.a.O., S. 172-203
5/ Ebd., S. 193
6/ Ebd., S. 198
7/ Ebd., S. 191
8/ Ebd., S. 180
9/ Ebd., S. 391

10/ Walter Hollitscher, Die philosophische Bedeutung der Lehre Pawlows, in: Pawlow-Tagung, 15.-16.01.1953, VEB Verlag Volk und Gesundheit, Berlin 1953, S. 140
11/ Heike Bernhardt, Mit Sigmund Freud und Iwan Petrowitsch Pawlow im Kalten Krieg, a.a.O., S. 197
12/ Ebd., S. 196
13/ Ebd., S. 185
14/ Meine Hochachtung für das Leben und Wirken meines Freundes und meine Wertschätzung für sein enzyklopädisches Denken habe ich schon an anderer Stelle ausgedrückt. Vgl. Herbert Hörz, Souverän, kreativ und tolerant, in: Neue Volksstimme 5. Jg., Juni 1996, Nr. 5-6, S. 14-17
15/ Caroline Neubaur, Warum essen hier alle eigentlich dauernd nur Kuchen? Voller Rätsel: Die Geschichte der Psychotherapie in der DDR, in: Frankfurter Allgemeine Zeitung v. 20.02.2001
16/ Ebd.
17/ Lutz Wohlrab, Rezension zu: Heike Bernhardt, Regine Lockot (Hg.), Mit ohne Freud, Zur Geschichte der Psychoanalyse in Ostdeutschland, Psychosozial-Verlag Gießen 2000, in: Luzifer – Amor, Zeitschrift zur Geschichte der Psychoanalyse, Bd. 27, Geschichte von Psychotherapie und Psychoanalyse in Ostdeutschland, Tübingen, Edition Diskord 2001, S. 164
18/ Herbert Hörz, Wissenschaft als Prozeß. Grundlagen einer dialektischen Theorie der Wissenschaftsentwicklung, Berlin 1988
19/ Herbert Hörz, Selbstorganisation sozialer Systeme, Münster 1993, S. 295
20/ Walter Hollitscher, Der Mensch im Weltbild der Wissenschaft, Globus-Verlag, Wien 1969, S. 351
21/ Walter Hollitscher, Tierisches und Menschliches, a.a.O., S. 379ff.
22/ Walter Hollitscher, Replik auf Lombardo-Radice, in: Walter Hollitscher, Für und wider die Menschlichkeit, Globus-Verlag, Wien 1977, S. 211
23/ Walter Hollitscher, Der Mensch im Weltbild der Wissenschaft, a.a.O., S. 318
24/ Deshalb wollte er sicher auch, wie Hans Mikosch berichtet, diese durch politisch-ideologische Kampagnen auch gegen ihn erzwungenen Stellen in seinen Vorlesungen zur Naturdialektik vor der Publikation gestrichen haben. Die Psychoanalyse ist jedoch ein anderes Feld, auf ihm kannte er sich aus und brauchte keine Vertreter anderer Disziplinen um Rat zu fragen.
25/ Herbert Hörz, Auch der Leiter muß seine Forschungsergebnisse verteidigen, in: spectrum 10 (1979), 8, S. IV
26/ Heike Bernhardt, Mit Sigmund Freud und Iwan Petrowitsch Pawlow im Kalten Krieg, a.a.O., S. 197
27/ Hubert Laitko, Walter Hollitscher und seine Naturdialektik-Vorlesung in Berlin 1949/50, in: Volker Gerhardt, Hans-Christoph Rauh, Ansprüche der DDR-Philosophie, Ch.Links-Verlag, Berlin 2001, S. 431
28/ Marianne und Egon Erich Müller, „....erstürmt die Festung Wissenschaft!", Berlin-Dahlem 1953, S. 235
29/ Herbert Hörz, Der dialektische Determinismus in Natur und Gesellschaft, Berlin 1962, S. 86
30/ Herbert Hörz, Die Beziehungen der marxistisch-leninistischen Philosophie zu den anderen Wissenschaften, in: Marxistisch-leninistische Philosophie in der DDR, Resultate, Standpunkte, Ziele, hrsg. v. Matthäus Klein, Friedrich Richter, Vera Wrona, VEB Deutscher Verlag der Wissenschaften, Berlin 1974, S. 176
31/ Walter Hollitscher, Replik auf Lombardo-Radice, a.a.O., S. 209f.
32/ Herbert Hörz, Philosophie als Heuristik?, in: Ethik und Sozialwissenschaften, 12 (2001) 1, S. 29-31
33/ Walter Hollitscher, Der Mensch im Weltbild der Wissenschaft, a.a.O., S. 8
34/ Walter Hollitscher, Die Natur im Weltbild der Wissenschaft, Globus-Verlag, Wien 1960, S. 470
35/ Peter Goller, Gerhard Oberkofler, Walter Hollitscher. Briefwechsel mit Otto Neurath (1934-1941), in: Hans Hautmann (Hrsg.), Die Alfred Klahr Gesellschaft und ihr Archiv. Beiträge zur österreichischen Geschichte des 20. Jahrhunderts, Alfred Klahr Gesellschaft Quellen und Studien, Wien 2000, S. 161
36/ Ebd., S. 174
37/ Ebd., S. 133
38/ Walter Hollitscher, Vorlesungen zur Dialektik der Natur, Erstveröffentlichung der 1949/50 an der Humboldt-Universität gehaltenen Vorlesungsreihe, Verlag Arbeit & Gesellschaft GmbH., Marburg 1991. Auch wenn das im Mai 1950 vorliegende Manuskript für die von mir benutzte publizierte Fassung überarbeitet wurde, ist die konzeptionelle Rolle, die Pawlow in den Überlegungen Hollitschers spielte, deutlich zu sehen.
39/ Ebd., S. 273
40/ Ebd., S. 288

41/ Ebd., S. 305f.
42/ Walter Hollitscher, Der Mensch im Weltbild der Wissenschaft, a.a.O., S. 386
43/ Ebd., S. 400
44/ Ebd., S. 273
45/ Ebd., S. 51
46/ Gerda Jun, Eine gemeinsame Wegstrecke mit Irene Blumenthal, in: Heike Bernhardt, Regine Lockot (Hg.), Mit ohne Freud, a.a.O., S. 246
47/ John Erpenbeck zeigt, dass es marxistische Analysen der philosophisch-psychologischen Grundanschauungen von Freud in größerer Anzahl gibt. Vgl. John Erpenbeck, Psychoanalyse und Subjekttheorie, in: Zeitschrift für Wissenschaftsforschung 4 (1987) 1, S. 49
48/ So setzt sich Helga E. Hörz mit Freud, Reich und der Psychoanalyse auseinander. Vgl. Helga E. Hörz, Blickpunkt Persönlichkeit, Berlin 1977, S. 63ff.
49/ John Erpenbeck, Psychoanalyse und Subjekttheorie, a.a.O., S. 48
50/ Das wird auch deutlich in: Walter Hollitscher unter Mitarbeit von John Erpenbeck, Natur und Mensch im Weltbild der Wissenschaft. Die menschliche Psyche, Berlin 1983
51/ Vgl. Alfred Arnold, Unterbewußtes und Unbewußtes im Denken und Handeln, VEB Deutscher Verlag der Wissenschaften, Berlin 1985
52/ Herbert Hörz, Einstein und die Philosophie, in: Deutsche Zeitschrift für Philosophie 27 (1979) 2, S. 149-161
53/ Walter Hollitscher, Der Mensch im Weltbild der Wissenschaft, a.a.O., S. 402
54/ Herbert Hörz, Selbstorganisation sozialer Systeme, Münster 1993, S. 86
55/ Vgl. Herbert Hörz, Humane Entscheidungen. Grundlagen, Bedingungen, Bewertung, in: Entscheidungen im Spannungsfeld von Naturprozessen und humaner Lebensgestaltung, Kolloqium am 21. April 2001 in Dresden, Leipzig: Rosa-Luxemburg-Stiftung Sachsen, 2001, Texte zur Philosophie, Heft 9, S. 7-34, Herbert Hörz, Technologien zwischen Effektivität und Humanität, in: Sitzungsberichte der Leibniz-Sozietät, Berlin: trafo-Verlag, 2001, Bd. 50, Heft 7, S. 47-77
56/ Herbert Hörz, Nachwort, in: Stanislaw Lem, Summa technologiae, Berlin 1980, S. 627
57/ Herbert Hörz, Mensch contra Materie?, Berlin 1976, S. 185f.
58/ Erhard Geißler, Helga E. Hörz, Herbert Hörz, Zu Eingriffen in das genetische Material des Menschen, Information für die Referenten der Urania, Präsidium, Sektion Biologie, 1980

Walter Hollitscher: „Wendung und Verblendung – Zwischen Wiener Kreis und Marx"

FRIEDRICH STADLER

Es gibt Gründe und Anlässe genug, das Leben und Werk von Walter Hollitscher zu reflektieren. Mein Zugang ist einerseits ein persönlicher, andererseits eine Perspektive, die meine Forschungsinteressen betrifft. Ich habe Walter Hollitscher Anfang der 1980er Jahre bereits während meiner Studentenzeit im Zusammenhang mit meinen Forschungen zum *Wiener Kreis* durch Vermittlung von Viktor Matejka kennengelernt. In den direkten Gesprächen habe ich das offene Diskussionsklima und die freundliche Atmosphäre in seiner „dunklen" Bibliothek in der Pressgasse genossen. Es sollte auch erwähnt werden, dass Violetta Hollitscher einen wesentlichen Beitrag zu diesem einladenden Gesprächsklima geleistet hat.

Mein primäres Interesse galt bereits damals der österreichischen Philosophie. Ich hatte in dieser Zeit an einer Dissertation über die Wirkungsgeschichte von Ernst Mach in Österreich zu arbeiten. Anfang der 1980er Jahre konnte ich Hollitscher im Zusammenhang mit einer Ausstellung und Publikation über Otto Neurath zu einem Beitrag für den Ausstellungs-Katalog überreden, worauf sich ein Gesprächskontakt über mehrere Jahre entwickeln sollte. Es war daher nicht überraschend, dass ich während meiner Recherchen zum *Wiener Kreis* auf die Arbeiten von Hollitscher stieß, worauf sich ein sehr fruchtbarer Disput ergab, der jenseits aller politischer Unterschiede (z.B. in der Einschätzung von Mach vs. Lenin) zu einem bemerkenswerten Ergebnis geführt hat, nämlich wie weit man konstruktiv diskutieren kann, auch wenn politische und weltanschauliche Gegensätze vorhanden sind.

Was mich immer an Walter Hollitscher interessiert hat, war die Frage, was das für ein Mensch ist, der von Paul Feyerabend als ein sehr feuriger Diskutant gelobt wurde, der durch seine theoretischen Innovationen das intellektuelle Klima in Österreich bereicherte, und der im Spannungsfeld zwischen „Wiener Kreis und Marx" lehrte und forschte – wie der Titel dieser Veranstaltung lautet. Hier würde ich allerdings noch Darwin und Freud ergänzen. Das bringt mich zu meiner ersten Überlegung: ich glaube, dass diese Spannungen und diese Polarität bis zum Lebensende in Walter Hollitschers Denken existierten, was durch dessen unbedingtes Bekenntnis zum Primat der Politik geprägt worden ist. Es gibt daher meines Erachtens keine einheitlichen philosophischen und wissenschaftlichen Stellungnahmen neben den offiziellen (tages-)politischen Schriften.

Wer war dieser Mensch, der fasziniert war von der Philosophie des Logischen Empirismus, aber innerhalb dieser Bewegung sozusagen beeindruckt und beeinflusst war von zwei so diametralen Persönlichkeiten des *Wiener Kreises*: von seinem verehrten Lehrer und Doktorvater Moritz Schlick, dem Planck-Schüler und Naturphilosophen, dem bürgerlichen und aristokratischen Geist mit realistischer Erkenntnistheorie, und auf der anderen Seite vom Volksbildner, Aufklärer und Wissenschaftstheoretiker Otto Neurath, dem Kämpfer für eine „wissenschaftliche Weltauffassung" im Kontext des von Mach sehr stark beeinflussten Austromarxismus. Wir sollten es vermeiden, hier ein klares, homogenes Persönlichkeits-Bild zu zeichnen. Es handelt sind um unterschiedliche Faktoren, die prägend waren für den jungen Hollitscher und die ihn auch als politischen Intellektuellen beeinflusst haben – ohne seine eigenständige Entwicklung in Frage stellen zu wollen. In diesem Zusammenhang sei auch Hollitschers Wertschätzung des Volksbildners und Wissenschaftssoziologen Edgar Zilsel erwähnt, dem er auch 1954 einen kenntnisreichen Artikel zu dessen zehnjährigem Todestag widmete.

Es gibt glücklicherweise noch einen lebenden Zeugen des *Wiener Kreises*, den norwegischen Philosophen der „deep ecology" Arne Naess (Oslo), der mehrmals in seinen Erinnerungen der letzten Jahre auch auf Walter Hollitscher verweist und ihn sehr eindrucksvoll im „Denkstil und Denkkollektiv" (Ludwik Fleck) des *Wiener Kreises* als originellen Sprachkritiker charakterisierte. Naess schreibt, dass im *Wiener Kreis* eine einmalige und exemplarische Diskussionskultur vorherrschte, welche die Grenzen der Sprache, aber auch die Grenzen des theoretischen Konflikts voll ausgeschöpft habe, und dass dies in einer sehr kollegialen und produktiven Weise vor sich gegangen sei. Hollitscher habe in diesen intensiven Diskussionen über Sprache und Welt, Erkenntnis- und wissenschaftliches Verhalten etc. – beispielsweise über Wittgensteins Philosophie – die Formulierung „Das ist vielleicht nicht eine glückliche Formulierung ..." verwendet. Naess schreibt dazu ergänzend (Naess 1993, 15f.): *„Outstanding in the clarity of his statements in the seminar was a man only a couple of years older than myself, I presume: Walter Hollitscher. His interventions in the seminar were always short, firmly expressed, and wonderfully clear. The prevailing view of the importance of language for philosophy got a marvellous expression. He invented the phrase: ‚Es ist in der Sprache nicht vorgesehen'. ... The tendency which he opposed was to declare certain questions or answers in philosophical literature meaningless, and bolster up this view by beliefs in certain fundamental traits of syntax or semantics. Language could not be used for the purpose some philosophers had in mind. The philosopher pressed the language beyond or below his capacity. New theories of previously unheard kinds could be formulated properly, for instance that of general relativity, but there were limits which could not be transgressed without meaninglessness as a consequence. Hollitscher was remarkable in softening the ‚menaingless' dogmatism. More strange than remarkable was his ability also in managing to a large degree to combine membership of the Austrian Communist Party with a complete rejection of dialectical materialism as – sprachlich nicht vorgesehen – in ist main features. On the other hand, he found that there is hope for psychoanalytical theory. It could be reformulated in a scientifically acceptable terminology. I have talked about Walter Hollitscher at length also because he represented so well the high ethical standard of the discussions. But he did not publish much, remaining in the background."*

Ich kann diese Einschätzung eines prominenten Zeitzeugen nur bestätigen. Wir konnten über Details, über große und kleine Probleme der Philosophie und deren politischen Kontext sprechen, was in einer sehr anregenden und kollegialen Art und Weise vor sich ging.

Ich denke, dass dies eine zentrale und charakteristische Passage ist, welche zeigt, was das primäre Ziel oder erkenntnistheoretische Interesse von Walter Hollitscher war: Er hat Zeit seines Lebens einerseits die Philosophie des Logischen Empirismus als „wissenschaftliche Weltauffassung" geschätzt und sich mit ihr mehr oder weniger kritisch auseinandergesetzt, weil sie erstens den empirischen Zugang forciert und zweitens die moderne Logik und Sprachanalyse integriert hat. Genauso hat er die Psychoanalyse und deren Fruchtbarkeit präsentiert, weil er wusste, dass die aufklärerischen und emanzipatorischen Wurzeln von Freud in der Rezeption des 20. Jahrhunderts teilweise verwischt worden sind. Diese ursprünglich positive Aufnahme von Freud, Darwin und des *Wiener Kreises*, die Integration dieser Elemente in einem wissenschaftlichen Weltbild, hat nach einem kurzen Tauwetter in Wien nach dem Zweiten Weltkrieg nach Hollitschers Rückkehr aus dem englischem Exil aber zu einer Wende in seinem Denken geführt. Der Kontext dafür liegt wohl in der Nachkriegsgeschichte der Zweiten Republik im Zusammenhang mit dem Kalten Krieg und vor allem in Hollitschers bislang kaum rekonstruierten konfliktreichen persönlichen Schicksal in der DDR als Hochschullehrer in Berlin und Leipzig. Offensichtlich hing dieses Scheitern wesentlich mit der Frage seiner philosophischen „Linientreue" im Sinne des Marxismus-Leninismus der SED angesichts seiner geistigen Verbundenheit mit dem Wiener Denken zwischen Freud und *Wiener Kreis* zusammen – was sich nach seiner Rückkehr nach Wien als Theoretiker der KPÖ manifestieren sollte. Vielleicht lässt sich diese unklare Geschichte durch weitere Quellen (z.B. aus den Gauck-Akten) in der Zukunft erhellen.

Das würde meinen Eindruck bestätigen, dass Hollitschers öffentliche Rolle in Österreich nach seiner Rückkehr aus der DDR nicht kongruent war mit seiner persönlichen Analyse und wissenschaftlichen Position, die ich aus Gesprächen mit ihm entnehmen konnte (z.B. über die Rolle Darwins und Lamarcks bis hin zur Psychoanalyse in der stalinistischen Ära). Ich habe beispielsweise Hollitscher damals gefragt, wie er als Wissenschaftler zum Lyssenkoismus als Ideologie und Pseudowissenschaft mit katastrophalen Folgen für deren Kritiker stehe. Und er antwortete mir, er habe ein Manuskript gegen Lyssenko geschrieben, dieses aber aus Parteiräson nicht veröffentlicht. Ich konnte dies damals nicht verstehen, und verstehe es auch heute nicht, weil Hollitscher hier wider besseres Wissen seine eigene wissenschaftliche Reputation beschädigt hat. Ich assoziierte unwillkürlich den „Doktor Faustus" als Bild für diese paradigmatische Szene...

Ein zweites Beispiel für die Widersprüchlichkeit sei noch erwähnt: Hollitscher hat sehr schön in seinem Buch über Sigmund Freud die Relation zwischen Psychoanalyse und Soziologie positiv beschrieben. Eingebunden in die Theorie und Dynamik des *Logischen Empirismus* seit den dreißiger Jahren hat er im Kontext der Unity of Science-Bewegung seit Mitte der 1930er Jahre innovative Beiträge zur logischen Analyse der Begriffe der Krankheit und der Gesundheit vorgelegt. Ich denke, dass diese Arbeiten – obwohl sie in vielem überzogen waren – Ansätze sind, die dem interdisziplinären Anspruch der Psychoanalyse, aber auch deren aufklärerischen Impetus im Rahmen der „International Encyclopedia of Unified Science" entsprochen haben. Trotzdem hat Hollitscher wie bereits erwähnt später offiziell, und das muss man offen und kritisch vermerken, gegen die Psychoanalyse als „bürgerliche Wissenschaft" Stellung bezogen.

Zur Debatte stehen also diese Spannungen und Ambivalenzen. Ich kann mich noch gut erinnern, wie Walter Hollitscher mir etwas betroffen auch die kritischen Kommentare zu seinen Schriften erwähnt hat, z.B. von Kurt Eissler über seine Psychoanalyse-Interpretation, oder von Hilde Spiel, die auch im englischen Exil war und diesen Wandel kritisch kommentiert hat. Über die inneren Gründe oder Ursachen dieser Inkonsistenzen will ich nicht spekulieren, das wurde hier teilweise schon getan. Tatsache ist, dass hier kein homogenes Bild und keine klare Positionsbeschreibung vorherrschte. Nichtsdestotrotz lässt sich sagen, dass Hollitschers autobiografische Fragmente den Schluss zulassen, dass er sehr stark in der österreichischen geistigen und politischen Tradition verwurzelt war.

Deshalb habe ich ihn auch im Zusammenhang mit einem zentralen Dilemma der Erkenntnistheorie, der „Grundfrage oder Scheinfrage der Philosophie" konfrontiert. Es zeigte sich, dass Hollitscher die Rolle von Ernst Mach gegen den parteipolitischen Kurs durchaus differenziert und kenntnisreich beschrieb – z.B. in seinem Aufsatz von 1970. Ich meine also, dass mit diesen Polaritäten und Widersprüchlichkeiten – auch wenn man letztere im Rahmen einer dialektischen Logik schätzen mag – zusammen mit dem Titel dieser Veranstaltung ein Arbeitsgebiet vorgegeben ist, das zwar biografisch orientiert ist, das aber unabhängig davon auch ein grundsätzliches Problem der österreichischen Wissenschaftsgeschichte darstellt. Und es wäre sicherlich sinnvoll, das Leben und Werk Walter Hollitschers in Form einer noch zu schreibenden intellektuellen Biografie im Zusammenhang mit einer ausstehenden österreichischen Wissenschaftsgeschichte (unter Einschluss von Emigration und Remigration) im Lichte der heutigen Forschung und politischen Wenden kritisch zu rekonstruieren.

Literatur

a) Schriften Walter Hollitschers mit Bezug zum Wiener Kreis/Logischen Empirismus

Über die Gründe und Ursachen des Streites um das Kausalprinzip in der Gegenwart. Phil.Diss. Wien 1933/1934.

Logische Bemerkungen zur Aufgabe der Geschichte der Philosophie, in: *Actes du Congrès International de Philosophie Scientifique*. Sorbonne, Paris 1935. Band VIII. Paris: Hermann & Cie. 1936, 48-52.

Zu Arne Naess, in: Erkenntnis VII, 1937/38, 363.

Über einen Weg, einige psychoanalytische Begriffe in die Behavioristik einzuführen, in: *Unity of Science Forum*. Den Haag, October 1938.

Über die Begriffe der psychischen Gesundheit und Erkrankung, in: *Erkenntnis/Journal of Unified Science* VIII, 1939/40, 314-351.

Der „Wiener Kreis", in: Österreichisches Tagebuch. Wien 1946, 5ff.

Sigmund Freud. An Introduction. A Presentation of his Theory, and a Discussion of the Relationship between Psycho-analysis and Sociology. London: Kegan Paul 1947. (= International Library of Sociology and Social Reconstruction. Editor: Karl Mannheim).

Über die Begriffe der psychischen Gesundheit und Erkrankung – Eine wissenschafts-logische Untersuchung. Wien: Gerold und Co. 1947.

(Hrsg.), mit Josef Rauscher: Moritz Schlick, *Grundzüge der Naturphilosophie*. Wien: Gerold & Co. 1948. (Mit einem Vorwort der Hrsg.).

Vom Nutzen der Philosophie und ihrer Geschichte, in: *Erbe und Zukunft*, Wien: Verlag Willy Verkauf 1947, Heft 3, 89-98.

Zur Erinnerung an Prof. Edgar Zilsel. Die Geburt der modernen Wissenschaft, in: *Österreichisches Tagebuch*, 9.10.1954, Nr. 20.
Zum Gedenken an Moritz Schlick, in: *Rostocker philosophische Manuskripte*. Heft 8, Teil II. Rostock 1970.
Lenin, Mach und der Wiener Kreis, in: *Weg und Ziel*. Sondernummer W.I. Lenin (1870-1970). Wien: April 1970, 33-35.
Zum Gedenken an meinen Lehrer, in: Ders., *Für und Wider die Menschlichkeit. Essays*. Wien: Globus Verlag 1977.
Begegnungen und Erwägungen, in: Friedrich Stadler (Hrsg.), *Arbeiterbildung in der Zwischenkriegszeit. Otto Neurath – Gerd Arntz*. Wien-München: Löcker Verlag 1982, 53-56.
Peter Goller/Gerhard Oberkofler, „Walter Hollitscher. Briefwechsel mit Otto Neurath." Otto Neurath – Walter Hollitscher Briefwechsel (1934-1941), in: *Alfred Klahr Gesellschaft. Quellen und Studien*. Wien 2000, 119-209.

b) Referenz- und weiterführende Literatur

K.R. Eissler, *Medical Orthodoxy and the Future of Psychoanalysis*. New York; IUP 1965.
Paul Feyerabend, *Zeitverschwendung*. Frankfurt/M.: Suhrkamp 1995, 100ff.
Hubert Laitko, Walter Hollitscher und seine Naturdialektik-Vorlesung in Berlin 1949/50, in: Volker Gerhardt/Hans-Christoph Rauh (Hrsg.), *Anfänge der DDR-Philosophie. Ansprüche, Ohnmacht, Scheitern*. Berlin: Christoph Links-Verlag 2001, 420-455.
Arne Naess, Logical Empiricism and the Uniqueness of the Schlick-Seminar: A Personal Experience with Consequences, in: Friedrich Stadler (ed.), *Scientific Philosophy: Origins and Developments*. Dordrecht-Boston-London: Kluwer 1993, 11-25.
Josef Rhemann, Walter Hollitscher (1911-1986). Unveröffentlichtes Manuskript 2002.
Friedrich Stadler, Grundfrage oder Scheinfrage der Philosophie? Historisierung als Kritik des Positivismusstreites, in: Paul Weingartner/Johannes Czermak (Hrsg.), *Epistemology and Philosophy of Science*. Wien: HPT 1983, 521-524.
Friedrich Stadler, *Studien zum Wiener Kreis. Ursprung, Entwicklung und Wirkung des Logischen Empirismus im Kontext*. Frankfurt/M.: Suhrkamp 1997, 257ff. Englisch: Wien-New York: Springer Verlag.

Walter Hollitscher und Ernst Wimmer, Mitglied des Politischen Büros der KPÖ

Auch eine Wiedergutmachung
Zum Erscheinen von Hollitschers Naturdialektik-Vorlesungen

ROBERT STEIGERWALD

1948/50 hielt Walter Hollitscher fünfzig Vorlesungen zur Naturdialektik an der Humboldt-Universität zu Ostberlin. Sie sollten damals im SED-Parteiverlag erscheinen, was jedoch nicht geschah. Ich bemühte mich vor Jahren darum, sie im Verlag Marxistische Blätter herauszubringen, was vom damaligen Cheflektor (unter Hinweis auf die etwa gleichzeitige Veröffentlichung umfangreicher späterer Arbeiten Hollitschers zum selben Thema) verhindert wurde. Ich wusste damals nicht, was ich weiß, seitdem der Marburger Verlag Arbeit und Gesellschaft Hollitschers Vorlesungen 1991 herausbrachte: 1949/50 wurde der Druck nach Eingriff der für wissenschaftliche und Schulungsarbeit zuständigen Abteilung des ZK der SED gestoppt. In der nunmehr erfolgten Veröffentlichung findet sich im Anhang das Protokoll der damaligen „Diskussion" um Hollitschers Werk. Ich habe es in mehrerer Hinsicht mit Betroffenheit gelesen.

Wäre ich an der damaligen Debatte beteiligt gewesen, ich hätte die gleiche sture, dogmatische und dummer Position wie die meisten Diskutanten (Ausnahme etwa Georg Klaus) bezogen. Und die Möglichkeit, in diese Diskussion einbezogen zu werden, gab es: Ich war damals an der Parteihochschule der SED in der Lehrabteilung verantwortlich für den Philosophie-Unterricht: Nichts, was zu diesem Fach an der Schule gelehrt wurde, konnte ohne meine Zustimmung geschehen, und meine damalige Chefin, Hanna Wolf, nahm an der Hollitscher-Diskussion teil, ich komme darauf noch zurück.

Wichtiger ist mir im Augenblick dies: Ich nahm am Verbotsprozess gegen die KPD teil. Wir erfuhren, dass die Bundesregierung den Jesuitenpater Wetter oder den Dominikaner Bochenski in Sachen Theorie gegen die KPD auftreten lassen wollte. Ich besorgte mir deren marxismuskritische Bücher und stellte fest, dass mein Wissen nicht hingereicht hätte, wichtige Teile ihrer Marxismuskritik bündig zu widerlegen. Und das bei meiner vorherigen Position! Ich war beschämt und nutzte die folgenden Gefängnisjahre, diesem Mangel nach Möglichkeit abzuhelfen (wobei mir Arbeiten von Georg Klaus und Georg Lukács sehr hilfreich waren).

Aber was hat das mit der Hollitscher-Debatte zu tun? Nun, Hanna Wolf argumentierte gegen Hollitscher in etwa so: Sie sei keine Philosophin, habe deshalb weite Bereiche des Textes nicht verstanden, den sie darum Studenten des Zweijahreslehrgangs an der Parteihochschule zu lesen gegeben hätte – die ihn auch nicht verstanden hätten.

Ich hatte diesem Lehrgang angehört, aber den Hollitscher-Text nicht zu sehen bekommen (wenn Hanna Wolf die Wahrheit gesprochen hätte, hätte ich ihn gewiss zu Gesicht gekriegt). Aber wann ist Nicht-Verstehen ein Argument? Wenn ein Text unverständlich geschrieben ist – man schaue sich den Hollitscher-Text an, um zu sehen, dass dies nicht zutrifft! Mit seiner eigenen Unbildung zu kokettieren ist aber doch eine blamable Sache und kein Argument. Aber – ich wiederhole es – ich hätte damals genau so argumentieren können: Wir waren durch Stalins Vulgarisierung des Marxismus so erzogen, dass wir nichts zu akzeptieren bereit waren, was sich nicht in dieses Prokrustes-Bett hineinzwängen ließ. Und eben dies traf auf Hollitschers Vorlesungen zu: Von geringfügigen Zugeständnissen (etwa auf dem Gebiet der Biologie, Stichwort: Lyssenko) abgesehen, waren sie marxistisch, nicht stalinistisch gehalten.

Nicht nur ich, noch lebende Teilnehmer der damaligen Diskussion müssten sich mit Beschämung ihres „Beitrags" erinnern, andere (etwa Alfred Kosing, Klaus Gysi, Götz Redlow) schwiegen. Einer, selbst Hochschullehrer, monierte, dass Hollitscher in schwierig darzustellende Sachverhalte auch Feuilletonistisches zur Auflockerung einfügte – als ob nicht dies bei trockenen Themen zur Aufrechterhaltung der Aufmerksamkeit der Studentinnen und Studenten angebracht wäre. Es wurde die These Hollitschers – 1949 aufgestellt – kritisiert, dass auf der Grundlage der modernen Logik und Kybernetik schachspielende Automaten konstruierbar sein dürften! Peinlich also nicht nur manches, was Hermann Ley und Wolfgang Harich, auch, was Rober Havemann da von sich gab.

Sicher, es gibt im Hollitscher-Text auch Problematisches, gewisse Zugeständnisse an den *Wiener Kreis* (Hollitscher war z.B. auch mit Popper gut bekannt) und den englischen Empirismus (der Kommunist jüdischer Herkunft war nach England emigriert), aber das waren Kritiken, denen sich Hollitscher durchaus offen zeigte, die er vor der Veröffentlichung korrigieren wollte.

Aber das alles half nicht. Es ging um Hintergründigeres. Hollitscher wollte in Buch schreiben, das sich gegen das damals weit verbreitete (und durchaus verdienstvolle!) Werk eines katholischen Naturphilosophen, Bavink war sein Name, stellen sollte, aber nicht im Stile der Klopffechterei, sondern durch gründliche Aufarbeitung des naturwissenschaftlichen Kenntnisstandes und durch dessen Heranziehung zu einer zeitgemäßen Darstellung der marxistischen naturdialektischen Auffassungen. Das war damals eine ganz andere Aufgabenstellung als heute. Der Faschismus hatte nicht nur materielle Verwüstungen hinterlassen. Er hatte eine ganze Generation heranwachsender Intellektueller von solchen Wissensbereichen („jüdischen" Charakters) wie der Relativitätstheorie ferngehalten. Von der Kybernetik (Norbert Wiener widmete seinem Kollegen und Freund Hollitscher eines der drei ersten Exemplare seiner grundlegenden kybernetischen Schritt!) wusste auf deutschen Boden kaum jemand etwas. Die moderne Logik war ein Buch mit sieben Siegeln usw. usf. Und Hollitscher, der in England Freund geworden war solcher bedeutender marxistischer Naturwissenschaftler wie Haldane, Bernal, Needham, Cornforth, der mit Wiener befreundet war, der – auch das wäre zu erwähnen, im Umkreis von Freud und seiner Tochter Anna Anhänger der Psychoanalyse geworden war (die er später fundiert kritisieren sollte), brachte alle Voraussetzungen dazu mit, dieses riesige Werk einer Naturdialektik auf heutigem Wissensstand zu erarbeiten.

Aber damit geriet er in Gegensatz zu den aus der Sowjetunion in die entstehende DDR hineinwirkenden Tendenzen, Stichwort: Shdanow. Was Hollitscher darzustellen versuchte, war nach herrschender sowjetischer Auffassung „westlicher" Unrat und darum zu bekämpfen. Es mangele ihm an Parteilichkeit. Er stütze sich auf bürgerliche Wissenschaftler als Gewährsleute. Seiner „Westorientierung" sollte er mit einer Umorientierung auf die sowjetische Wissenschaft entgegenwirken, wozu er sich viel Zeit nehme müsse, jedenfalls sei dies nicht durch eine Überarbeitung seiner Vorlesungen zu leisten. So blieben die Vorlesungen als ungedruckt, mehr noch: Hollitscher musste de facto die DDR verlassen. Das wurde später zwar stillschweigend korrigiert: Hollitscher erhielt einen Ruf an die Karl-Marx-Universität in Leipzig, auch wurden seine späteren Werke in der DDR veröffentlicht, doch seine Vorlesungen blieben ungedruckt.

Nun könnte man natürlich fragen, ob es sinnvoll war, sie Jahrzehnte später zu veröffentlichen, schließlich war der naturwissenschaftliche Kenntnisstand in manchen Bereichen erheblich weiter fortgeschritten. Das stimmt und stimmt auch wieder nicht. Am meisten überholt ist, was Hollitscher damals über den sich herausbildenden Sozialismus sagte, aber da befand er sich ja in guter Gesellschaft.

Geben wir einen kurzen Überblick über die fünfzig Vorlesungen Hollitschers: Einleitend legt er dar, worin der Gegenstand einer Philosophie der Natur besteht, was es nützt, sich damit zu befassen. Er geht auf Probleme der Erkenntnistheorie im Zusammenhang mit der Erkenntnis von Naturgesetzen ein. Die Probleme der Kausalität, damit im Zusammenhang auch der Willensfreiheit sind Thema zweier Vorlesungen. Hollitscher, mit der sog. Wiener Schule vertraut, die dank der Emigration (ihre meisten Repräsentanten waren Juden oder jüdischer Herkunft) in England eine starke Verwurzelung fand (auch dank der Tradition des englischen Empirismus und Sensualismus, die ja in Berkeley ihren subjektiv-idealistischen Großphilosophen fand), wendet sich einer ausführlichen philosophischen, historischen und logischen Analyse des Entwicklungsproblems zu. Es geht um die Hinführung seiner gerade aus dem Faschismus herausgewachsenen Studentinnen und Studenten zur Dialektik, zur Konzeption der Entwicklung durch das Aufeinanderprallen entgegengesetzter Seiten, Momente, Elemente der natürlichen Realität. Immer wieder werden erkenntnistheoretische Vorbedingungen naturwissenschaftlichen Forschens und Erkennens behandelt: räumliche Ordnung, sinnliche Wahrnehmung, Kausalität, Gesetzmäßigkeit, Probleme der Zeit, jener, die wir wahrnehmen und wie wir sie wahrnehmen, aber auch der objektiven Zeit. Was mit Notwendigkeit in die Probleme der Relativitätstheorie, der speziellen und der allgemeinen, der sich darauf aufbauenden Kosmogonie und Kosmologie einmündet.

Hollitscher wendet sich dann dem zweiten großen Teilbereich der modernen Physik zu, dem des Feldes, der elektromagnetischen Erscheinungen, der Elementarteilchenphysik. Danach verlässt er die physikalische Ebene, um sich den Prozessen der chemischen Elemente, ihrer Entstehung, und dies im Zusammenhang mit kosmischen Prozessen (Spiralnebel, Sterne, ihre Entwicklung), zuzuwenden. Über die damals bekannten Vorstellungen von der Planetenentstehung kommt Hollitscher auf die Frühgeschichte unserer Erde zu sprechen, ihrer geologischen Entwicklung.

In England hatte er die Thesen der berühmten marxistischen Gelehrten Bernal und Haldane über die Lebensentstehung kennengelernt, die er nun, ergänzt um die Forschungsergebnisse des sowjetischen Gelehrten Oparin, seinen Studentinnen und Studenten darlegte. In diesem Zusammenhang informiert er über Bertalanffys bahnbrechende Arbeiten zum Fließgleichgewicht, setzt sich mit dem Vitalismus

(Drieschs) auseinander. Überhaupt ist gerade jener Vorlesungskomplex recht umfangreich, der sich mit der Biologie befasst. Als anfangs der achtziger Jahre die Vorlesungen im *Verlag Marxistische Blätter* herauskommen sollten, hat Walter Hollitscher einige wenige Überarbeitungen vorgenommen. Sie betrafen auch den Biologie-Teil, wo er das den damaligen Verhältnissen geschuldete Eingehen auf Lyssenkos Thesen ausmerzte.

Hollitscher hält sich in den Darlegungen zu den physiologischen Grundlagen unserer Erkenntnis (Vorlesungen 37 bis 40) weitgehend frei von der Verzerrung der Pawlowschen Lehren, die einige seiner Schüler vorgenommen hatten. Aber natürlich sind wir auch diesem Gebiet heute ein ganzes Stück weiter in der Entwicklung unserer Kenntnis als zu Ende der vierziger Jahre. Eine für die damalige Zeit in der marxistischen Literatur geradezu herausragende Vorlesung war jene über Kybernetik, die auch heute noch von hohem Informationsgehalt ist. Den Schlussteil der Vorlesungen bilden Themen der Menschwerdung und Menschengeschichte, zugleich eine Einführung in die Grundlagen der materialistischen Geschichtsauffassung, die den meisten der damaligen Studentinnen und Studenten ja noch erst zu vermitteln waren. Literaturangaben und das Protokoll der „Hollitscher"-Debatte beschließen den Band.

Fassen wir das Wesen dieses Buches noch einmal zusammen: Hollitscher versucht, den naturwissenschaftlichen Bestand philosophisch zu erfassen und zu verarbeiten, und da ist hinsichtlich solcher Bereiche wie der Relativitätstheorie oder der Raum-Zeit-Bewegung-Frage vieles Wissen der fünfziger Jahre noch keineswegs überholt. Und dies gilt auch für andere Teile des damaligen Textes, etwa hinsichtlich von Aspekten unseres Wissens zu psychischen Prozessen. Lesenswert auch, was zum Thema Mann und Frau gesagt wurde. Ganz davon abgesehen, dass der innere Zusammenhang der Vorlesungen sich auch heute noch – vor allem für „Beginnerinnen und Beginner" beim Studium der Naturdialektik – als sehr hilfreich erweist. Man möge es zum Beispiel zusammen mit Engels' naturdialektischen Schriften und Kedrows Arbeiten studieren, um sich einen ausgezeichneten Zugang zu den infrage kommenden Sachverhalten zu verschaffen. Insofern handelt es sich bei der Herausgabe der Vorlesungen durch den Marburger Verlag um mehr als um eine politische und wissenschaftliche Wiedergutmachung.

Naturdialektik und Walter Hollitscher

HANS MIKOSCH

Eine der bemerkenswertesten Eigenschaften ausgezeichneter Wissenschafter ist es, sehr frühzeitig eine weitreichende Bedeutung von neuen Arbeiten, Veröffentlichungen oder von Experimenten zu erkennen. Walter Hollitscher hatte diese Eigenschaft: Im Literaturverzeichnis der Korrekturfahnen seiner *Vorlesungen über Naturdialektik*, auf die später noch einzugehen sein wird, findet sich als handschriftliche Ergänzung das Buch von Norbert Wiener; das war Anfang der 50er Jahre. Durchaus als Folge dieser Fähigkeit war es eine ihn buchstäblich sein ganzes Leben beschäftigende Frage, sich mit aktuellen Entwicklungen der Naturwissenschaften auseinanderzusetzen, und zwar als Quelle und Ansporn materialistischer Dialektik, nach der mit jeder grundlegend neuen Entwicklung der Naturwissenschaften sich auch Auswirkungen auf die materialistische Philosophie ergeben müssen.

Dazu als aktuelles Beispiel ein Hinweis auf einen Artikel in der Zeitschrift *Science* aus dem Jahr 1995: Ein „Bose-Einstein-Kondensat" wird als neue Form der Materie vorgestellt; worum geht's?

Das grundlegende Aufbauprinzip der Materie lautet, dass sich die Bausteine der Atome in mindestens einem von 4 Kennzeichen unterscheiden müssen; in der Sprache der Quantenmechanik heißt das, dass die die Energie von Elektronen beschreibenden 4 Quantenzahlen in mindestens einem Fall verschieden sein müssen; so sagt es das Ausschließungsprinzip (Pauli). Der systematische Aufbau des Periodensystems der Elemente ergibt sich daraus mit der Konsequenz der Struktur der Materie.

Aber schon ganz am Anfang der Entwicklung der Quantentheorie hat Bose und kurz darauf Einstein 1924 und 1925 darauf hingewiesen, dass auch andere Aufbauprinzipien möglich sein müssen, wenn man den Grundsätzen der Quantentheorie folgt. Das Pauli-Prinzip gilt dabei für Teilchen mit halbzahligem Spin, Bose-Einstein genügen Teilchen mit ganzzahligem Spin; das eine sind Fermionen, beschrieben durch eine Fermi-Dirac-Statistik, das andere Bosonen, beschrieben durch eine Bose-Einstein-Statistik; ein Beispiel für Fermionen sind Elektronen, ein Beispiel für Bosonen sind Photonen. Das Verblüffende an Bose-Einstein-Teilchen ist aber, dass sie in identem Energiezustand vorliegen – etwas, das für die ‚üblichen' Fermionen unmöglich ist, und noch dazu, dass sie alle gleichzeitig im niedrigst möglichen Energiezustand sind.

Exotisch? Ein Randproblem? Natürlich, im wahrsten Sinne des Wortes: Bose-Einstein-Kondensate konnten nur nachgewiesen werden bei Temperaturen von einigen Nanokelvin (1 mit 9 Nullen davor), d.h. praktisch bei minus 273,15 °C, dem absoluten Nullpunkt. Dabei ist weiter zu berücksichtigen, daß die ganze Quantenmechanik darauf beruht, Materie sowohl als Teilchen als auch als Welle beschreiben zu können; bei solch tiefen Temperaturen wird aber die Wellenlänge des Teilchens größer als der mittlere Abstand zwischen den einzelnen Teilchen, und plötzlich bekommen alle Teilchen grundlegend andere elektronische Eigenschaften – sie schwingen im selben Takt. Gänzlich andere, neue Eigenschaften der Materie sind die Folge: Supraleitung mit dem vollständigen Verschwinden des elektrischen Widerstands, Suprafluidität von Helium II mit Aufwärtsfließen, und anderes.

Sicher, es ist eine der grundlegenden Fragen der Quantenmechanik, wie die Welleneigenschaft der Materie mit ihrem Teilchencharakter in Beziehung gebracht werden kann, wie der *Welle-Teilchen-Dualismus* theoretisch beschrieben und experimentell erfasst werden kann. Die von *Science* beschriebenen Arbeiten wurden vor 6 Jahren durchgeführt, im Oktober 2001 wurden sie mit dem Physik-Nobelpreis ausgezeichnet. Sind sie praktisch unbrauchbar? Mitnichten! Vor wenigen Wochen wurden Bose-Einstein-Kondensate als Schaltelemente für elektronische Bausteine realisiert; die Veröffentlichung in *Nature* erfolgte Anfang Oktober, kurz vor Bekanntgabe des Nobel-Preises. Die angestrebte weitere Verwendungsmöglichkeit sind Speicherelemente in Quantencomputer, und es erfolgen praktisch laufend neue Veröffentlichungen über neue ‚Grenzen', die auf dem Weg dorthin überschritten werden.

Eine andere wissenschaftliche Sensation der letzten Monate war der Nachweis von Quantenteleportation, also – frei nach *Raumschiff Enterprise*: „Beam me up, Spocky." Gleich vorne weg: Es geht um ein anderes Kernproblem der Quantenmechanik: Welche physikalische Bedeutung haben elementare Quantenprozesse? Eine kontroverse Diskussion, die so alt ist wie die Theorie selbst! Es erübrigt sich fast, darauf hinzuweisen: Walter Hollitscher hat sich in seiner Dissertation mit dem zugrundeliegenden Kausalprinzip in der Quantenmechanik befasst.

Auch hier kurz die Problemstellung: Die Theorie führt zu statistischen Ergebnissen, die die atomare Realität ausgezeichnet beschreiben und exzellent mit den Experimenten übereinstimmen, aber was ist mit den Einzelprozessen, mit den Bestandteilen der Statistik?

Einstein wandte gegen verschiedene Konsequenzen aus der Quantentheorie ein: „Gott würfelt nicht!" Niels Bohr wandte sich dagegen mit dem Verweis: „Sage Gott nicht, was er zu tun hätte!" Wissenschaftlich handelt es sich dabei um den Einstein-Podolsky-Rosen-Einwand gegen die Quantentheorie, anschaulich beschrieben hat es Erwin Schrödinger 1935 mit seiner berühmten Katze: Eine Katze in einer dicht verschlossenen Kiste kann durch einen Quanteneffekt entweder getötet werden, oder eben nicht. Wissen, was geschehen ist, kann der Beobachter erst, nachdem er die Kiste geöffnet hat; aber was ist davor? Ist die Katze jetzt tot oder nicht, ist sie in einem Zwischenzustand – totlebendig?

Das wurde genug oft als gedankliches Scheinproblem belächelt, sicher auch von dialektischen Materialisten. Aber, es ist tatsächlich so: Naturwissenschafter brauchen sich nicht täglich ihre Experimente von Philosophen auf ihre Richtigkeit und Zulässigkeit überprüfen lassen, auch theoretische Physiker nicht. Die Philosophie hat nicht den Charakter einer Überwissenschaft. Trotzdem bleibt es ein grundlegendes Problem der Erkenntnistheorie: Wie beeinflusst eine Messung einen elementaren Prozess?

Einige Physiker haben sich dahinter gesetzt; sie haben herausgefunden, dass die Messung eines Teilchens (oder einer Welle) ein anderes Teilchen (oder eine andere Welle) ganz woanders beeinflusst, festlegt in seinen Eigenschaften; irgendwie „weiß" der eine Teil, was mit dem anderen geschehen ist. Das hat Anton Zeilinger nachgewiesen mit Laser-Polarisation-Experimenten, und Helmut Rauch mit Neutronenstreuung. Die Experimente von Zeilinger führten zu einem Titelbild in *Scientific American* mit der science fiction-Assoziation von Startreck und Teleportation.

Gemeinsam ist beiden bisher beschriebenen Hits aus der modernen Physik: Sie gehen auf Diskussionen zurück, die so alt sind wie die Quantentheorie, z.B. ist Licht eine Welle oder ein Teilchen? Walter Hollitscher sagte darauf schon vor vielen Jahren: „Weder noch! Es ist eine materielle Struktur, die durch die Quantenelektrodynamik zu beschreiben ist." Wie richtig, aber da fehlt viel Fleisch!

Etwas anderes Gemeinsames ist die Fernordnung von Quantenteilchen, oder auch das „Wissen" von Teilchen über das Verhalten anderer. Genau darüber hat auch schon vor 20 Jahren Ilja Prigogine, Nobelpreisträger für Chemie 1977, in einem Interview der Reihe *Dialektik* gesprochen: Über die makroskopische Fernordnung in chemischen Reaktionen, über ein koordiniertes Verhalten von Teilchen, über die Bildung von Strukturen in dynamischen Systemen. Bemerkenswert dabei ist, dass die Konzepte der Nichtgleichgewichtsthermodynamik, der Strukturbildung unter Energiefluss weitab vom chemischen Gleichgewicht, in ihrer Anwendung auf die makroskopisch absurden Gedankenexperimente der Quantentheorie zu einer qualitativ anderen, gleichsam revolutionierenden Lösung führen: Nicht der reversible Quantenzustand, das Sein, ist das Normale, sondern der irreversible Prozess, das Werden.

Ich möchte diese spannenden Überlegungen ganz unvermittelt beenden, so wie mit einem Handgriff die chaotischen, nicht vorhersagbaren Bewegungen eines Mehrachsenpendels wieder zurückführen auf die regelmäßigen, gedämpften, ‚braven' Schwingungen eines physikalischen Pendels; eine Zäsur, wie im Leben Walter Hollitschers: Walters Tätigkeit als Direktor des Philosophischen Instituts in Berlin wurde auch plötzlich unterbrochen, „politisch bedingt", heißt es dann in Biographien, oder, wie er selbst schrieb: „Die Zeit zur Heimkehr nach Österreich war gekommen."

Werner Haberditzl, der spätere Nachfolger auf dem Lehrstuhl von Walther Nernst an der Humboldt-Universität, sagte damals zu seiner Frau Sibylle: „Walter ist in Moskau!" (Werner Haberditzl war – nach persönlichen Aussagen Walter Hollitschers – sein „Wunschassistent"; er hat sich aber nicht für die Philosophie entschieden, sondern für die „realitätsnähere" physikalische Chemie, und hat sich bei Robert Havemann habilitiert.)

Was war geschehen? Jahrzehnte später versuchte ich das zu klären: „Stimmt diese Aussage wirklich? War es nicht vielleicht eine Metapher?" Sibylle Haberditzl reagierte heftig: „Werner und ich haben uns nicht in einer Symbolsprache unterhalten!" Auch weitere Überprüfungsversuche scheiterten: Der damalige Kaderverantwortliche der KPÖ beantwortete meine diesbezügliche Frage sofort negativ und erzählte andere Geschichten von österreichischen Gästen in der DDR. Die Rasanz der abschlägigen Antwort war mir damals nicht suspekt.

Gerade in diesem Zusammenhang ist es jetzt notwendig, Walters Gattin Violetta zu erwähnen und vor allem zu würdigen: Sie war italienischer Abstammung, Walter hat sie während seines Exils in England kennengelernt, sie war Konzertpianistin (Peter und Robert Ponger, Musik-Kennern ein Begriff, waren z.B. ihre Schüler), sie war Betriebsrätin in einem englischen Rüstungsbetrieb, für sie war Stalins *Kurzer Lehrgang* die beste, weil massenhaft verbreitete, Einführung in den Marxismus, wenn Walter abhob, holte sie ihn mit wenigen Worte oder auch nur Gesten zurück auf den Boden, d.h. – vor allem – sie waren kongeniale Partner: Violetta und Walter waren unzertrennlich – das hat letztlich ihrer beider Tod mit nur wenigen Tagen Abstand gezeigt. Violetta war in den Tagen des „Verschwindens" von Walter bei Ruth Werner, unter ihrer vertrauensvollen Obhut, also müsste sie doch wissen... Auch negativ!

Walter hat über diese Phase nie gesprochen! Er hat zwar in privaten Gesprächen erzählt, dass Auswirkungen des Personenkults wie in der Sowjetunion in der DDR nie möglich gewesen sind, auch weil sich maßgebende Funktionäre gegen solche Entwicklungen gestellt haben, aber über ihn selbst betreffende Fragen hat er sich nie geäußert. Ich meine, er hat sich seinen Frieden gemacht: Er wurde zurückgeschickt nach Wien. Die Konsequenzen dieser Entscheidung sind aber in aller Schärfe zu sehen: Seine Tätigkeit in Wien kann in ihrer gesellschaftlichen Rolle überhaupt nicht verglichen werden mit seiner Position als Direktor des philosophischen Instituts: in Berlin war er Universitätsprofessor, in Wien war er arbeitslos! Und später, dann nach einigen Jahren, wurde er als väterlicher Berater der jungen Philosophengeneration jährlich nach Leipzig geholt, in Verbindung mit einer Kur; er ist vorsichtiger geworden: Alle Besprechungen hat er in dieser Periode im Haus der Partei, jedenfalls nicht in privatem Rahmen, abgehalten.

Aber warum die Absetzung als Direktor des philosophischen Instituts? War es seine Vorliebe für die Psychoanalyse, sein durchaus stolz immer wieder betontes Verwandtschaftsverhältnis zu Freud, war es seine Tätigkeit als Psychoanalytiker (seine Existenzgrundlage und sein Lebensunterhalt während seiner Londoner Emigration!), war es seine Naturdialektik-Vorlesung, die druckreif war bis zu den Korrekturfahnen und dann plötzlich gestoppt wurde? War es „einfach" eine politisch-akademische Intrige? Waren es wissenschaftliche Rivalitäten? Hat ihn wer verpfiffen? Aber wer, und womit? Und: Wie ist so etwas möglich? Weder die tatsächlichen Vorkommnisse noch die Ursachen dafür konnte ich für mich klären.

Kurz zurück zum Anfang der 80er Jahre; damals bat mich Walter, seine soeben erwähnte, ungedruckte Vorlesung zu lesen, gegebenenfalls zu überarbeiten, um sie für eine späte Veröffentlichung vorzubereiten; er tat das mit den Worten: „Ich musste damals einige Dinge schreiben, die unerlässlich waren für jede Publikation, häufige Hinweise auf Stalin, Lobgesänge auf Lyssenko"; und speziell dazu: „Ich habe ihn persönlich kennengelernt; er war ein Mensch, mit dem brauchte man nur ein paar Worte zu wechseln, und es wurde einem sofort klar, was für ein unendlicher Scharlatan er war."

Trotz dieser Aussagen aus den 80er Jahren und trotz der Tatsache, dass Walter sein Nebenrigorosum in Biologie gemacht hat, waren in seiner Vorlesung große, lobpreisende Passagen auf die „fundamentalen Erkenntnisse Lyssenkos", ihre „heroische Bedeutung für den Anbau von Hirse zur Versorgung der Roten Armee", und die entsprechenden philosophisch-ideologischen Interpretationen zu finden. Also: Unhaltbare Übertreibungen und fehlerhafte Ideologisierungen. Andere haben sich auch damals nicht so geäußert!

Für mich stellt sich heute verallgemeinernd die Frage nach den Mechanismen, die hervorragende Wissenschafter, überhaupt Intellektuelle, dazu bringen, wider eigenes besseres Wissen sich der mythologisierten und auch emotionalisierenden Kraft einer siegreichen Revolution bis zur intellektuellen Selbstaufgabe zu unterwerfen, und auch in der Öffentlichkeit, als Agitator, dementsprechend zu agieren.

Dazu nur ein Beispiel: Mit der ganzen Kraft seiner wissenschaftlichen Reputation hat Walter in öffentlichen Diskussionen über die großen Getreideimporte der Sowjetunion darauf hingewiesen, dass deren Anbaugebiete in Regionen liegen, die viel weiter nördlich sind als die des Getreidegürtels der USA, und in den geographischen Breiten, wo in den USA Mais angebaut wird, in der Sowjetunion Baumwollkolchose zu finden sind: „Ein einfacher Blick auf die Landkarte genügt!" Wie richtig! Nur: Am nordamerikanischen Kontinent einige 100 Kilometer weiter nördlich, in den Getreideanbaugebieten der kanadischen Prärie-Provinzen Sasketschwan, Manitoba und auch Ontario, wurde auch Exportgetreide für die Sowjetunion angebaut, und diese Farmer waren weit mehr abhängig von diesen Handelsbeziehungen; es war also bekannt, aber nicht verwendbar in der Argumentation. Warum?

Vielleicht geht es auch um das Verhältnis zwischen in sich als richtig erkannten Ideen, den führenden Köpfen, die sie verkörpern und oft auch mit intellektueller Brillanz artikulieren, und ihrer praktischen Realisierung durch eine riesige Zahl manchmal subalterner, mittelmäßiger Kader, die gleichzeitig unerlässlich bleiben zur Herstellung einer unverzichtbaren Massenbasis.

Zum Schluss: Walter war ein ganz bemerkenswerter Mensch. Er hatte die wirklich seltene Fähigkeit, fesselnd, interessierend auch über Dinge zu sprechen, die eigentlich ganz und gar nicht sein Fachgebiet waren – es war nicht von ungefähr, dass eine ganze britische marxistische Wissenschaftergeneration von Weltrang, von G.B.S. Haldane bis J.D. Bernal, Walter aufgefordert hat, das Werk Engels weiterzuführen, um die materialistische Dialektik der Gesellschaft von Marx durch die Dialektik der Natur zu ergänzen – aber wenn ich jetzt vor seinem Grab stehe, das zufällig praktisch neben dem meiner Großmutter liegt, dann denke ich mir oft: „Walter, sei froh, dass Du all' das, was nach Deinem Tod geschehen ist, nicht erlebt hast!" Und: „Wie hättest Du wohl reagiert? Irgendwelche Wendungen, Nachdenkpausen, Korrekturen hätte es sicher gegeben, aber welche?"

Noch ein paar Zeilen eines Gedichts:

Wir, die unser Herz wir legten in den Stein,
ins Eisen, in harte Disziplin,
wir leben daselbst, aus Liebe nur,
und man weiß nun, daß wir uns verbluten,
da des Sternes Sinn verdreht wurde
durch den düstern Mond der Eklipse.

Nun werdet ihr sehen, was wir sind und wiegen.
Nun werdet ihr sehen, was wir sind und sein werden.
Wir sind das reine Silber der Erde,
des Menschen wahrhaftes Erz,
wir verkörpern das Meer, das währende:
die Feste der Hoffnung:
eine Minute Dunkel macht uns nicht blind:
wir werden in keiner Agonie hinsterben.

Die Kommunisten, aus der *Kritischen Sonate*, Memorial V, 5. Buch aus *Memorial von Isla Negra*, Pablo Neruda, u.a. auch Botschafter Chiles in Paris, Literaturnobelpreisträger. Er hat diese Verse für eine andere dunkle Phase geschrieben; jetzt liegt es an uns, das Licht wieder anzuknipsen.

Walter Hollitscher mit seiner Frau Violetta im Berliner Tierpark

Walter Hollitschers Konzept der Naturdialektik
Die Berliner Vorlesung im Kontext seiner intellektuellen Biographie

HUBERT LAITKO

1. Einführende Bemerkungen

Als die 1949 auf dem Gebiet der Sowjetischen Besatzungszone Deutschlands in Reaktion auf die westdeutsche Staatsgründung gebildete Deutsche Demokratische Republik in das erste ihrer vierzig Jahre ging, versuchte auch Walter Hollitscher, dem der junge Staat – zunächst für ein Jahr – die erste Professur seines Lebens geboten hatte, etwas ganz Neues. Seine Neigung hatte schon früh einer enzyklopädischen Zusammenschau der modernen Naturwissenschaften gegolten. Als Schüler von Moritz Schlick und Otto Neurath hatte er die Leidenschaft, im Vielfältigen das Verbindende zu finden, mit der philosophischen Muttermilch eingesogen, doch die Umstände seines bewegten Lebenslaufes hatten ihm bis dahin kaum Gelegenheit geboten, diese Leidenschaft auch zu betätigen. Nun war er zum erstenmal in Verhältnisse gekommen, unter denen bei gesichertem Lebensunterhalt von ihm ausschließlich erwartet wurde, wissenschaftlich zu arbeiten und Vorlesungen zu halten. Mit Recht sah der überzeugte Kommunist Hollitscher, der in seiner österreichischen Heimat kaum auf eine Hochschullehrerlaufbahn oder eine Anstellung an einem Forschungsinstitut rechnen durfte, den Ruf nach Berlin als eine einzigartige Chance. Dem Staat, der sie ihm gewährte, bewahrte er lebenslange Dankbarkeit. Dabei ist ihm in diesem Staat mindestens zweimal übel mitgespielt worden, in einem Maße, das ausgereicht hätte, Menschen mit einer weniger stark in sich ruhenden politischen Überzeugung, als sie Hollitscher offenbar besaß, in die Dissidenz zu treiben. Einerseits wurde das Erscheinen der bereits zur Publikation vorbereiteten Druckfassung der Naturdialektik-Vorlesung in der DDR durch Intervention der SED-Führung verhindert. Das Mittel, diesem Eingriff einen Anschein von Legitimität zu geben, war eine unter Leitung von Kurt Hager (damals Kandidat des Zentralkomitees der SED und Leiter der Abteilung Propaganda des ZK, aber als Lehrbeauftragter für dialektischen und historischen Materialismus zugleich auch Hollitschers Kollege am Institut für Philosophie der Humboldt-Universität zu Berlin) am 23. Dezember 1950 in Berlin durchgeführte „philosophische Diskussion", die als ein ideologisches Scherbengericht inszeniert war.[1] Zum andern wurde mehr als zwei Jahre nach diesem Ereignis – in einer Situation, aus der nichts über neuerliche „ideologische Auseinandersetzungen" mit seinen Ansichten bekannt ist und seine Position am Philosophischen Institut vollkommen gefestigt erschien – im Frühjahr 1953 überraschend der Arbeitsvertrag mit ihm gelöst, und Hollitscher reiste überstürzt nach Wien ab. In persönlichen Erinnerungen von Zeitgenossen heißt es, Hollitscher sei kurzzeitig – mutmaßlich nicht von DDR-Instanzen, sondern von Organen der sowjetischen Besatzungsmacht – inhaftiert gewesen;[2] der ganze Vorgang ist bisher ungeklärt, amtliche Dokumente dazu sind nicht bekannt.

In seiner Berliner Personalakte, die im Archiv der Humboldt-Universität aufbewahrt wird, befindet sich eine kurze „Selbstcharakterisierung von Walter Hollitscher". /3/ Dieser nicht datierte, aber sehr wahrscheinlich als dem Frühjahr 1949 stammende Text gibt einen bemerkenswerten Einblick in die Motivation, mit der er seine Arbeit in Berlin aufnahm. Es heißt darin: „Heute, im Alter von 38 Jahren, bin ich von der Wissenschaft und der wissenschaftszugewandten Philosophie ebenso fasziniert, wie ich dies als kleiner Junge war, dem es nach der Lektüre von Humboldts Kosmos zum ersten Male klar wurde, dass man die Welt verstehen und auf Grund seiner Einsichten rational und human handeln könne. [...] Meine Haupttugend (und zugleich mein Hauptlaster) ist eine unstillbare wissenschaftliche Neugierde – von der Kosmologie über die Biologie zur Geschichte und Psychologie treibt mich ein brennendes Interesse zu erfahren, was man weiß, forscht und künstlerisch schafft. Da ich zum Allgemeinen tendiere, nicht zum Selbstbetrug neige und merke, wenn ein Gedanke der Klärung bedarf, habe ich philosophische Begabung. So hoffe ich, dass es mir gelingt, zu einem Philosophen im modernen Sinn des Begriffes zu werden: zum Spezialisten der klärenden Synthese im Bereiche der Wissenschaften; zum geistigen Handlanger bei der Schaffung des modernen Weltbildes – eines Bildes, das der dialektischen Einheit der Welt gewahr wird und der humanistischen Verpflichtung, die in dieser Einheit beschlossen ist: dem friedlichen Fortschritt zu dienen." Unter normalen Umständen hätte das ehrgeizige Projekt, eine philosophische Enzyklopädie der modernen Naturwissenschaften in Gestalt einer zweisemestrigen Vorlesung liefern zu wollen, langfristig vorbereitet werden müssen. In der permanenten Notsituation der ersten Nachkriegsjahre war indes Arbeiten mit langem Atem auch im Hochschulbetrieb so gut wie unmöglich, erst recht für einen akademischen „Seiteneinsteiger" wie Hollitscher, dem die übliche Laufbahn eines Hochschullehrers verwehrt geblieben war. Deshalb tat er das unter den gegebenen Umständen einzig Mögliche und Gebotene: Vorbereiten und Halten der Vorlesung waren ein und derselbe Prozess. So entstand eine lockere, überall weiterer Ausarbeitung und Präzisierung bedürftige Kontur, die den Bogen von der Kosmogonie bis zur Anthropo- und Soziogenese schlug. Es ist nicht ausgeschlossen, dass Hollitscher vor der Größe der Aufgabe zurückgeschreckt wäre, hätte er sie mit ruhigem Vorlauf angehen können; im Enthusiasmus der Aufbaujahre, im Wettlauf mit der Zeit nach dem verheerendsten aller bisherigen Kriege erschien indes kein Ziel zu hoch. Man muss es als einen Glücksumstand ansehen, dass Hollitscher mit einer Buchpublikation gerechnet hatte, so dass ein voll ausgearbeiteter Text jener Vorlesung erhalten geblieben ist. Es mag sein, dass alle darin enthaltenen Gedanken, die ihm auf längere Sicht tragfähig erschienen, auf diese oder jene Weise in seine späteren, sorgfältiger ausgearbeiteten Bücher Eingang gefunden haben – um das im einzelnen nachzuprüfen, wären aufwändige Textvergleiche notwendig. Unikal und später nie mehr wiederkehrend aber waren die Frische der Improvisation, das Unfertige, Provisorische des Aufbruchs, die den Vorlesungstext auszeichnen. Dieser Text lässt ahnen, was nach dem zweiten Weltkrieg aus dem marxistischen philosophischen Ansatz hätte werden können, wäre er nicht alsbald in die Fesseln des durchnormierten „Marxismus-Leninismus" geschlagen worden, die selbst seinen produktivsten

Vertretern mehr Anpassung abverlangten, als schöpferisches Denken vertragen konnte.

Zu Hollitschers Lebzeiten war der Gesamttext der Vorlesung nicht zugänglich; einzelne Kapitel des Manuskripts, das Hollitscher 1983 für eine beabsichtigte Publikation überarbeitet hatte, wurden jedoch schon in den achtziger Jahren an verschiedenen Orten publiziert. Dass wir heute mit dem vollständigen Text arbeiten können, ist Josef Rhemann zu danken, der ihn 1991 edierte, sowie Karl-Heinz Braun und Konstanze Wetzel, die ihn als Band 3 in die von ihnen herausgegebene *Studienbibliothek der kritischen Psychologie* aufnahmen./4/ So wichtig diese Edition war, so unglücklich war allerdings ihr Termin. Auch wenn sie gelegentlich zur Kenntnis genommen wurde/5/ – 1991 war die allgemeine Aufmerksamkeit von den Kataklysmen des Zusammenbruchs der sozialistischen Systeme in Ost- und Mitteleuropa zu sehr absorbiert, als dass sie sich dem vierzig Jahre alten Werk eines Mannes, der sein Leben mit dem nun vorerst an sein historisches Ende gelangten sozialistischen Weg verbunden hatte, ernsthaft hätte zuwenden mögen. Mit größerem Abstand können wir den Faden heute erneut aufnehmen. Seit die verwirrenden Umwälzungen der Zeit um 1990 zur Ruhe gekommen sind, hat der Sieg des Kapitalismus ebenso an Glanz wie an Überzeugungskraft verloren. Ein „Ende der Geschichte" ist nicht eingetreten, die Zukunft ist wieder ein offenes Problem, dem wir mit Sorge und einem quälenden Mangel an tragfähigen Gestaltungsideen gegenüberstehen. In dieser Lage wäre es verantwortungslos, das Erbe jener, die im zwanzigsten Jahrhundert seriös über die Problematik der Epoche nachgedacht haben, in den Wind zu schlagen. Walter Hollitscher gehört unzweifelhaft zu den Personen, die aus dieser Sicht neue Aufmerksamkeit verdienen. Zunächst können nur Bausteine zusammengetragen werden, doch es sollte nicht unmöglich sein, bis zu seinem einhundertsten Geburtstag im Jahre 2011 ein ganzheitliches Bild von der intellektuellen Architektur seines Lebenswerkes im zeitgeschichtlichen Kontext zu erarbeiten.

Für das Verständnis dieser Architektur ist, wie ich annehme, seine Berliner Vorlesung ein Schlüsseltext. Hier unternahm es Hollitscher zum erstenmal, das Gesamtterrain der zeitgenössischen Naturwissenschaft aus der Vogelperspektive zu überblicken. In den dreieinhalb Jahrzehnten Schaffenszeit, die ihm nach jenem Auftakt beschieden waren, blieb eine solche Über- und Zusammenschau das große Thema seines Lebens, dem er sich widmete, soweit er Muße zu wissenschaftlicher Arbeit erübrigen konnte. Es ist also angezeigt, der Analyse und Interpretation dieses Vorlesungstextes einige Aufmerksamkeit zuzuwenden. Der vorliegende Aufsatz möchte dazu einen Beitrag leisten; über die Umstände der Berufung Hollitschers nach Berlin und seiner Tätigkeit als Berliner Hochschullehrer habe ich an anderer Stelle berichtet./6/ Anliegen dieses Beitrages ist es, den eigenständigen theoretischen Gehalt der Vorlesung zu rekonstruieren und von den umfangreichen Erläuterungen fachwissenschaftlicher Ergebnisse, Hypothesen und Vermutungen abzuheben, die in explorativer, heuristischer, erklärender, bestätigender oder illustrierender Funktion in das Gerüst der Darstellung eingelassen sind. Jede Rekonstruktion dieser Art (anders als das Bemühen um die getreue und vollständige Wiederherstellung eines partiell unlesbar gewordenen Textes) schafft Artefakte, das Lebendige des Originals verschwindet darin. Sie kann daher die Lektüre des Originaltextes ebenso wenig ersetzen, wie etwa eine literaturwissenschaftliche Romanexegese des Lesen des betreffenden Romans überflüssig macht oder auch nur die Freude daran mindert. Inwieweit eine selektive Rekonstruktion als gerechtfertigt angesehen werden darf, hängt von der Bewertung ihrer Zielstellung ab. Hollitschers enzyklopädische Neigung zeichnete sich dadurch aus, dass er ein Gesamtbild der zeitgenössischen Naturwissenschaft nicht aus unabhängigen Mosaiksteinen entstehen lassen, sondern in einen zwar beweglichen, aber nichtsdestoweniger in sich integrierten theoretischen Rahmen hineinkomponieren wollte. Ein solches Bemühen verdient allemal Aufmerksamkeit und Respekt; in diesem theoretischen Rahmen ist auch am ehesten jene Seite seines Lebenswerkes zu vermuten, an die nachfolgende Autoren anknüpfen können, während das Material, mit dem dieser Rahmen ausgefüllt wurde und das seinerzeit den modernen Stand wissenschaftsphilosophischer Debatten verkörperte, unvermeidlich veralten musste.

Das Ziel einer theoretischen Zusammenschau konnte grundsätzlich auf zwei möglichen Wegen verfolgt werden: dem Weg der Reduktion und dem Weg der dialektischen Synthese. Reduktionistische Strategien, die mit dem Instrumentarium der modernen Logik die Mannigfaltigkeit der Erkenntnis auf einen Basistyp von Wissen zurückzuführen suchten, mussten einem Schüler des *Wiener Kreises* eigentlich nahe liegen. Dennoch bewegte sich seine Berliner Vorlesung nicht in den Bahnen des Konzepts der „Einheitswissenschaft". Hollitscher dürfte mit der Art und Weise, wie die führenden Vertreter des *Wiener Kreises* die in der mathematischen Grundlagenforschung entwickelte moderne Logik auf die empirischen Wissenschaften anzuwenden suchten, aus der Zeit seiner Zusammenarbeit mit Otto Neurath vertraut. An der Berliner Humboldt-Universität hat er mehrere Semester – vom Wintersemester 1951/52 bis zum Sommersemester 1953 – Logik für Philosophen (mit Übungen) gelesen;[7] über Aufbau und Inhalt dieser Lehrveranstaltungen liegen bisher keine Angaben vor. Den Versuch einer theoretischen Zusammenschau der Naturwissenschaften nahm er jedoch nicht auf dem Weg in Angriff, den er aus dem *Wiener Kreis* kannte. Seine Idee einer philosophischen Enzyklopädie der Wissenschaften war vielmehr die einer nichtreduktionistischen dialektischen Synthese.

Den historisch ersten marxistischen Anlauf dazu hatte Friedrich Engels in den siebziger und achtziger Jahren des 19. Jahrhunderts unternommen.[8] Der Versuch blieb unvollendet, das aus Teilkapiteln und Notizen bestehende Fragment wurde erstmals 1925 vom *Marx-Engels-Institut* in Moskau unter der Redaktion von David Borisovic Rjazanov in der Originalsprache und in russischer Übersetzung publiziert. Auf die *Dialektik der Natur* von Engels, den *Anti-Dühring* aus der Feder des gleichen Autors sowie auf die philosophischen Schriften V.I. Lenins bezog sich Hollitscher in der am 1. Mai 1950 verfassten Vorbemerkung zur beabsichtigten Publikation seiner Berliner Vorlesungen und schrieb, dieses Buch stelle „den, wie ich glaube, ersten neuen Versuch in deutscher Sprache dar", einen Aspekt der Lehren der klassischen marxistischen Autoren, nämlich den naturdialektischen, „in ausführlicher und lehrbarer Form zu entwickeln". Diesen Versuch bezeichnete er selbst als „recht gewagt" (S. 11). Um die Größe dieses Wagnisses gerecht zu beurteilen, muss man sich vor Augen halten, dass es um weit mehr ging als nur darum, einen auf dem Niveau der Naturwissenschaft des späten 19. Jahrhunderts bereits durchgeführten Ansatz für ihren zwischen 1945 und 1950 erreichten Stand noch einmal zu versuchen – denn eine vollendete Gestalt dieses Ansatzes für die Zeit von Engels, aus der sich relativ sicher methodische Konsequenzen ziehen ließen, liegt nicht vor, und es ist eine offene Frage, inwieweit er damals vollendbar gewesen wäre. Solange unter marxistischen Autoren ein apologetisches Verhältnis zu den „Klassikern" üblich war, wurde dies als selbstverständlich unterstellt. Bonifac Michailovic Kedrov hat sogar einen Versuch unternommen, unter Zuhilfenahme weiterer Texte von Engels (sowie einiger Passagen von Karl Marx und Carl Schorlemmer) dessen *Dialektik der Natur* in eine systematische Monographie umzuformen./9/ Eine historisch-kritische Analyse des Vorhabens von Engels müsste indes vor dem Hintergrund der Philosophie- und Wissenschaftsgeschichte des 19. Jahrhunderts das gesamte Dialektikverständnis dieses Autors aufrollen und dabei auch die Legitimität der von Kedrov vorgenommenen Rekonstruktion prüfen. Bisher steht eine solche Untersuchung noch aus. Evident ist allerdings, dass die Gegenstände, von denen die überkommenen Texte der *Dialektik der Natur* handeln, keineswegs überall die zentralen Themen der naturwissenschaftlichen Erkenntnisentwicklung jener Zeit treffen. Albert Einstein, der auf Bitten von Eduard Bernstein einen Teil der zur *Dialektik der Natur* gehörenden Texte durchgesehen hatte, antwortete am 30. Juni 1924: „Wenn dieses Manuskript von einem Autor herrührte, der als historische Persönlichkeit nicht interessierte, würde ich zu einer Drucklegung nicht raten; denn der Inhalt ist weder vom Standpunkt der heutigen Physik noch auch für die Geschichte der Physik von besonderem Interesse. Dagegen kann ich mir denken, dass diese Schrift für eine Publikation insofern in Betracht käme, als sie einen interessanten Beitrag für die Beleuchtung von Engels' geistiger Persönlichkeit bildet"./10/ Soweit es den Physikbezug der Texte betrifft, wird man Einsteins Urteil folgen müssen. Die Relevanz der Bezüge, die Engels zu anderen Gebieten der Naturwissenschaften herstellte, ist differenziert zu beurteilen. Dies alles muss indes nicht viel besagen, da sich jegliche Bewertung aus naturwissenschaftshistorischer Sicht naturgemäß ausschließlich auf das vorliegende Fragment beziehen kann. Wäre es Engels vergönnt gewesen, sein geplantes Werk fertig zu stellen, so hätte das von ihm schließlich gezeichnete Panorama der zeitgenössischen Naturwissenschaft möglicherweise ganz anders ausgesehen, andere Akzente gesetzt und die Gewichte anders verteilt.

Wie auch immer – Hollitscher konnte sich nicht auf ein klassisches Vorbild stützen, sondern lediglich methodologische Hinweise aus dem Opus von Marx und Engels aufnehmen. Was er in Berlin wagte, war der überhaupt erste systematisch durchgearbeitete Versuch einer Naturdialektik von den Positionen des dialektischen Materialismus. Dies sollte mit aller Deutlichkeit gesagt werden, um die Kühnheit und Innovativität seines Vorhabens ins Licht zu setzen. Wahrscheinlich hatte Hollitscher 1949/50 keinen deutschsprachigen Text der *Dialektik der Natur* von Engels zur Hand. Im Literaturverzeichnis ist die von John Burdon Sanderson Haldane wissenschaftlich betreute englischsprachige Ausgabe/11/ angegeben, verbunden mit dem Hinweis, eine deutsche Ausgabe würde gegenwärtig vom Dietz Verlag vorbereitet (S. 366); diese Ausgabe erschien erst 1952, konnte also von Hollitscher nicht mehr für seine Vorlesung herangezogen worden sein. Der Vorlesungstext enthält mit einer Ausnahme auch keine Zitate aus der *Dialektik der Natur* und keine direkten Bezugnahmen auf dieses Buch. Die Ausnahme bilden ausführliche Zitate aus dem Aufsatz *Anteil der Arbeit an der Menschwerdung des Affen* (XLIV, S. 316-318), der 1946 vom Berliner Dietz Verlag als separate Broschüre publiziert worden war;/12/ Engels hatte diesen in sich ausgereiften Text als eine selbständige Arbeit verfasst und erst nachträglich der Manuskriptsammlung für die *Dialektik der Natur* zugeordnet. Alles in allem erscheint es danach nicht gerechtfertigt, zwischen Engels' unvollendetem Buch und Hollitschers Vorlesungszyklus eine enge inhaltliche oder formale Bindung anzunehmen. Angeregt durch Engels' Grundidee einer dialektischen Zusammenschau der Naturwissenschaft einer bestimmten Epoche und am Konzept einer materialistischen Dialektik in einer ganz allgemeinen Form orientiert, ist Hollitscher seinen eigenen, nur ihm zugehörigen Weg gegangen. Darüber, wie Hollitscher zu diesem Weg gelangt sein könnte, werden im abschließenden Abschnitt dieses Beitrages einige Überlegungen mitgeteilt. Zunächst aber soll Hollitschers Vorlesung nach dem von Rhemann publizierten Text diskutiert werden; dabei werden vier thematische Linien verfolgt, die die Vorlesung durchziehen.

2. Natur und Naturphilosophie

Die Natur erscheint in Hollitschers Darstellung in einer dreifachen Beziehung zum Menschen. Zum ersten ist sie das übergreifende Sein (synonym mit „Welt" oder „Universum"), in das der Mensch als Bestandteil eingeschlossen ist. Ausdrücklich verbindet dieser Naturbegriff alle drei Modi der Zeit: „... all das, was sich einmal ereignet hat, all das, was sich gegenwärtig ereignet, und all das, was sich weiterhin ereignen wird..." (I, S. 13). So gesehen, hat die Natur eine prozessuale Grundstruktur, eine Geschichte, ihre Elemente sind nicht „Dinge", sondern raumzeitlich zu beschreibende Ereignisse. Die Menschheitsgeschichte gehört dazu, sie ist nichts Übernatürliches. Daraus erwächst für Hollitscher auch das Interesse an der Naturphilosophie: „Das ‚Inter-Esse', das wir an der Natur nehmen, dieses ‚Dabei-Sein', entspringt der Einsicht, dass wir ein Teil von ihr sind, dass, wenn sie abgehandelt wird, von unserer ureigensten Sache die Rede ist" (L, S. 362).

Zum zweiten ist die Natur, konträr zur erstgenannten Bestimmung, das Andere des Menschen, und zwar sowohl in diachroner, genetischer (die Natur war vor ihm da, er ist aus ihr hervorgegangen) als auch in synchroner (der Mensch steht der Natur und sie steht ihm gegenüber) Perspektive. Hier kontrastieren Natur und Kultur. „Der Sprung in eine neue Qualität – der Sprung von der Naturgeschichte in die Menschheitsgeschichte – ist wohl der konsequenzenreichste Sprung, der in der bisherigen Entwicklung des Universums getan wurde" (XLIV, S. 317); der „Umschlagsprozess von der Natur zur Kultur" war „das letzte Kapitel der Naturdialektik und zugleich das erste der historischen Dialektik" (XLVIII, S. 343).

Zum dritten ist die Natur für den Menschen nicht das gleichgültig Andere, das schlechthin Äußere; der fortwährende Austausch mit ihr auf vielen Ebenen ist die Grundlage seiner Existenz und Entwicklung. In diesem beständigen Austausch eignet sich der Mensch die Natur an, im Prozess dieser Aneignung gestaltet er sie und damit auch sich selbst um: „In dem Maße jedoch, in dem der Vormensch seine Hände zur Benutzung und schließlich zur Verfertigung von Werkzeugen verwendet, entzieht er sich dem Ausleseprozess der Natur als passives Objekt, wird er zum aktiven Umgestalter seiner natürlichen Umwelt, die dadurch zur gesellschaftlich geformten und auf ihn in neuer Art rückwirkenden Umwelt wird" (XLIV, S. 315). Dies ist ein zentraler Topos bei Marx, insofern befindet sich Hollitscher innerhalb des marxistischen Minimalkonsenses. Nichtsdestoweniger war in den marxistisch orientierten Gesellschaftswissenschaften des sowjetischen Einflussbereiches die positive Bezugnahme auf die Naturgrundlage des menschlichen Lebens und den Austausch zwischen Mensch und Natur größtenteils unterentwickelt, vorherrschend war eine soziologisch verengte Sicht auf das Sozium; darauf ist meines Erachtens zurückzuführen, dass die rapide zunehmende Bedeutung der globalökologischen Problematik in den 60er Jahren nicht zuerst von marxistischer Seite artikuliert worden ist, obwohl der Rückgriff auf den originären Marx dafür gute ideengeschichtliche Voraussetzungen geboten hätte./13/ Insofern sind in Hollitschers Text Fingerzeige enthalten, die geeignet gewesen wären, den Rahmen des Selbstverständnisses der marxistischen Gesellschaftswissenschaften aufzuweiten.

Ein Naturbegriff wie der von Hollitscher verwendete, der das Eingeschlossensein des Menschen in die Natur mit der Gegenüberstellung von Mensch und Natur verbindet, ist im elementaren Sinn dieses Wortes ein dialektischer, denn er postuliert die Einheit von Gegensätzlichem. Ein solcher Begriff ist nur dann konsistent zu entfalten, wenn die Selbständigkeit des Menschen gegenüber der Natur als eine evolutionär entstandene, prozessuale und dabei stets relative, in der übergreifenden Abhängigkeit von der Natur verbleibende gedacht wird. So geht Hollitschers Text im Grunde auch vor, doch die Ambivalenz dieses Verhältnisses scheint darin kaum auf. Dem Zeitgeist folgend, stilisiert er den Menschen als den großen Umgestalter der Natur, und das Pathos der technischen Aktivität wird noch überhöht durch die Berufung auf sozialistische Ideale der Weltveränderung. Gelegentlich unterlaufen Hollitscher Passagen mit einer ungehemmten Umgestaltungs-Euphorie, die man heute nur noch kopfschüttelnd oder auch fröstelnd – freilich in Kenntnis eines halben Jahrhunderts nachfolgender Geschichte – lesen kann. Schon jetzt, so schreibt er, können manche Organe des Menschen vorübergehend oder dauernd substituiert werden, „und es wird nicht allzu lange dauern, bis wir an unserem Körper bewusst modeln und ihn besser auszustatten beginnen werden, als uns die in manchem recht stümperhafte Natur begabt hat" (XLII, S. 305), eine „planmäßige Selbstveränderung des menschlichen Körpers" ist in den Bereich der Möglichkeit gerückt (XLIV, S. 316). An anderer Stelle heißt es unter Berufung auf die sowjetische Praxis, der Mensch sei im Begriff, „eine neue Pflanzen- und Tierwelt zu schaffen"./14/ Der Mensch „wird wohl nicht bloß der Erde, sondern einem guten Teil des Weltalls allmählich seinen Stempel aufdrücken..." (L, S. 360). In dieser Richtung liegt auch die in seinen Texten aus jener Zeit wiederholt gebrauchte Formel von der „Entfesselung" der materiellen und intellektuellen Produktivkräfte als Ziel des Sozialismus,/15/ die auf dem Hintergrund der damals unter Marxisten gängigen Auffassung zu verstehen ist, der Kapitalismus hemme die Entfaltung der Produktivkräfte, und dieses Hemmnis sei zu beseitigen, um ihrer Entwicklung freie Bahn zu geben. Das eigentlich gravierende Problem alternativer Richtungen der Produktivkraftentwicklung, das für die Notwendigkeit ihrer bewussten Lenkung spricht, wurde damals anscheinend noch gar nicht gesehen. Der blauäugige Aktivismus, der zu einem bedachtsamen und vielseitig gebildeten Mann wie Hollitscher nicht recht passen mag, ist jedoch aus der Zeit heraus verständlich: Wer Nazismus und Krieg als bewusster Antifaschist durchlebt hatte, neigte dazu, dem gerade erst überstandenen Inferno das überhöhte Bild einer lichten Zukunft entgegenzustellen, in der eine der Humanität verpflichtete Menschheit ihre irdische und kosmische Omnipotenz entfalten würde.

Nur ganz selten finden sich Andeutungen dessen, dass die Umgestaltung der Natur durch den Menschen auch dann, wenn sie in humaner Absicht erfolgt, unvermeidlich ihre dunkle Seite hat. So heißt es etwa, der Mensch habe erst allmählich gelernt, dass „die Reduzierung oder Vernichtung schädlicher Arten eine Störung des Lebensgleichgewichtes zur Folge haben kann, die mit den schädlichen auch die nützlichen Arten beeinträchtigt und so unseren eigenen Lebensprozess stört..." (XLVIII, S. 343). Am Schluss des Buches wird einem Goethe-Zitat[16] die eigene Sicht auf das Verhältnis des Menschen zur Natur konfrontiert. Unser Gefühl gegenüber der Natur ist demnach nicht mehr das der kindlichen Anlehnung, dem Goethe so meisterhaft Ausdruck gegeben hatte, sondern das des Erwachsenseins, der Mündigkeit, der Verantwortung für das eigene Schicksal: „Seine Schuld ist es, wenn er sich nicht mit aller Kraft seiner Hände und allem Verstande seines Kopfes der Umgestaltung der Natur und der Vermenschlichung seiner Welt widmet" (L, S. 363). Der Gedanke, dass sich die Verantwortung des Menschen auch auf die Bewahrung der Natur erstreckt und dass diese Verantwortung im Maße und infolge der durch ihn bewirkten Naturveränderung zunimmt, fehlt in Hollitschers Text.

Die erkenntnistheoretische Konsequenz, die Hollitscher aus der evolutionären Naturimmanenz des Menschen zieht, leitet zu seiner Wesens- und Funktionsbestimmung der Naturphilosophie über. Als der Urmensch Geschichte zu machen begann, „war der bisherige und sozusagen selbstvergessene Naturgeschichtsablauf im neuen Bereiche, der Menschenwelt zu einer Art erstem und schwächlichem ‚Selbstbewusstsein' gelangt" (I, S. 13). Die Erkenntnis der Natur durch den Menschen ist Selbsterkenntnis der Natur, der Umstand, dass der Mensch genetisch aus dem Naturzusammenhang hervorgegangen ist, verbürgt ihm nach Hollitscher die Fähigkeit, die Natur adäquat zu erkennen: „Durch den arbeitenden und arbeitend-denkenden Menschen ist die Materie zum erstenmal instand gesetzt worden, sich selbst in adäquater Weise widerzuspiegeln..." (XLIV, S. 317). Dieser plausiblen Gedankenführung zugunsten einer realistischen (materialistischen) Erkenntnisposition fehlt indes das dialektische Pendant: Da der Mensch niemals aus der Perspektive des Teilnehmers am Naturgeschehen heraustreten und gegenüber der ganzen Natur eine Beobachterperspektive einnehmen kann, bleibt die Erkenntnis, die er von ihr zu gewinnen vermag, immer problematisch und kann nie ihr hypothetisches Moment abstreifen.[17]

Hollitschers Buch ist voll von Mahnungen, Theorien nicht für das letzte Wort zu nehmen, andersartige Denkmöglichkeiten zu erwägen, mit der Vorläufigkeit selbst der solidesten Erkenntnisse zu rechnen – mit einer wesentlichen Ausnahme, die zugleich die entscheidende Inkonsequenz seines Ansatzes bildet. Die Hauptaufgabe der Naturphilosophie besteht für ihn darin, Fazitwissen zu bilden. Er bestreitet nicht, dass sie in der Tradition des logischen Empirismus auch mit begriffs- und satzanalytischer Spezialistenarbeit zur Perfektionierung des kognitiven Instrumentariums der Naturwissenschaft zu tun hat; vor allem aber gehe es ihr „um eine Beurteilung der Natur und der Naturwissenschaft in ihrer Gesamtheit; um die Frage, welches Fazit beim gegenwärtigen Stand der Wissenschaft aus der Gesamtheit unseres Wissens um die Natur gezogen werden muss. Dieses Fazit drückt sich aus als verallgemeinernde Kenntnis aus Methoden und Ergebnissen der Naturwissenschaften..." (I, S. 16)./18/ Als marxistischer Denker ist Hollitscher davon überzeugt, dass dieses Fazit die Gestalt der materialistischen Dialektik hat; das einheitliche Bild einer einheitlichen Welt zu entwerfen ist „die richtig verstandene Aufgabe der Naturphilosophie oder Naturdialektik, wie wir sie jetzt besser nennen sollen" (I, S. 23). Die Inkonsequenz des Ansatzes liegt nicht in dem bisher Ausgeführten – jeder Philosoph ist legitimiert, seine Ansicht über die Beschaffenheit des zeitgenössischen Fazitwissens von der Natur (des „Naturbildes") zu vertreten -, sondern in der Behauptung, der Mensch habe *mit Sicherheit* über „seine" Natur festgestellt, „dass es in ihr dialektisch zugeht" (L, S. 360). Das ist ein marxistischer Gemeinplatz, der sich seit Friedrich Engels durch die Literatur zieht, und es gibt viele Möglichkeiten der Deutung, was damit gemeint sein könnte, wenn man den dialektischen Charakter der Natur postuliert. An dieser Stelle soll nicht die von Hollitscher bevorzugte Deutung inhaltlich problematisiert, sondern hervorgehoben werden, dass er sie als sicheres Wissen hinstellt und damit nolens volens eine Schicht des Wissens behauptet, die der von ihm vehement vertretenen Prozessualität und Relativität jeglicher Erkenntnis faktisch entzogen ist. Dies könnte hingenommen werden, wenn unter Dialektik nur ein rein methodisches Prinzip – etwa ein Gebot gedanklicher Flexibilität für den Forscher – verstanden würde. Hollitscher schließt sich aber der im Marxismus üblichen Position an, derzufolge die Sätze der Dialektik inhaltliche Aussagen – sogar im Rang von Gesetzesaussagen – über die Natur darstellen und eben als solche methodische Anwendung im Erkenntnisprozess finden. Es sei heute schon unverzeihlich, „über diese Dialektik noch so zu sprechen, als sei sie eine primäre Angelegenheit sprachlicher Formeln" (IX, S. 79).

Die Gefahr, zu einem aprioristischen Dogma zu verhärten, ist in einer so angelegten Naturphilosophie implizit vorhanden, aber sie wird bei einem Autor mit einem so ausgeprägten Respekt vor den Naturwissenschaften, wie es Hollitscher ist, kaum virulent; im Gegenteil, man kann seine Behandlung der Naturdialektik über weite Strecken als ein antidogmatisches Manifest lesen. Das wird an der Art und Weise deutlich, wie er das Konzept der Dialektik, das Marx und Engels nach seinem Urteil „dem tatsächlichen Verhalten des natürlichen und geschichtlichen Entwicklungsprozesses behutsam abgelesen" (I, S. 21) haben, im Gang seiner Darstellung expliziert. Im Grunde sind es zwei unterschiedliche Explikationen, die Hollitscher benutzt. Faktisch treten in keiner von beiden irgendwelche Formulierungen auf, die den in naturwissenschaftlichen Disziplinen benutzten Gesetzesaussagen strukturanalog wären.

Die erste ist eine Explikation in Gestalt eines Repertoires methodischer Prinzipien, wobei Hollitscher der auf die populäre Darstellung zurückgehenden und unter dem Einfluss von J.W. Stalin in der sowjetischen Literatur zu Norm erhobenen Schematisierung dieses Repertoires in Gestalt von vier „Grundzügen" folgt.[19] Es handelt sich, grob gesagt, um das Regulativ, bei dem in der Naturwissenschaft dominanten analytischen Vorgehen, dessen Legitimität nicht in Zweifel gezogen wird, stets auch die entgegengesetzte Erkenntnisrichtung zu beachten, also der isolierenden Abstraktion den universellen Zusammenhang, der qualitativen Homogenisierung die qualitative Vielfalt usw. gegenüberzustellen und so der Erkenntnis volle Beweglichkeit zu sichern (I, S. 18-20). Die so aufgefasste Dialektik steht der „Metaphysik" entgegen, worunter nach Engels – abweichend vom philosophiehistorisch vorherrschenden Sprachgebrauch – eine Denkhaltung verstanden wird, die auf das Denken in aufeinander bezogenen polaren Bestimmungen nicht nur methodisch und aufgabenspezifisch, sondern grundsätzlich verzichtet.[20] Der vielleicht markanteste Ausdruck der antidogmatischen Tendenz in Hollitschers Dialektikauffassung ist sein mehrfach wiederholter Appell an den „Möglichkeitssinn" (in Anlehnung an Robert Musils *Mann ohne Eigenschaften*) seiner Hörer oder Leser; gemeint ist damit nicht so sehr die Suche nach (aufkommenden) Alternativen in realen Entwicklungsprozessen – dieser Aspekt ist bei Hollitscher eher defizitär – als vielmehr das Erwägen von Denkmöglichkeiten, die methodische Einstellung darauf, dass tatsächlich alles ganz anders sein könnte, als es uns nach der Faktenlage scheint. Die Rekonstruktion denkmöglicher Pfade der Entstehung des Lebens auf der Erde, der er viel Aufmerksamkeit widmet, war zu jener Zeit ein hochgradig hypothetisches, geradezu spekulatives Unterfangen; er sieht die Erzeugung künstlichen Lebens auf der Grundlage solcher Forschungen als eine realistische, aber noch ferne Perspektive, wobei jedoch „bereits das bisher erworbene Verständnis unseren philosophischen Möglichkeitssinn in hohem Grade befriedigt – und uns die Lebensentstehung in ihrer ganzen Natürlichkeit verdeutlicht" (XXIX, S. 225). Bei der Erörterung des Problems des „Fremdpsychischen", das im *Wiener Kreis* eine große Rolle spielte, wird der Gebrauch dieses Begriffes bei Hollitscher besonders plastisch. Wenn wir – so führt er aus – von einem anderen sagen, dass er Schmerzen fühlt, so denken wir „nicht nur an sein objektiv zu beschreibendes Verhalten (von dem allein in der Wissenschaft, die allgemein überprüfbare Sätze zu gewinnen sucht, die Rede sein kann)". Die Vorstellung, dass man die Gedanken und Gefühle eines anderen „unmittelbar feststellen" kann, „verleiht den Wahrnehmungssätzen der anderen und den unseren für die anderen einen spekulativen Gehalt, der über denjenigen theoretischen hinausgeht, den wir allein praktisch zu überprüfen imstande sind". Diese Darstellung „appelliert an Ihren Möglichkeitssinn, nicht an Ihren Wirklichkeitssinn. Was wirklich ist, tritt um so deutlicher hervor, je genauer man sich andere, auch unrealisierte und phantastische Möglichkeiten ausmalt" (X, S. 87).[21] Hollitscher hat auch keine Schwierigkeiten im Umgang mit den damals diskutierten extravaganten kosmologischen Modellen, die – vor allem dann, wenn sie mit finiten Räumen und Zeiten operierten – von mit den Denkweisen der mathematischen Naturwissenschaft nicht vertrauten und eher einem naiven Empirismus verpflichteten Vertretern des dialektischen Materialismus häufig beargwöhnt wurden:

„Auch gegen die Konstruktion von Gedankenmodellen, die von der tatsächlich beobachteten Realität weit abweichen und unseren Realitätssinn sozusagen an unserem ‚Möglichkeitssinn' schärfen, ist nichts einzuwenden" (XIII, S. 114).

Die zweite Explikation erfüllt am deutlichsten die Prämisse, dass die Sätze der Dialektik nicht nur über das Vorgehen bei der Naturerkenntnis, sondern auch über die Natur selbst etwas aussagen sollen. Danach stellt die Dialektik der Natur die Entwicklung als ein „durchlaufendes Weltphänomen" von den kosmischen Nebeln bis zum geschichtemachenden Menschen dar (I, S. 19). Entsprechend hält es Hollitscher für geboten, den Gang seiner Vorlesung nach dem Entwicklungsprinzip aufzubauen, und sieht darin die natürliche Systematik der Naturphilosophie (I, S. 20). Er will versuchen, „der ‚Entwicklungshistorie' jene – wenn auch bloß andeutungsweise – Kontinuität zu geben, welche die tatsächliche Entwicklungs*geschichte* gehabt hat. Nur so wird der naturphilosophische Entwicklungsgedanke aus dem Bereich der Phrase zum real-wissenschaftlichen Mutterboden herabgezogen, dem er entstammt und den er zu befruchten vermag. Unsere Naturphilosophie steht ja nicht der Naturgeschichte *gegenüber*; sie ist mit ihr verbunden, ihr Fazit, die Schilderung ihrer Grundmethoden und Allgemeinergebnisse" (XXV, S. 200). Allerdings fällt es Hollitscher nicht leicht, dieses Programm durchzuführen; er benötigt nicht weniger als 20 von 50 Kapiteln und fast die Hälfte des Textvolumens, ehe er mit der Darstellung dessen beginnen kann, „was wir von der Entwicklung im Universum wissen" (XXI, S. 170).

Die beiden erwähnten Explikationen des Dialektikkonzepts behandelt Hollitscher als äquivalent (IX, S. 75-77), eine mögliche Differenzierung zwischen ihnen zieht er nicht in Erwägung. In der Tat war es in der dialektisch-materialistischen Denktradition lange Zeit common sense, die Dialektik als allgemeine Entwicklungstheorie zu betrachten. Angemessener erschiene es mir, lediglich die Verträglichkeit der beiden Explikationen zu behaupten. Heute sieht man deutlicher, dass sich Entwicklung als durchgehender Weltzusammenhang auch in ganz anderen begrifflichen Formen konzeptualisieren lässt.

3. Wissenschaft

In dem von Hollitscher vorgetragenen Verständnis hängt Naturphilosophie essentiell von der Naturwissenschaft ab, und zwar nicht nur derart, dass sie von der letzteren ihren Ausgang nimmt und mit ihren Ergebnissen wieder in sie mündet, sondern auch derart, dass sie von dieser fortlaufend kontrolliert und korrigiert wird. Es ist daher angezeigt, kurz das zugrundegelegte Wissenschaftsverständnis zu kennzeichnen. Soweit es die begriffliche Substanz, die logische Struktur und die sprachliche Gestalt des Wissens betrifft, unterscheidet sich Hollitschers Manier der Darstellung nicht wesentlich von jener, die in der Tradition des *Wiener Kreises* üblich war. Wissenschaft wird als „science" charakterisiert, die empirisch und objektiv verfährt, deren Sätze interpersonell rezipier-, kommunizier- und prüfbar sind und die in der Formulierung von Gesetzesaussagen und Systemen solcher Aussagen (Theorien) gipfelt. Dabei distanziert er sich jedoch klar vom Empirismus: Die Beziehungen sind für ihn keine logischen Leerformen, mit denen der Forscher die empirisch konstatierbaren Ereignisse verbindet, sondern sie sind ebenso objektiv gegeben und empirisch zugänglich wie jene. Dass etwas – beispielsweise der gemessene Wert einer physikalischen Zustandsgröße – ein Glied eines raum-zeitlichen Beziehungsgefüges darstellt, ist ein „reales, wirkliches Merkmal der geschilderten Weltsituation" (III, S. 32). Die ausgedehnte Behandlung der Raum-Zeit-Problematik mit der Erörterung der speziellen und der allgemeinen Relativitätstheorie mit ihren kosmologischen Konsequenzen (X, S. 80 – XVI, S. 136), die hier nicht kommentiert werden soll, legt diese Grundposition in extenso dar: „Die Realität der räumlichen Beziehungen spiegelt sich in der Objektivität der Methoden ihres Nachweises wider" (X, S. 80).

Das Problem der Realität des Allgemeinen, das positiv gelöst werden muss, wenn eine nichtempiristische erkenntnistheoretische Position aufgebaut werden soll, beginnt für Hollitscher mit der Benennung von Phänomenen der Erfahrung als Basisvorgang der Zuordnung von Erfahrung und Sprache. Das Beschreiben setzt Benennen voraus, dies wiederum das Wiedererkennen des vormals Benannten, also das Ineinssetzen von zwei unterscheidbaren Erkenntnissituationen (II, S. 26): „Die Dialektik lehrt, dass bereits die Grundsituation des Denkens einen Widerspruch enthält: Das wiedererkannte Ding ist zugleich ‚dasselbe' und natürlich auch nicht dasselbe" (IV, S. 43). Besondere Brisanz gewinnt dieses Problem bei der begrifflichen Fassung von Entwicklung angesichts der zentralen Rolle, die diese in Hollitschers Konzept spielt. Entwicklung ist auf jeden Fall Veränderung, auch wenn diese Bestimmung für sich genommen noch zu schwach ist, um das Spezifische von Entwicklung zu fassen. Wenn wir zu verschiedenen Zeiten zwei verschiedene Phänomene registrieren, auf welcher Grundlage können wir dann behaupten, diese Phänomene stellten Entwicklungsstadien ein und desselben Dinges dar? Wieder geht es darum, Unterschiedenes zu identifizieren, aber nun steht der Unterschied viel stärker im Vordergrund als in der elementaren Situation des bloßen Wiedererkennens von vormals Benanntem. Hollitscher nimmt Zuflucht zu dem 1922 von Kurt Lewin benutzten Begriff der „Genidentität",[22] der die Beziehung des Auseinanderhervorgehens ausdrücken sollte: „Der Begriff der Entwicklung fasst die Eigenschaftsveränderungen der Gebilde eines gewissen Abschnittes einer Genidentitätsreihe als etwas Einheitliches zusammen" (VII, S. 63).

Dabei ist sich Hollitscher vollkommen darüber im klaren, dass bloße Induktion nicht hinreicht, um (Allgemein)begriffe zu konstituieren und Allgemeinaussagen zu begründen, dass die letzteren gegenüber den empirischen Instanzen, auf die sie sich beziehen, einen Inhaltsüberschuss aufweisen, der von diesen nicht gedeckt ist, und dass in diesem Überschuss ihr nichteliminierbares hypothetisches Moment besteht. Die Naturgesetzformeln – Hollitscher unterscheidet ausdrücklich zwischen „Naturgesetz" als einem gesetzmäßigen Zusammenhang in der Natur und „Naturgesetzformel" als wissenschaftlichem Abbild dieses Zusammenhangs (IV, S. 40) – werden aus Tabellen von empirischen Daten (etwa von Messwerten) durch Induktion gewonnen, aber nicht formal deduziert, sondern „materialiter hypostasiert", sie sind „weit über das Bekannte hinausgehende Hypothesen, und darin besteht ihr praktischer Wert" (IV, S. 43). Der Bedeutungsüberschuss des theoretischen Wissens gegenüber der Gesamtheit der zu seiner Begründung aufgebotenen empirischen Instanzen wird also von Hollitscher nicht als ein Mangel, sondern als ein Vorzug dieses Wissens aufgefasst, als Bedingung seiner Funktionalität, da es bei der Forschung „höchst wesentlich auf die Bewältigung neuer Situationen mit Hilfe von vordem gewonnenen Kenntnissen ankommt" (III, S. 37). Das wäre nicht möglich, wenn diese Kenntnisse weiter nichts wären als ein passiver Abklatsch der Erfahrungen, auf denen sie beruhen.

Die Begründungslücke, die wissenschaftslogisch nicht geschlossen werden kann, wird pragmatisch legitimiert. Dies ist die Stelle, an der Hollitschers erkenntnistheoretische Überlegungen historisch und entwicklungstheoretisch eingeholt und überwölbt werden; auch wenn der Terminus „evolutionäre Erkenntnistheorie" bei ihm nicht vorkommt, finden sich der Sache nach Anknüpfungspunkte. Die korrelierte Entwicklung von Werkzeug- und Sprachgebrauch in der urgemeinschaftlichen Horde erforderte die Mitteilung von Erfahrungen und damit die Abstraktion, um zu regeln, dass ein und dasselbe Wort verschiedene Exemplare *derselben* Art von Dingen bezeichnet, und so den Erfolg der Kommunikation sicherzustellen. Die Abstraktion war damit unerlässliche Voraussetzung, um die mentale und damit auch praktische Beschränkung des Menschen auf die jeweils gegebene Situation aufzuheben: Durch Abstrahieren von der konkreten Situation kann der Mensch „in Gedanken" künftige Handlungen und die Möglichkeiten ihres Erfolges oder Misserfolges vorwegnehmen (XL, S. 324). Wenn das Individuum seine Gegenwart transzendieren kann, dann ist dieser Vorgang zugleich die Elementarzelle der temporalen Verknüpfung aufeinanderfolgender Generationen durch Erfahrungstransfer in sprachlicher und später auch in schriftlicher Gestalt. So entsteht ein Mechanismus der kulturellen „Vererbung", der auf der biologisch gewährleisteten genetischen Kontinuität der menschlichen Gattung aufbaut und diese überlagert; das Tradieren der Erfahrungen vergangener Generationen durch Sprache und Schrift ist Voraussetzung dafür, „dass die neue Generation aufzuheben und nutzbar zu machen vermag, was die alte erfahren hatte" (XL, S. 324).

Die Wissenschaft ist ein wesentliches Element dieses Mechanismus, doch sie unterliegt auch selbst einem Evolutionsprozess, in dem sie sich fortschreitend ausdifferenziert und ihre Spezifik gegenüber anderen Elementen des soziokulturellen Tradierungsmechanismus ausprägt. Der idealisierten Gestalt von „science", mit der die analytische Philosophie umgeht, muss ein Bild des Werdens an die Seite gestellt werden, das jene Idealisierung relativiert. Hollitscher deutet diese Problematik unter Berufung auf Christopher Caudwell (Christopher Saint-John Sprigg) – einen hochbegabten jungen englischen Philosophen und Literaturwissenschaftler, der im Kampf gegen die Franco-Truppen in Spanien gefallen ist[23] – nur an, doch in diesen kargen Andeutungen liegt ein Schlüssel zu einer evolutionären Behandlung der Naturwissenschaft, der zu ihrer analytischen Sicht komplementär ist. „Die Sprache, mit der wir die Natur beschreiben, reflektiert die Art unseres kollektiven, praktisch-sinnlichen Kontakts mit ihr" (XLV, S. 325). Sie reflektiert diesen Kontakt zunächst undifferenziert, allseitig, emotionsgefärbt, trägt nicht nur sachliches Wissen, sondern ist zugleich Ausdruck der „Emotionsverhältnisse,[24] die mehr oder minder den Produktionsverhältnissen entsprechen..." (XLV, S. 325). Nach Caudwell besitzen im großen Mittelbereich der Sprache die Worte zugleich Erkenntnis- und Emotionswerte; zunächst sei etwas geboren worden, das Musik, Poesie, Wissenschaft und Mathematik in einem war, aber mit der Zeit auseinanderfliegen und zwischen den Polen der Musik und der Mathematik Raum für die Entfaltung der Dynamik der Sprache und der Phantasie freigeben musste. Die Trennung von Kunst und Wissenschaft im Auflösungsstadium der Urgemeinschaft spiegelte sich im teilweisen Auseinanderfallen der kognitiven und der affektiven Sprachfunktionen (XLV, S. 326). Wissenschaft ist demnach ein Phänomen der Spezialisierung von Sprache auf ihre kognitive Funktion; da diese Spezialisierung aber niemals eine vollständige Separierung vom Ganzen der Sprache sein kann, ist auch die im Konzept von „science" ausgedrückte Objektivitätsnorm nicht mehr, aber auch nicht weniger als ein autoritatives Ideal, dem sich Wissenschaft approximativ nähert. Es ist meines Erachtens durchaus diskutabel, ob für diese Näherung die Regel „Je mehr, um so besser" gelten sollte oder ob es nicht eher aufgaben- oder situationsbezogene Optima der Annäherung bzw. des Abstandes gibt; erst die letztere Position erlaubt, eine Vielheit legitimer Ausprägungen von Wissenschaft zu denken, die nicht sämtlich dem Paradigma der mathematischen Naturwissenschaft folgen. Diese Perspektive wird bei Hollitscher nicht ausgeschritten, wohl aber durch seinen evolutionären Ansatz eröffnet.

Die Integration des Entwicklungsaspekts in den Wissenschaftsbegriff historisiert in Hollitschers Ansatz die Grundsituation des wissenschaftlichen Erkennens; damit gewinnt dieser Ansatz zum logischen Empirismus, von dem er in seinen epistemologischen Elementarbausteinen bis hin zum Gesetzesbegriff profitiert hat, eine prinzipielle Distanz. Im Erkenntnisakt tritt nicht einfach die aktuelle Disposition des Subjekts dem Objekt gegenüber, sondern in Gestalt seiner kognitiven Ausstattung die gesamte dialektisch „aufgehobene" Erkenntnisgeschichte. Da das praktische Verhalten des Menschen zur Natur ihrer Beschreibung vorausgeht, hat die „Einstellung des Begriffsapparates" unsere gesamte bisherige Erfahrung zur Voraussetzung; sie liefert das „Vor-Urteil", aufgrund dessen wir neue Erfahrungen sammeln (II, S. 25). Wir nehmen nicht mehr so wahr wie die Tiere, „wir sehen unsere Umwelt durch die scharfe Brille der bereits erworbenen Erkenntnisse..." (XLII, S. 306). Hollitscher drückt das auch in einer Form aus, die einen Brückenschlag von der Wissenschaftstheorie zur Ökonomie ermöglichen würde: „... die heutige Sprache der Wissenschaft ist das vergegenständlichte gesellschaftliche Bewusstsein der Wissenschaftstreibenden – sie ist ein kollektives Produktionsinstrument zur Erwerbung wissenschaftlicher Güter, und damit hat sie ihren Anteil an der Produktion aller Güter" (III, S. 36). Auch aus dieser Anregung ist im weiteren kein Nutzen gezogen worden. Die Orientierung der Erkenntnistätigkeit durch das akkumulierte Vor-Wissen erfolgt zum erheblichen Teil unbewusst, wird aber im Forschungsprozess – mit ambivalenten Konsequenzen – auch methodisch-bewusst gehandhabt; wie Hollitscher bemerkt, beurteilen wir Veränderungsprozesse gewöhnlich von einer bestimmten Stufe aus, „für die wir unsere Experimentalanordnung treffen und auf die wir – durch isolierende Begriffsbildung – unsere Begriffsapparatur einstellen: Wir beschreiben den Prozess unter ‚gegebenen, fixierten' Bedingungen. Und damit haben wir ein

Element der willentlich-künstlichen Unterscheidung in der Prozesse Flucht hineingetragen" (VIII, S. 70).

Die Vor-Einstellung der Erkenntnistätigkeit erfolgt keineswegs nur durch die verfügbaren Bestände rationalen Wissens, sondern durch die evolutionär entstandene Gesamtdisposition des (individuellen oder kollektiven) Subjekts, die wesentlich sozial bestimmt ist und eine mehr oder minder stark wirksame affektive Färbung aufweisen kann. Hollitscher trägt dem Rechnung, indem er von dem im Marxismus (etwa in den ideologie- und überbautheoretischen Vorstellungen) deutlich vorhandenen wissenssoziologischen Motiv auch wissenschaftsphilosophischen Gebrauch macht, manchmal grobschlächtig, manchmal aber auch subtil und originell. Die kognitive Rolle gesellschaftsbedingter Voreingenommenheiten ist nach seiner Ansicht grundsätzlich ambivalent; sie „machen die Forscher bisweilen geneigt, in die Natur falsche Züge hineinzuprojizieren; bei anderer Gelegenheit und unter anderen Umständen waren sie umgekehrt gerade wegen ihrer Voreingenommenheit zu besonderer Scharfsicht gegenüber den wirklichen Eigentümlichkeiten der Natur disponiert" (I, S. 17). Äußerungen wissenssoziologischen Charakters sind über das ganze Buch verstreut. So heißt es, die Vorsokratiker seien wohl als erste europäische Denker „Evolutionisten" gewesen, und dies wird direkt mit ihren Lebensverhältnissen in Beziehung gesetzt: „Sie lebten und prosperierten im Zustand des Wandels, der gerichteten Veränderung, der geschätzten Vorwärtsentwicklung. Ihr natürliches und ihr gesellschaftliches Milieu begünstigten es, dass die großen Geister jener Zeit die Welt unter Entwicklungsaspekt betrachteten und dass manche von ihnen auch in der Entwicklung einen Fortschritt und nicht einen Kreisprozess oder gar einen Abstieg sahen" (VI, S. 56). Die Entstehung der Zeitbegriffe und der Zeitmaße wird direkt auf die Entwicklung des sozialen Lebens zurückgeführt; Zeitbegriffe entstanden „als Begriffsinstrumente zur Regelung der Verhältnisse unter den Menschen und zur Erforschung der Regelmäßigkeiten in der natürlichen Umwelt" (XII, S. 99). Den Dualismus in der Naturphilosophie hält er für ein Derivat der Klassengesellschaft und meint, der „denkend-handelnde und handelnd-denkende Mensch der klassenlosen sozialistischen Gesellschaft" würde „dualistische Philosopheme als kaum der ernstlichen Beachtung wert empfinden" (XL, S. 291). Auch ein klassischer Topos aus der Geschichte der Wissenschaftstheorie im 20. Jahrhundert wird angeführt: das Argument, der Ausschluss des Entwicklungsgedankens aus dem System Isaac Newtons – „einem System von außerordentlicher Geschlossenheit und bis dahin nie dagewesener wissenschaftlicher Strenge" – reflektiere die soziale Stellung des großen englischen Gelehrten als eines typischen Vertreters des aufsteigenden Bürgertums, das in der Restaurationszeit zu einem praktischen Kompromiss mit den feudalen Kräften gezwungen war, der wiederum ein kompromisslerisches Kompositum aus naturwissenschaftlich-mechanistischem Weltbild und einem christlichen Gott als Erstem Beweger begünstigte (VI, S. 57). Hollitscher führt dieses Argument unter ausdrücklicher Berufung auf den sowjetischen Physiker und Wissenschaftshistoriker Boris Hessen (Gessen) an, der es in seinem vielbeachteten und theoriegeschichtlich folgenreichen Referat über die ökonomischen und sozialen Wurzeln der „Principia..." von Newton auf dem II. Internationalen Kongress für Wissenschaftsgeschichte in London 1931[25] ursprünglich vorgetragen hatte. Das ist insofern bemerkenswert, als Hessen – von dem erst vor weniger Jahren zweifelsfrei bekannt wurde, dass er am 20.12.1936 aufgrund der irrsinnigen Beschuldigung, an der Ermordung S.M. Kirovs beteiligt gewesen zu sein, vom Militärkollegium beim Obersten Gerichtshof der UdSSR zum Tode verurteilt und am gleichen Tag erschossen worden ist[26] – und sein Londoner Vortrag um 1950 und noch lange danach unter den sowjetischen Wissenschaftshistorikern vollkommen vergessen waren.[27]

Schließlich sei noch erwähnt, dass Hollitscher sichtlich bemüht war, auch aus dem ihm wohlbekannten Freudschen Gedankengut in seine Überlegungen zur Prädisposition des erkennenden Subjekts Anregungen einfließen zu lassen, und dass er sich für Möglichkeiten technischer Simulation von Erkenntniseinstellungen interessierte, wie er überhaupt dem Kybernetikkonzept Norbert Wieners von Anfang an große Aufmerksamkeit entgegenbrachte. Wiener erwäge Möglichkeiten, eine kybernetische Maschine in gewisse „Allgemeinstimmungen" zu versetzen, die sie in bestimmter Richtung „voreingenommen" machen: „Dadurch ergibt sich die Möglichkeit, die Affekt- und Triebpsychologie in eine verständliche Beziehung zur exakten Neuro-Physiologie zu bringen. Außerdem sieht man, dass in einer Rechenmaschine ‚Erinnerungen' in verschiedenen ‚Niveaus' von mannigfacher ‚Zugänglichkeit' gespeichert sind, was einer der Voraussetzungen der psychoanalytischen Verdrängungslehre entspräche" (XLI, S. 298).[28]

Aus dem bisher Dargelegten geht unzweideutig hervor, dass Hollitscher das wissenschaftliche Erkennen als Widerspiegelung realer Verhältnisse auffasst. In der Erkenntnistheorie frage man, „wie das, was in der Natur real und der Fall ist, von uns erkannt wird... Zeigt die realistische Betrachtung, wie die Dinge der Außenwelt auf uns einwirken, so schildert die ‚Erkenntnistheorie', wie wir aus Einwirkungen zur Erkenntnis der Dinge gelangten und gelangen" (X, S. 80). An anderer Stelle heißt es: „Wir ‚erfinden' nicht die Naturgesetze, wir finden sie ..." (IV, S. 40). Kritiker indes, die routiniert allergisch reagieren, wenn sie in einem philosophischen Text auf das Wort „Widerspiegelung" stoßen, werden es bei Hollitscher nicht leicht haben; das ist schon aus seinen hier nur angedeuteten Überlegungen zur historischen und situativen Prädisponiertheit des erkennenden Subjekts zu ersehen. Umgekehrt attestiert er der „bürgerlichen" Psychologie eine nicht unerhebliche Neigung, „den psychisch reagierenden Organismus als passives ‚Subjekt' der ihn affizierenden Außenwelt aufzufassen. Allerdings ist das Wahr-‚Nehmen' nichts weniger als passiv". In diesem Sinne interpretiert er die – immerhin nobelpreisgekrönte – Reflexlehre I.P. Pavlovs, der häufig Mechanizismus unterstellt wird und der er große Bedeutung beimisst, als eine „*objektive* Untersuchung des aktiven psychischen Verhaltens" (XXXVIII, S. 273) und warnt ausdrücklich davor, diese Theorie in mechanistischer Weise zu missbrauchen (XXXVIII, S. 277).[29] Im Zusammenhang mit der Naturgeschichte des Psychischen bemerkt Hollitscher, das Bewusstsein sei kein *passiver* Akt der Widerspiegelung: „Was man wahrnimmt, was man assoziativ verbindet, was ‚Tat-Sache' wird, dies hängt sehr wesentlich davon ab, was der Organismus *tut*" (XLII, S. 302). Den hohen Grad des Bewusstseins des Menschen sieht er als Folge seiner universellen Auseinandersetzung mit der umgebenden Realität: „Indem er auf sie einwirkt, wirkt sie auf ihn ein; indem er sie handhabt, leitet sie ihn an der Hand und wird er ihrer bewusst. So ist im Begriff der ‚Widerspiegelung' nicht die scheinbare Passivität des Spiegels der Vergleichsgedanke, sondern die objektive Übereinstimmung zwischen dem Objekte und dem Bilde" (XLII, S. 303). Wissenschaftliche Erkenntnis ist für Hollitscher aktiv errungen, nicht passiv erschaut.

Um diese Position zu untersetzen, wagt er sich auch auf das Feld der damals diskutierten neurophysiologischen Hypothesen, etwa zur funktionellen Differenzierung und Ergänzung von Thalamus und Kortex, und zeigt Interesse an den laufenden Forschungen zur Eigenaktivität des Zentralnervensystems. Außerordentlich wichtig erscheint ihm der in Hypnoseexperimenten praktisch genutzte und von Freud zur Theorie erhobene Befund, dass selbst höchste psychische Leistungen unbewusst sein können. Dabei bekundet er Sympathie mit der in einem nachgelassenen Essay von Caudwell enthaltenen pointierten Aussage, man täte – im Gegensatz zur üblichen Deutung der Funktionen von Thalamus und Kortex – besser daran, den Thalamus als „Organ der bewussten Triebe" und den Kortex als „Organ der unbewussten Gedanken" zu bezeichnen (XL, S. 288): „Unser Kortex enthält eine Unzahl unbewusster Spuren, während wir bei der Betrachtung des Wahrnehmungsfeldes nur diejenigen Einzelheiten ‚wahrnehmen', denen sich unser affektives Interesse zugewendet hat; wir entnehmen sie wirklich und aktiv den Einzelheiten unserer Sinnesfelder... Betrachtet man, wie der Scheinwerfer des Bewusstseins über die kortikale ‚Bibliothek' dahinstreicht, so erhebt sich die Frage, was seinen Lichtschein steuert. Offenbar ‚erblickt' man dasjenige, was eine affektive Besetzung erfahren hat" (XL, S. 290). Er erwähnt Caudwells Bemerkung, die Trennung von Affekt und Idee entstamme einer aristotelischen Voreingenommenheit, und fügt hinzu: „Da ‚das Bewusstsein' ein Teil der Gesamtreaktion des Organismus ist, bedarf es einer beträchtlichen metaphysischen Neigung, den reagierenden Körper vom reagierenden Zentralnervensystem scheiden zu wollen" (XL, S. 291).

Alles in allem drängt sich der Eindruck auf, dass Hollitscher in seiner Berliner Vorlesung einige Züge jenes Einstellungswandels in der Wissenschaftstheorie antizipiert hat, der später als postpositivistische oder antipositivistische Wende bezeichnet wurde;/30/ es ist nicht zu bestreiten, dass diese Antizipation von einem marxistischen Impetus inspiriert war. Rhemann rechnet Hollitscher neben M. Ossowska und St. Ossowski oder J. D. Bernal nicht ohne Grund zu den ersten marxistischen Theoretikern, „die sich um eine historisch-konkrete Erschließung des gesellschaftlichen Wesens der Wissenschaft bemühten"./31/

4. Philosophie und Naturwissenschaften – Differenz und Wechselbeziehung

Die beiden vorhergehenden Abschnitte, in denen Hollitschers Auffassung einerseits von Philosophie, andererseits von (Natur)wissenschaft resümiert wurde, ergeben zusammengenommen schon ein Bild davon, wie sich das Verhältnis beider zueinander in seiner Sicht darstellt. Auf der einen Seite distanziert er sich weitestgehend (bis auf die Inkonsequenz, die „Grundzüge" der Dialektik von dem hypothetischen

Moment, das jeglicher Erkenntnis eigen ist, gleichsam freizustellen) von dogmatischen Ansprüchen der Philosophie gegenüber der Wissenschaft, auf der anderen Seite stellt er Philosophie – jedenfalls die wissenschaftsnahe und vor allem die von ihm selbst vertretene marxistische – als eine wissenschaftsförmige oder, genauer, science-förmige Denkformation vor. Nur ganz selten findet sich ein Hinweis darauf, dass Philosophie nicht auf die Erkenntnis gesetzesartiger Zusammenhänge oder auf Erkenntnis schlechthin beschränkt sein könnte. Eine dieser raren Stellen ist die folgende: „So ist der *Fortschrittsglaube* der leidenschaftliche Entschluss, der aus dem wohlverstandenen Bewegungssinn der eigenen Geschichte erwächst, die planende Sinngebung, die den Sinn der Naturbewegung fortführt" (L, S. 362). Hier erscheint Philosophie als über die Kognition hinausgehende Konstitution und Begründung von Werten. Die Aussage ist auch nicht marginal placiert, sondern steht ganz am Ende der Vorlesung, doch sie ist zu wenig in den Argumentationszusammenhang einbezogen, um aus ihr weitergehende Schlüsse ziehen zu können. Generell jedenfalls wird das philosophische vom wissenschaftlichen Wissen nicht qualitativ, sondern nur nach dem Allgemeinheitsgrad unterschieden. Diese Auffassung (Philosophie als die „allgemeinste Wissenschaft") war in der Nachkriegszeit unter Marxisten allgemein verbreitet und entsprach der sowjetischen Lehrbuchnorm, die aus der extremen Schematisierung der materialistischen Dialektik von Marx und Engels hervorgegangen war. Die Wirkung dieser Position war potentiell ambivalent. In welcher Richtung sie tatsächlich zur Geltung kam, hing von Einstellung und Niveau der Autoren ab, die sie praktizierten.

In der Hand von Autoren wie Hollitscher, dessen leidenschaftliche Verbundenheit mit den Naturwissenschaften von Jugend auf eine Grundkonstante seines Lebens war, trat ihre positive, wissenschaftsfreundliche Seite so sehr in den Vordergrund, dass man leicht ihre Kehrseite übersehen konnte. Nichtsdestoweniger war diese Kehrseite vorhanden, und das nicht nur latent. Wenn eine qualitative Differenz zwischen philosophischem und wissenschaftlichem Wissen nicht gesehen oder nicht anerkannt wurde, so stimulierte dies Versuche, philosophische Begriffsschemata direkt in wissenschaftliche Theorien einzubauen, und die Neigung, aus der Sicht der Philosophie (bzw. der Bindung an eine bestimmte Philosophie) unter konkurrierenden Theorien solche zu bevorzugen, die einen derartigen Einbau vorgenommen hatten. Solche Versuche wurden nicht selten bona fide, in erkenntnisfördernder Absicht, ins Werk gesetzt. So wurde T.D. Lyssenko, der sein Konzept als eine direkte Konkretisierung und Bestätigung des dialektischen Materialismus drapiert hatte, durchaus nicht nur von Scharlatanen und Emporkömmlingen unterstützt, sondern zumindest in seiner Frühzeit auch von bedeutenden Wissenschaftlern, die auf biologischem bzw. biochemischem Gebiet alles andere als Dilettanten waren, aber als Marxisten meinten, die Ausformung wissenschaftlicher Theorien nach der Matrix der materialistischen Dialektik würde diesen Theorien Erkenntnisvorteile sichern. In der Zeit, von der hier die Rede ist, war es für Wissenschaftler mit linken Sympathien sehr schwierig, sich in solchen Fragen so einwandfrei zu orientieren, wie es Jahrzehnte später in der Retrospektive ohne weiteres möglich war; das Lyssenko-Problem/32/ erscheint besonders geeignet, um in einem kleinen Exkurs die Irrungen und

Wirrungen anzudeuten, denen Hollitscher bei seinen eigenen Orientierungsversuchen ausgesetzt war.

Die Vorlesung diskutiert das Problem der Vererbung eher beiläufig in zwei kurzen Kapiteln, die in die Behandlung der biologischen Evolution eingeschaltet sind. Von Lyssenko ist hier nicht die Rede, Hollitscher bezieht sich ausschließlich auf die Chromosomentheorie der Vererbung. Die Befunde von Gregor Mendel haben sich danach seit ihrer Wiederentdeckung im Jahre 1900 mit gewissen Ergänzungen „als den Tatsachen entsprechend erwiesen" (XXXIV, S. 249). In Hollitschers Sammelband „... wissenschaftlich betrachtet ...", dessen in Berlin geschriebenes Vorwort mit dem 1. Mai 1950 datiert ist, befindet sich allerdings ein Artikel, der Mitschurin und Lyssenko enthusiastisch lobt[33] und der mutmaßlich früher als die Vorlesung niedergeschrieben worden ist.[34] Hier heißt es, Lyssenko sei zu dem Ergebnis gekommen, „dass man Veränderungen der Erbanlagen in planmäßiger Weise durch Veränderung der Umweltbedingungen hervorbringen kann. Er betonte hiermit eine für die Praxis außerordentlich wichtige theoretische Auffassung, welche von vielen Vererbungsforschern in ihrer Bedeutung bisher unterschätzt oder gar geleugnet wurde". Der Akzent liegt aber weniger auf dem vererbungstheoretischen Paradigma als vielmehr auf der Begeisterung für die Umgestaltung der lebenden Natur, als deren Herold er Lyssenko offenbar sieht; die Sowjetunion sei der Schrittmacher einer „Entfesselung der biologischen Produktivkräfte", hier beginne das Zeitalter der großzügigen Umgestaltung der belebten Natur.[35]

Die übliche Polemik gegen den „idealistischen Mendelismus-Morganismus" fehlt in diesem Aufsatz. Vielleicht hat Hollitscher den Lyssenkoismus und die klassische Genetik hier noch für irgendwie miteinander vereinbar gehalten; wahrscheinlicher aber ist, dass ihm die demonstrative Praxiszuwendung des Lyssenkoismus als das ausschlaggebende Argument zu dessen Gunsten galt, gegenüber dem der Gegensatz der vererbungstheoretischen Paradigmen von minderer Bedeutung zu sein schien. Gerade dieses Argument – von dem unter den Verhältnissen der hungernden Sowjetunion in den Kriegs- und Nachkriegsjahren eine starke Verführung ausging – brachte dem Lyssenkoismus auch unter den linksorientierten englischen Naturwissenschaftlern, mit denen Hollitscher während der Emigrationsjahre in engem Kontakt gestanden hatte, einen gewissen Sympathiebonus ein, jedenfalls, solange die verbrecherischen Praktiken, mit denen Lyssenko seine Karriere und seine Macht sicherte, nicht zweifelsfrei bekannt waren.[36] Lyssenko und seine Anhänger erschienen als sozial verantwortungsbewusste Wissenschaftler, die sich um das Wohlergehen des unterernährten Volkes sorgten, die klassischen oder „formalen" Genetiker hingegen als weltfremde Gelehrte, die sich ungerührt von den Nöten des Alltags ihren praxisfernen Drosophila-Experimenten hingaben. Insbesondere J. D. Bernal unterstützte aus diesem Motiv heraus Lyssenko nachdrücklich.[37] Haldane, dessen Einfluss auf Hollitscher besonders groß war, verteidigte zwar die Chromosomentheorie der Vererbung, hielt aber Lyssenko lange Zeit für einen erfolgreichen Schöpfer leistungsfähiger landwirtschaftlicher Techniken[38] und meinte obendrein, dass in der Sowjetunion die Mendel-Morgan- und die Mitschurin-Lyssenko-Richtung in der Vererbungslehre koexistieren würden und dass die letztere der ersteren nichts Schlimmeres antäte als eine etwas ungehobelte Polemik. Erst nachdem auf der verhängnisvollen Tagung der Akademie der Landwirtschaftswissenschaften der UdSSR im Sommer 1948 Lyssenko mit parteioffizieller Billigung seinen Alleinvertretungsanspruch in der sowjetischen Biologie durchgesetzt hatte, rückte Haldane in jeder Hinsicht von ihm ab:[39] es liegen keine Hinweise darauf vor, dass Hollitscher damals von dieser Distanzierung gewusst haben könnte.

Zwischen der Niederschrift der entsprechenden Vorlesungsteile und dem Frühjahr 1950 muss sich bei Hollitscher ein Meinungsumschwung zugunsten Lyssenkos vollzogen haben; sicher geschah das unter der Einwirkung der damals in Ostberlin herrschenden ideologischen Atmosphäre, aber Details dazu sind nicht bekannt. In einem Aufsatz, den er in der Maiausgabe der kulturpolitischen Monatsschrift *Aufbau* veröffentlichte,[40] begnügte er sich nicht mehr damit, Lyssenko als Herold planmäßiger Naturumgestaltung zu preisen, sondern suchte seine Lyssenko-Apologie auch erkenntnistheoretisch zu untermauern. Der Entdeckung Mendels habe eine extreme Abstraktion zugrundegelegen, von der aus die Erkenntnis durch stufenweise Konkretisierung sukzessiv Anschluss an die Realität gewinnen müsse, wobei grundsätzliche Korrekturen der ursprünglichen Ansätze nötig würden. Die „formalistische" Genetik habe hingegen die anfangs vorgenommene radikale Abstraktion vergessen und borniert an ihrer Ausgangsidee festgehalten; obendrein habe die ständige Betonung der Umweltunabhängigkeit der Erbanlagen durch die formalistischen Genetiker den „rassentheoretischen" Missbrauch ihrer Theorie ermöglicht. Lyssenko hingegen habe einen ganz anderen Blickwinkel gewählt und das Verhalten der Organismen unter sich ändernden Lebensbedingungen untersucht: „Seine Forschungshaltung war durch die Grundsätze des dialektischen Denkens be- stimmt...".[41] Daraus zieht Hollitscher nun den kategorischen Schluss: „Ist man ein Anhänger der wissenschaftlichen Entwicklungslehre, so muss man demnach sowohl die Lehre akzeptieren, dass die Lebewesen im Laufe der Generationenfolge Merkmale erwarben, die sie vordem nicht besessen hatten, als auch, dass dies als Folge der Einwirkungen ihrer Umwelt, ihres Lebensmilieus geschah, mit dem sie in Stoff- und Energiewechsel stehen. Oder man muss für diese Veränderung der Tiere und Pflanzen mystische Kräfte zu Rate ziehen...".[42].

Wenn man nicht unterstellen will, dass Hollitscher diese Sätze aus purem Opportunismus entgegen seiner Überzeugung geschrieben habe – was sich vom Gesamtbild seines Charakters her wohl verbietet –, dann liegt die folgende Deutung nahe: Hier ist er in die Falle getappt, die mit der Auffassung von der qualitativen Gleichartigkeit des philosophischen und des wissenschaftlichen Wissens aufgestellt war. In den meisten Fällen hat er sie mit seinen vorsichtigen und abwägenden Formulierungen umgangen; an dieser Stelle indes hat er der Versuchung nachgegeben, den direkten Einbau von Denkschemata der von ihm präferierten Philosophie in ein naturwissenschaftliches Konzept für ein Qualitätskriterium dieses Konzepts zu halten. Später – und sicher in einem schmerzhaften Prozess innerer Auseinandersetzung – hat sich Hollitscher korrigiert. Dabei stützte er sich auf die Abrechnung mit dem Lyssenkoismus in der sowjetischen Literatur der 70er Jahre, so auf P.V. Alexeev und A.J. Iljin, die die lyssenkoistischen Entstellungen der Genetik als

„linksdoktrinären Antiscientismus" bezeichneten:/43/ „Was sich da dermaßen fälschlich als ‚links' deklarierte, war ... irrig und überdies schädlich für die Genetik, und für nicht wenige, die sie betrieben anstatt sie zu entstellen, nachteilig und schlimmer. Ich meine, dass den Entstellungen und Entstellern der wissenschaftlichen Genetik folgender gesellschaftlicher Irrtum zugrunde lag: das voluntaristisch, aus bloßen Wünschen ohne zureichende Sachkenntnis erwachsene, unbegründete Versprechen, man werde mittels Lyssenkos Methoden jene höheren Ernten erzielen, derer das vom Krieg bedrohte und schließlich zerstörte Land so dringend bedurfte ... Die Verquickung voluntaristischen ‚Denkens' mit einem sich nicht der Kritik stellenden Personenkult – selbst in der Genetik! – waren wichtige Bedingungen des Übels"./44/ Gewiss, die von Hollitscher angebotene historische Erklärung für das Phänomen des Lyssenkoismus geht nicht sonderlich tief, aber er scheute sich jedenfalls nicht, eigene Irrtümer einzugestehen.

Indes dominierte die positive Seite der Auffassung, die Philosophie erzeuge wissenschaftliches Wissen höchsten Allgemeinheitsgrades, in der hier zu erörternden Vorlesung eindeutig. Sie bestand in der engen Bindung des Philosophierens an die Wissenschaft und in der Unterstützung eines wissenschaftsfreundlichen Klimas in der Öffentlichkeit. Um etwa zu verstehen, was mit Entwicklungsvorgängen gemeint ist, „muss man die entsprechenden Fachwissenschaften zu Rate ziehen, welche diese Entwicklungsvorgänge untersuchen, und von dem Gebrauch, den die Spezialisten von diesen Begriffen machen, ihre Bedeutung ablesen. Dieses ‚induktive Verfahren', den Entwicklungsbegriff in den einzelnen Fachwissenschaften zu definieren, seinen Wandel im Laufe des Fortschritts der Entwicklungstheorie zu kodifizieren und seine metaphorische Übertragung von einem Gegenstands- und Wissenschaftsgebiet auf das andere zu verfolgen, ist das einzig legitime Verfahren einer welt- und wissenschaftszugewandten Naturphilosophie" (VII, S. 65). Zuerst und vor allem benötigt der Naturphilosoph solide Fachkenntnis in den Wissenschaftsgebieten, denen er sich zuwendet: „Ein philosophisches Klarheitsstreben, das nicht von der Einsicht in dasjenige gesteuert wird, was in der Natur wirklich der Fall und wesentlich ist, artet erfahrungsgemäß bald in Scholastik aus..." (I, S. 16). Die Anspielung auf den in Hollitschers Wiener Herkunftsmilieu gepflegten logischen Purismus ist nicht zu übersehen; der Naturphilosoph müsse „das unkodifizierte Gewohnheitsrecht der Wissenschaftssprache ad notam nehmen, und als Logiker in seinen Definitionen nachzeichnen, was die Empiriker und Theoretiker der Fachwissenschaften an Begriffsinstrumenten der Entwicklungslehre bei ihren Forschungen und Überlegungen geschaffen haben und praktisch zu Rate ziehen" (VII, S. 65).

In Anknüpfung an die wissenschaftsphilosophische Tradition sieht Hollitscher in der Analyse der Grundbegriffe und Grundsätze der Wissenschaften eine genuin philosophische Aufgabe, deren Nutzen unter anderem an der Untersuchung des Gleichzeitigkeitsbegriffs bei Einstein demonstriert wird. Die Tätigkeitsbereiche des Philosophen und des Naturwissenschaftlers gehen hier ineinander über: „Wo ein naturwissenschaftliches Problem begrifflich klargestellt wird, wo es mit den Methoden der Dialektik und vor dem Hintergrund des materialistischen Gesamtweltbildes der Lösung nähergebracht wird, da wird naturphilosophisch verfahren – ob es sich um die Arbeit eines Forschers handelt, der sich Physiker, Biologe oder Psychologe nennt, oder eines anderen, der die Philosophie der Physik, Biologie oder Psychologie als sein Spezialfach bezeichnet. Wir sehen ja überhaupt einem Wissenschaftszustand und einer Gesellschaftsverfassung entgegen, in denen Wissenschaftler sein und Philosophie treiben miteinander untrennbar verbunden sein wird" (I, S. 23). Wenn sich aber Fachphilosophen in Grundlagenprobleme der Naturwissenschaften begeben, dann sollen sie diese „in kollegialer, bescheidener, hoffentlich nicht allzu unwillkommener Zusammenarbeit mit den Fachleuten des betreffenden Gebietes und im Geiste der exakten Wissenschaft zu lösen versuchen" (I, S. 16).

Hollitscher hält nicht viel davon, die Naturphilosophie hauptsächlich auf solche Themen zu konzentrieren, die in den Naturwissenschaften selbst gut abgelagert sind. Vielmehr ist er bemüht, auf möglichst vielen Gebieten den aktuellen Forschungsfronten möglichst nahe zu kommen, im vollen Bewusstsein der damit einhergehenden Risiken. Bei der Diskussion zeitgenössischer Hypothesen über die Entstehung des Lebens auf der Erde schildert er mit allem Freimut die Position, in der sich der Philosoph gegenüber den Naturwissenschaften und ihren Fachvertretern befindet. Es dürfe nicht vergessen werden, „dass es sich hier um Rekonstruktionsversuche des Entwicklungsgeschehens und nicht um einen Augenzeugenbericht handelt. Jeden Tag kann eine neue Entdeckung eine große oder kleine Korrektur nötig machen, und da man – im geradezu ‚unmöglichen Beruf', den man als Naturphilosoph gewählt hat – mit bestem Willen nicht *alle* Fachzeitschriften *aller* Nationen verfolgen kann, mag bereits irgendwo eine höchst relevante Veröffentlichung vorliegen, auf die man noch nicht aufmerksam wurde oder deren Bedeutsamkeit man nicht begriffen hatte. Wir sind bei unserem Metier sehr darauf angewiesen, durch ständige Kooperation mit Fachleuten aller Gebiete von den neuesten Ergebnissen der Forschung unterrichtet zu werden. Und man soll dabei, liebe Kollegen, nicht unter Anwandlungen falschen Stolzes laborieren. Man hat auch im philosophischen Leben nur die Wahl, als allwissend gelten zu wollen und so nichts hinzuzulernen, oder aber durch ständiges Fragen, Kritisiertwerden und bereitwillig-couragiertes Hinhalten des Kopfes in bisweilen recht schmerzhafter Weise klüger und nützlicher zu werden. Nur das letztere Verfahren ist produktiv und menschenwürdig" (XXIX, S. 220).

Hollitschers Bemühen, möglichst nahe am aktuellen naturwissenschaftlichen Forschungsstand zu bleiben, spiegelt sich in der Verwendung neuester Literatur; folgende Quanta von Publikationen naturwissenschaftlicher Autoren aus dem Jahrfünft vor der Vorlesung werden im Text/45/ nachweislich benutzt: Erscheinungsjahre 1944/45: 10 Titel, Erscheinungsjahre 1946/47: 5 Titel, Erscheinungsjahre 1948/49/50: 13 Titel. Daneben bedient sich Hollitscher natürlich älterer Quellen. Die relativ hohe Zahl aktueller Bezüge ist um so bemerkenswerter, als um 1949/50 die Literaturbeschaffung sowohl in Deutschland als auch in Österreich noch mit großen Schwierigkeiten verbunden war. Eine ganze Reihe in Großbritannien und in den USA in den Jahren nach Hollitschers Rückkehr aus der Emigration erschienener Titel wird ausgewertet; möglicherweise ist ihm über in der Emigration aufgebaute Kontakte (so über Martin Strauß) moderne Literatur nach Wien bzw. Berlin geschickt worden.

Wiederholt mahnt er seine Hörer und Leser zu vorsichtigem Umgang mit den mitgeteilten Überlegungen. Im Zusammenhang mit der damals aktuellen Hypothese von A. March/46/ über die Existenz einer Elementarlänge (und folglich einer Elementarzeit) heißt es: „Ich möchte nicht, dass Sie ... das, was ich als denkmöglich schildere, nun für gesichert und gegeben annehmen. Die weitere Grundlagendiskussion der Physik mag zu ganz andersartigen Begriffsbildungen Anlass geben, die der Realität viel besser angeschmiegt sind" (XII, S. 104). Dabei sieht er den Philosophen auch als einen Kommunikator, zu dessen Pflichten es gehört, den Gedankenaustausch zwischen Wissenschaft und Öffentlichkeit zu vermitteln. Nachdem er verschiedene aktuelle Hypothesen über die Evolution der Sterne erörtert hat, fügt er die Bemerkung an: „Ich habe hier bloß ausgeplaudert, was die Astronomen, in privatem Kreise sozusagen, einander erzählen und kaum öffentlich zu äußern wagen. Jedoch, während diese heutigen Kombinationen und Spekulationen *vermutlich* nicht ganz richtig sind, sind die auf gestrige Resultate gestützten Theorien, die sich in den Schulbüchern befinden, *sicherlich* nicht richtig. Es bleibe zumindest dem Naturphilosophen gestattet, das Publikum ins Vertrauen zu ziehen und ihm davon zu berichten, wie man sich in den Fachinstituten abmüht, die Entwicklungsgeschichte der kosmischen Gebilde zu erkunden. Nur durch solche *laufende* Berichterstattung kann der Sinn für die Errungenschaft und zugleich für die tastende Vorläufigkeit unseres jeweiligen Fortschrittes geweckt werden" (XXII, S. 180).

Der wohl bedeutendste Nutzen, den eine dialektische Naturphilosophie den Fachwissenschaften bringen kann, ist nach Hollitschers Auffassung die Beförderung der Interdisziplinarität. Diese Intention ist auch wesentlich stärker mit der Spezifik seines Ansatzes verbunden als die Arbeit an der Klärung disziplinärer Fundamentalbegriffe. Die naturphilosophische Darstellung der allgemeinen Züge des naturwissenschaftlichen Weltbildes sei von außerordentlicher Bedeutung für die Ausbildung eines jeden naturwissenschaftlichen Spezialisten; schließlich „trägt jede ausschließliche Spezialisierung den Gefahrenkeim der Borniertheit und Horizontlosigkeit in sich – einer selbst dem spezialisierten Wissenschaftsfortschritt höchst gefährlichen Kontaktlosigkeit mit den Grenzgebieten und den großen Gedankenströmungen, die in benachbarten Wissensfeldern fruchtbringend fließen. Hier hat die Naturphilosophie für die Entwicklung des Kontakts, der Gemeinschaftsdiskussion und -arbeit Sorge zu tragen – als eine Art Verschiebebahnhof für den Austausch gemeinnütziger Wissensgüter zu fungieren" (I, S. 24). Das Überwinden von Schranken zwischen den Disziplinen erscheint Hollitscher als eine wichtige philosophische Aufgabe: „Der dialektische Materialismus hat die Scheidewand zwischen Biologie und Psychologie ebenso gründlich niedergerissen, wie die zwischen Physik und Biologie" (XL, S. 291). Das Aufweisen von Berührungspunkten zwischen den Disziplinen, von Übergängen zwischen ihren Domänen bildet ein durchgehendes Motiv des gesamten Buches. Dabei operiert Hollitscher selbst flexibel mit den Begriffen und erwägt Möglichkeiten ihrer Erweiterung und ihres Transfers. Ein aktuell interessantes Beispiel dafür findet sich in seiner Polemik gegen den Vitalismus von Hans Driesch. Gegen Drieschs Vorwurf an seine fachlichen Kontrahenten, diese behandelten die Biologie als eine Maschinentheorie, wendet er ein, dass wir in unserer maschinellen Praxis bisher keine Vorgänge benutzen, die an Komplexität und Beziehungsreichtum dem innerorganischen Geschehen ähneln, fügt jedoch hinzu: „Wenn wir einmal technische Prozesse solcher Art doch zu verwenden imstande sein werden, dann werden wir uns entscheiden müssen, ob wir auch von ihnen als ‚Maschinen' sprechen wollen. Ich würde dies nicht für unzweckmäßig halten, sähe in dem Begriff einer ‚organismischen Maschine' keine contradictio in adjecto, sondern bloß die Erweiterung des Maschinenbegriffes auf eine komplexere und dadurch *qualitativ neuartige* technische Anordnung" (XXXV, S. 264). Dies ist ein charakteristisches Beispiel für Hollitschers Art, in offenen Perspektiven zu denken.

Philosophie kann interdisziplinäre Verknüpfungen befördern, indem sie kategoriale Schemata von hoher Allgemeinheit bereitstellt, die sie aus dem Sprachgebrauch der Wissenschaft extrahiert und bearbeitet. Hollitscher ist – vor allem anhand des Entwicklungsgedankens, dem er die größte Aufmerksamkeit widmet – bemüht, einerseits den Erkenntniswert solcher Schemata hervorzuheben, andererseits aber zu zeigen, dass sie keine apriorischen Vorgaben für den Erkenntnisprozess sind und stets der empirischen Kontrolle durch die Wissenschaft selbst unterliegen. Hollitschers Position in dieser Frage lässt sich übersichtlich am Beispiel seiner Haltung zum Determinismusproblem in der Physik belegen, das in seiner Naturphilosophievorlesung (ebenso wie in seinen nachfolgenden Publikationen) nur einen relativ bescheidenen Platz einnimmt, aber immerhin Gegenstand seiner Dissertation bei Schlick gewesen ist.[47] Er diskutiert die Verwendung von Differentialgleichungen bei der Formulierung von Naturgesetzen und versteht unter dem „Kausalprinzip" die theoretische und praktische Anweisung, nach Naturgesetzformeln zu suchen, die die Naturgesetzlichkeit richtig widerspiegeln: „Die Begriffe ‚Ursache und Wirkung' sind doch wohl zu vorwissenschaftlich und primitiv, um der Mannigfaltigkeit und dem Beziehungsreichtum beim Zustandekommen eines Naturereignisses gerecht zu werden. Sie schneiden sozusagen in willkürlicher Weise aus dem Flusse der Ereignisse wohlumschriebene Sektoren als ‚Ursachen' und ‚Wirkungen' heraus" (IV, S. 44).

Formulierungen wie die zitierte legen die Vermutung nahe, Hollitscher würde eine sehr moderne, unkonventionelle Auffassung zum Determinismusproblem vertreten. Tatsächlich aber ist seine Position in dieser Frage eher klassisch und konservativ. Er lehnt es ab, der Natur selbst Unbestimmtheitseigenschaften zuzuerkennen, und deutet das von der Quantenmechanik diesbezüglich vermittelte Bild nicht als Auskunft über die Natur selbst, sondern als Effekt der Theoriekonstruktion: „Der Begriff ‚Photon mit genauer Lage und genauem Impuls' ist gegenwärtig im Gebäude der modernen Quantentheorie *undefiniert*; er wird nicht zur Beschreibung der Realität verwendet ... Dies stellt keine ‚Unbestimmtheit der Natur' dar – es ist unsinnig, von der Natur zu sagen, sie sei ‚unbestimmt' –, sondern ist eine Folge des gegenwärtig zur Naturbeschreibung verwendeten Begriffsinstrumentariums". Er äußert die Erwartung, dass bessere Instrumente der Naturbeschreibung entwickelt werden würden, „die eine bessere Widerspiegelung der realen Elementarvorgänge in der materiellen Wirklichkeit ermöglichen" (XVII, S. 144). Der Umstand, dass die Quantenmechanik für das Verhalten einzelner Mikroteilchen „nur" Wahrscheinlichkeitsaussagen gestattet, bewegte in jenen Jahren noch sehr die Gemüter. Den Physikern, die darin eine Folge der nichteliminierbaren Wechselwirkung von (makroskopischer) Versuchsanordnung und (mikroskopischem) Versuchsobjekt sahen, standen andere gegenüber, die daraus auf die prinzipielle Unvollständigkeit und Ergänzungsbedürftigkeit der Quantenmechanik schlossen, allen voran Albert Einstein mit seiner enormen wissenschaftlichen (und moralischen!) Autorität.

Hollitscher vertrat den letztgenannten Standpunkt und berief sich dabei auf Einstein, dessen neueste Stellungnahmen er sich zu verschaffen suchte. Die in dem von P. A. Schilpp herausgegebenen Band,/48/ der Hollitscher damals nicht zugänglich war, enthaltenen einschlägigen Äußerungen Einsteins zitierte er nach ihrer Wiedergabe in *Physics Today* vom Februar 1950 (XVII, S. 144) – ein interessanter Beleg dafür, wie er auch während der Vorlesung noch aktuell erscheinende Literatur in seine Ausführungen einarbeitete. Größte Aufmerksamkeit schenkte er Einsteins aktuellem Versuch einer einheitlichen Feldtheorie, der um die Jahreswende 1949/50 publik wurde. Da es ihm nicht gelang, noch während der Vorlesung in die Originalquelle Einblick zu nehmen, ließ er sich von Martin Strauß/49/ dessen noch unveröffentlichten Aufsatz *Zu Einsteins neuer Feldtheorie* aus London zuschicken und zitierte daraus ausführlich (XVII, S. 140-142). Die Hoffnung auf eine künftige Theorie der Mikroteilchen spiegelt sich auch in Hollitschers Kommentar zu den dialektischen Zügen der Kopenhagener Deutung, die er durchaus wahrnahm: „Es ist in diesem Sinne ein dialektischer Tatbestand, da es um die ‚widerspruchsvolle Einheit' der Versuchsanordnung und des Versuchsobjektes geht. (Es scheint mir aber unratsam, einen in so vielfacher Beziehung noch ungeklärten Naturtatbestand als ‚Musterbeispiel' für dialektisches Verhalten der Natur zu zitieren. Er wird durch dialektisches Denken enträtselt werden; aber bisher bleibt noch viel zu untersuchen und zu klären übrig)" (XVII, S. 143).

Die Stellung Hollitschers zur zeitgenössischen Diskussion um das Determinismusproblem in der Physik soll hier nicht näher verfolgt werden. Die für die Charakteristik seiner Position entscheidende Stelle ist die Aussage, „dass der Determinismus eine empirische These ausspricht, dass es denkbar wäre, dass die Natur sich nicht in allen Größenbereichen eindeutig kausal und gesetzmäßig verhielte. Die Behauptung des Determinismus, es ginge in der Natur vollkommen naturgesetzlich zu, hebt aus dem Bereich verschiedener Denkmöglichkeiten eine bestimmte als in der Natur realisiert und wirklich hervor ... Ob in der Natur eine bloß ‚beschränkte' oder eine vollständige Naturgesetzlichkeit besteht, ist durchaus nicht durch ‚reines Denken' auszumachen, sondern stellt eine echte Erfahrungsfrage dar" (IV, S. 45). Mit anderen Worten: Hollitscher präferiert persönlich – mit Einstein – eine „klassische" Lösung des Determinismusproblems, doch er stellt seine eigene Vorzugsversion selbstverständlich unter das Urteil einer höheren Instanz, der wissenschaftlichen Erfahrung. Diese Haltung macht die Dignität eines Wissenschaftsphilosophen aus.

5. Evolutionspanorama

In Hollitschers Darstellung bildet die Kategorie Entwicklung oder Evolution (zwischen diesen beiden Termini wird keine begriffliche Unterscheidung vorgenommen) das Zentrum der theoretischen Matrix, die er für die naturphilosophische Synthese des naturwissenschaftlichen Wissens bevorzugt verwendet. Es ist kaum übertrieben, das Buch als eine Apotheose der progressiven Evolution zu bezeichnen. Hier verlässt Hollitscher am ehesten den Ton kühler Sachlichkeit; Entwicklung ist für ihn offenkundig nicht nur ein Tatbestand, sondern ein Wert. Ein Entwicklungsprozess ist – in dialektischen Kategorien charakterisiert – „eine gerichtete, fortschreitende, von Qualität zu Qualität umschlagende Veränderung eines Gebildes, von dessen ‚Identität' sich sinnvoll sprechen lässt". Zugleich ist Entwicklung ein „durchlaufendes Weltphänomen" (I, S. 19). Es könnte scheinen, als sei „Veränderung" der universelle Begriff, während unter Entwicklung nur eine besondere Art von Veränderung verstanden wird. In unserer Welt verändert sich alles, aber nicht alles entwickelt sich ständig (VII, S. 63). Dieser Eindruck ist jedoch eine Fiktion, die daraus resultiert, dass wir ein zu kleines Raum-Zeit-Gebiet als Objekt unserer Untersuchung gewählt haben: „Was auf kürzere Zeit hin oder in relativer Isolation betrachtet, keine Entwicklungseigenschaften aufweist, wird gewöhnlich in längeren Zeiträumen oder in vollständig betrachtetem Beziehungsgefüge sich als Teilprozess eines universellen Entwicklungsvorganges erweisen..." (VIII, S. 70). Damit wäre also Entwicklung und nicht bloße Veränderung der übergreifende Zusammenhang.

In Entwicklungsprozessen werden qualitative Veränderungen bewirkt, die Realität ist qualitativ geschichtet; allerdings warnt Hollitscher vor jeglicher Verabsolutierung eines „Stufenbaus", vor der Herstellung „künstlich-starrer Pyramiden ... Sie stellen für gewöhnlich eher eine Parodie als ein Bild des tatsächlichen Wissenschaftsgebäudes dar" (VIII, S. 69). Der qualitativen Differenziertheit der Realität soll nach Ansicht Hollitschers durch eine qualitative Mannigfaltigkeit der wissenschaftlichen Begriffssysteme und Theorien Rechnung getragen werden, wobei er sowohl gegen Reduktionismus (insbesondere: Mechanizismus) als auch gegen „Ganzheitsmystik" polemisiert; die Übergänge zwischen den qualitativ unterschiedenen Stufen der Realität unterliegen selbst der Erkenntnis, die Übergänge zwischen den sie abbildenden Begriffswelten sollen rational vollziehbar sein.

Nach Ansicht Hollitschers ist die dominierende Tendenz in der Entwicklung des Universums der Fortschritt von niederen zu höheren Zuständen. Obwohl er die Offenheit für das Entwicklungs- und Fortschrittsdenken oder auch die Blockaden ihm gegenüber wissenssoziologisch mit der gesellschaftlichen Situation und Interessenlage der Erkennenden in Beziehung setzt (VI, S. 54-60), soll der Unterschied von Höherem und Niederem mit objektiven Methoden feststellbar sein: „Was Natur und Geschichte im Laufe der Entwicklung synthetisch aufgebaut haben, wird durch das analytische Verfahren in der Wissenschaft von Stufe zu Stufe abgebaut". Was bei Betrachtung der Entwicklung des Universums als zeitliche Entfaltung imponiert, stellt sich der wissenschaftlichen Zustandsanalyse häufig als eine Art Ineinanderlagerung dar – in Reihen wie: Sozium – Mensch – Organe – Zellen – Eiweißmoleküle usw., durch deren Analyse das erkennende Denken Entwicklungsprozesse rekonstruiert (VIII, S. 70).

Das Problem, wie die Entstehung von qualitativ Neuem – das Grundphänomen von Entwicklung – rational beschrieben und erklärt werden kann, ohne zu fragwürdigen Sätzen wie „Das Ganze ist mehr als die Summe seiner Teile" Zuflucht nehmen zu müssen, beschäftigt Hollitscher stark. In seinem Ansatz ist es das erkenntnistheoretische Zentralproblem der Untersuchung von Entwicklungszusammenhängen. Der von ihm vorgeschlagene Ausweg aus den damit verbundenen Schwierigkeiten besteht darin, eine Art Erhaltungsprinzip für die Mannigfaltigkeit in der Welt anzunehmen. Für Hollitscher ist dies eine zwingende Konsequenz aus dem Postulat der wissenschaftlichen Erklärbarkeit von Entwicklung, das die Äquivalenz von Explanans und Explanandum verlangt: „In unserer Welt entsteht ständig Neues, aber es entsteht nicht aus dem Nichts". In einem bestimmten Sinne muss daher „die ‚Mannigfaltigkeit' dessen, was zur Erklärung des Entstandenen herangezogen wird, die gleiche sein wie die des zu erklärenden Neuentstandenen". „Höherentwicklung" ist also charakterisiert nicht durch sich steigernde Mannigfaltigkeit, sondern durch „eine sich ändernde Konfiguration des Gleichmannigfaltigen, die Entstehung neuer Konfigurationen in Raum und Zeit, neuer ‚Organisationsstufen' in Raum und Zeit, die sich entsprechend ihren weltgeschichtlichen Aufeinanderfolgen in Reihen, eben in Entwicklungsreihen, einordnen. Das sogenannte ‚Chaos', aus dem sich der ‚Kosmos' entwickelte, die ‚Urnebel' der Kosmologen können nicht Gebilde geringerer Mannigfaltigkeit gewesen sein, als sie die späteren Weltenzustände aufwiesen, falls sich diese aus jenen auf Grund *eindeutiger* Gesetze entwickelt haben" (VII, S. 63). Was sich ändert, ist nicht „die numerisch charakterisierbare Mannigfaltigkeit der Materie", sondern „die Konfiguration, die Komplexität, die Anordnung und Ordnung. Überdenkt man diese Behauptung, so läuft sie letzten Endes auf die Formulierung eines allgemeinsten Erhaltungssatzes hinaus" (VIII, S. 72). Diese Lösung entbehrt nicht der Originalität. Emergenz wird durch Reduktion erklärt, Entwicklung durch Umordnung. Damit aber muss sich Hollitscher selbst Reduktionismus vorwerfen lassen, den er doch so vehement bekämpft; es scheint, dass er sich dieser offenen Flanke nicht bewusst ist.

Die Erhaltung der Mannigfaltigkeit als „Invariante" der Evolution ergibt sich für Hollitscher, wie aus der zitierten Stelle ersichtlich ist, als Konsequenz der Prämisse, dass die späteren Weltzustände aus den früheren aufgrund eindeutiger Gesetze hervorgehen. Dies ist nach meiner Ansicht die Achillesferse seines Entwicklungskonzepts, die diesem einen konservativen, prämodernen Zug verleiht. Das postulierte Vorliegen „eindeutiger" Entwicklungsgesetze bedeutet – wie sich aus dem Gesamttext ergibt – nicht nur die Behauptung, dass alle Vorgänge in der Welt letztendlich in Entwicklungszusammenhänge eingebunden sind (man vergleiche dazu die Differenzierung zwischen den Begriffen „Veränderung" und „Entwicklung"), nicht nur die Forderung, dass Entwicklungsgesetze exakt und in diesem Sinne eindeutig formuliert werden sollen (diese Forderung gilt selbstverständlich auch für Wahrscheinlichkeitsgesetze), und auch nicht einfach die Ansicht, die Mechanismen aller Entwicklungsprozesse hätten identische Züge, sondern die Auffassung, dass die aktuell vorliegende Bedingungskonstellation den Entwicklungspfad, den das evolvierende System einschlägt, eindeutig und notwendig bestimme: „Wo immer der niedrigere Zustand in gleichen Umgebungsbedingungen gegeben ist, folgt daraus mit Notwendigkeit der höhere" (V, S. 53). Im Rahmen einer Diskussion verschiedener Hypothesen über die primäre Entstehung des Lebens bemerkt Hollitscher: Wenn wir die Gesetzmäßigkeit des Lebens einmal beobachtet und untersucht haben, dann können wir mit Recht erwarten, dass auf einem später entstandenen Planeten, wenn dort die Materie das entsprechende Organisationsniveau erreicht hat, „der gleiche Sprung in die höhere und qualitativ neue Gesetzmäßigkeit vollzogen werden wird, zu dem es etwa auf unserer Erde zuvor gekommen war" (XLII, S. 301).

Hier gerät Hollitscher in eine erkenntnistheoretische Paradoxie, die er nicht plausibel aufzulösen vermag: „Obwohl die höheren Zustände gesetzmäßig auf die niedrigeren folgen und die niedrigeren Gesetzmäßigkeiten in den höheren enthalten sind, sind doch die höheren nicht aus den niedrigeren ‚ableitbar'. Sie stellen etwas wahrhaft Neues dar" (V, S. 53). Komplexere Stufen der Entwicklung seien aus den vorhergehenden in natürlicher und gesetzmäßiger Weise entstanden, „aber das Gesetz ihrer Entstehung ... ist erst nach vollzogener Entwicklung formulierbar" (XLII, S. 301). Warum sollte das der Fall sein? Wenn der höhere Zustand eindeutig – also auch vollständig – durch den vorhergehenden bestimmt ist, in diesem seinen zureichenden Grund hat, dann ist im Prinzip nicht mehr nötig als die genaue Kenntnis des Ausgangszustandes, um den folgenden zuverlässig prognostizieren zu können. Die Erfahrung, dass viele Entwicklungen überraschend eintreten, ist kein beweiskräftiges Gegenargument; sie belegt nur, dass man in diesen Fällen den Ausgangszustand nicht genau genug gekannt hat, nicht aber, dass man ihn auch nicht mit der erforderlichen Genauigkeit hätte kennen können. Überdies gerät Hollitscher auch mit sich selbst in Widerspruch: „Nur durch rechtzeitiges Erkennen der vorwärtstreibenden Tendenzen können wir dem Fortschritt in der Entwicklung aktiv dienen. Sie sind zuerst oft kaum merklich und verglichen mit den hochentwickelten, aber konservativen Altersformen (die selbst einmal revolutionär begonnen hatten) bisweilen höchst unscheinbar oder ungeschlacht. Jedoch an der Fähigkeit, das Neue und Werdende in jeder Form zu erkennen und persönlich für das Neue einzutreten, erkennt man den dialektischen Materialisten" (IX, S. 79). Hier wird dem Menschen sogar die Fähigkeit zugeschrieben, „vorwärtstreibende Tendenzen" schon dann zu erkennen, wenn diese noch kaum merklich sind.

Die Schwierigkeit, die Anerkennung einer historischen Gesetzmäßigkeit mit der postulierten Notwendigkeit aktiven Handelns in Einklang zu bringen, ist in Arbeiten marxistischer Autoren weit verbreitet; es handelt sich hier nicht um ein Defizit, das etwa in besonderer Weise dem Gedankengang Hollitschers eigen wäre. Diese Schwierigkeit muss dilemmatischen Charakter annehmen, solange Entwicklung im Prinzip linear gedacht wird. Gegenüber dem „flachen" Bild stetigen Fortschreitens, wie es Hollitscher im liberalen Fortschrittskonzept des 19. Jahrhunderts vertreten sieht – Herbert Spencer etwa sei vom Fortschritt „berauscht" gewesen (VII, S. 60) –, werden zwar mögliche Stagnationen und Rückschritte in Betracht gezogen, im Prinzip aber bleibt es bei der einen notwendigen Entwicklungsrichtung. Kaum jemals ist von Entwicklungsalternativen die Rede; die einzige Alternative, die explizit angegeben wird, ist die von Fortschritt oder Untergang: „Einzigartig ist die Rolle des Menschen im Rahmen der universellen natürlichen Entwicklungsgeschichte ... Er ist Herr seines eigenen Entwicklungsschicksals. Er kann es weise und zum Wohle seiner Artgenossen, in planender Voraussicht des Glückes und des Aufstieges aller gestalten oder zu einem jähen Ende führen, es in einer von ihm selbst verschuldeten kosmischen Atomglut aufgehen lassen, gleich der der Sonne, von der das Material seinen Anfang nahm, dem wir entstammen. So wird das letzte Wort der Entwicklungsgeschichte von uns allen gesprochen werden" (VII, S. 68).

Es gibt keinen ersichtlichen Grund dafür, weshalb ein materialistisch-dialektischer Ansatz ein unidirektionales Entwicklungskonzept präferieren müsste. Im Gegenteil, die Hypothese, Entwicklungsgesetze würden Möglichkeitsfelder für alternative Pfade bestimmen, ist sogar naheliegender./50/ Aus dieser Sicht erscheinen Situationen, in denen evolvierende Systeme eine und nur eine Möglichkeit haben, die sich notwendig realisieren muss, als Grenzfall einer vielgestaltigeren und flexibleren Realität. Wenn in marxistischen Texten so oft das Bild eines einsinnigen Entwicklungsfortschritts gezeichnet wird, dann ist dies eher das Resultat einer ideologischen Projektion, die die politische Überzeugung, eine sozialistische Gesellschaftsform sei wünschenswert, mit dem Nachweis ihrer zwingenden historischen Notwendigkeit zu unterbauen sucht. Von dieser Versuchung ist Hollitscher nicht frei; das theoretische Äquivalent dieser Schwäche ist die Unterbelichtung der objektiven Wechselbeziehung von Möglichkeit und Wirklichkeit in Entwicklungsprozessen – ungeachtet seiner weiter oben erwähnten Appelle an den „Möglichkeitssinn".

Der Nachweis theoretischer Defizite im hier vertretenen Entwicklungskonzept sollte indes nicht das Verdienst schmälern, das in dem insgesamt fruchtbaren Versuch liegt, eine Vielzahl von Bausteinen aus den unterschiedlichsten Disziplinen zu einem großangelegten Entwicklungspanorama zu synthetisieren. Wenn man es mit Hollitscher als die zentrale Aufgabe der Naturphilosophie betrachtet, eine solche Synthese zu leisten, dann ist damit eine gravierende philosophische Entscheidung verbunden: Den verschiedenen Segmenten des naturwissenschaftlichen Wissens werden Unterschiede ihrer philosophischen Relevanz zugesprochen. Deshalb polemisiert Hollitscher gegen Wittgensteins Diktum: „Die Darwinsche Theorie hat mit der Philosophie nicht mehr zu schaffen als irgendeine andere Hypothese der Naturwissenschaft"./51/ Diese Feststellung (Satz 4.1122 des *Tractatus*) ist in Wittgensteins Philosophiekonzept ganz folgerichtig; wenn er bemerkt, dass Philosophie keine Lehre, sondern eine Tätigkeit sei, die nicht „philosophische Sätze" erzeugt, sondern das Klarwerden von Sätzen bewirkt, dann kann diese klärende Tätigkeit zweifellos an beliebigen Sätzen aus beliebigen naturwissenschaftlichen (und anderen) Disziplinen ausgeübt werden. Hollitschers Philosophieauffassung ist eine grundlegend andere; danach produziert Philosophie in Bezugnahme auf die Wissenschaften und durch diese Bezugnahme inhaltliches Wissen. Die zitierte Aussage Wittgensteins sei „historisch einfach falsch (die Antimaterialisten hatten mit Darwin alle Hände voll zu ‚schaffen', und die Materialisten verstanden sein Werk zu würdigen) und zeigt – rein sachlich betrachtet – überdies, auf welch absonderliche Domäne der sogenannte ‚logische Empirismus' (oder Positivismus) den Bereich der Philosophie einschränken möchte: Von der Realität und ihren wesentlichen Zügen soll in ihr nicht die Rede sein dürfen; nur nachdem ein sachliches Problem zu einem rein-sprachlichen entfremdet worden ist, dürfe ein Philosoph davon reden". Der Lehre Darwins

„philosophische Würde abzusprechen, heißt, zwischen Wissenschaft und Philosophie eben jene Kluft aufreißen zu wollen, deren Schließung unser Bemühen gewidmet ist" (XXXII, S. 236).

Der entscheidende Punkt ist hier nicht eine philosophische Ehrenrettung Darwins, sondern das mit der Hervorhebung des großen Evolutionsforschers implizit verbundene Postulat, dass es im Ozean des naturwissenschaftlichen Wissens Bezirke gibt, die für eine als allgemeine Entwicklungslehre aufgefasste Naturphilosophie von besonderer Bedeutung sind. Solche Bezirke sind in Hollitschers Sicht zum ersten Erkenntnisse über die Herausbildung qualitativ neuer Niveaus oder Schichten im Stufenbau der Realität, zum zweiten defizitäre Gebiete, in denen bei der Aufhellung des universellen Entwicklungszusammenhangs Lücken bestehen und die spekulativen Hypothesen wuchern, und zum dritten Felder, auf denen philosophisch gefärbte Kontroversen über Entwicklungsprozesse ausgetragen werden. Oft sind es ein und dieselben Sektoren der naturwissenschaftlichen Erkenntnis, für die alle drei Relevanzkriterien zugleich zutreffen. Die Auswahl naturwissenschaftlicher Tatsachen, Theorien und Hypothesen, die bei Hollitscher näher diskutiert werden, erfolgt nach diesen Kriterien. Die umfangreichen Teile des Buches, in denen im Rahmen des vorgestellten wissenschaftsphilosophischen Begriffsgerüstes auf dem Hintergrund des in der unmittelbaren Nachkriegszeit verfügbaren Wissens ein universales Entwicklungspanorama entworfen wird, können hier nicht in extenso erörtert werden; eine knappe Skizze muss genügen. Charakteristisch für den intellektuellen Stil der Darstellung ist, dass Hollitscher bei jeder sich bietenden Gelegenheit seine Leser ermahnt, die besprochenen Hypothesen keinesfalls für gesichertes Wissen zu nehmen. Um einer unwillkürlichen Dogmatisierung vorzubauen, folgt er dem methodischen Prinzip, zu einem und demselben Gegenstand, wo immer es möglich ist, konträre Hypothesen zu präsentieren. Besonders ist ihm an Fällen gelegen, in denen die Autoren solcher konträren Hypothesen philosophisch gleichermaßen zum dialektischen Materialismus neigen; darin sieht er überzeugende Exempel des von ihm bevorzugten Paradigmas eines undogmatischen Wechselspiels von Philosophie und Naturwissenschaften.

5.1. Anorganische Evolution

Die Darstellung beginnt mit der Diskussion kosmogonischer Konsequenzen aus kosmologischen Modellen. Hollitschers Sympathie gilt ersichtlich den Modellen, die auf Einsteins allgemeiner Relativitätstheorie – einer Theorie, die eine „außerordentliche Objektivierung der Naturwissenschaft" (XV, S. 129) darstellt – basieren, doch er bespricht auch alternative Hypothesen. Besondere Aufmerksamkeit findet die damals (wohl vor allem in England) vieldiskutierte extravagante Hypothese von E. A. Milne, die mit zwei nichtidentischen Zeitskalen operiert – wohl deshalb, weil sie die Voraussetzung für eine nicht minder extravagante quantentheoretische Hypothese von Haldane über die Entstehung unseres Planetensystems bildete.[52]

Da der Entwicklungsgedanke jedenfalls die Vorstellung von der Gerichtetheit zeitlicher Abläufe voraussetzt, beschäftigt sich Hollitscher mehrfach mit der Frage objektiver Kriterien für die Unterscheidung von „vorher" und „nachher". Er folgt der gängigen Ansicht, derzufolge die Zeitrichtung durch den Entropiesatz bestimmt ist, und schließt aus den definitorischen Voraussetzungen des Entropiebegriffs, dass „die ‚Entropie des gesamten Universums' keineswegs klar definiert" sei (XIII, S. 109). Ausführlich diskutiert er die Probleme, die sich in diesem Zusammenhang aus der statistischen Deutung der Entropie ergeben, vor allem anhand der schon von Ludwig Boltzmann selbst verwendeten Argumente. Dabei hebt er eine besonders klare Darstellung bei F. Exner hervor, wonach in – relativ zu den gewöhnlichen Objekten unserer Beobachtung – kleinen Gebieten die Zeit rückläufig sein könne und das Nebeneinanderbestehen rückläufiger und rechtläufiger Zeiten nicht absurder sei als das gleichzeitige Oben und Unten im Raum;/53/ er meint, dass „viele spätere, keineswegs klarere Darstellungen derselben Meinung die Quelle, aus der sie letztlich stammen, entweder verleugnen oder nicht zu kennen scheinen" (XIII, S. 113). Insgesamt gerate man aber bei der Diskussion des Begriffs der Zeitrichtung in ein gutes Stück ungelöster und nicht restlos geklärter kosmologischer Problematik hinein (XIII, S. 115).

Bei der Erörterung der Planetenkosmogonien hat Hollitscher eine sichtliche Präferenz für solche Hypothesen, die die Entstehung von Planetensystemen als einen „normalen", regulären Vorgang in der Entwicklung des Universums behandeln. So könne man nach einer 1944 von C. F. v. Weizsäcker vorgelegten Untersuchung erwarten, „dass sehr viele Sterne Planeten um sich geschart haben. Dies ist ein neuer, wenn Sie wollen optimistischer Zug in der bis dahin so oft mit seltenen Katastrophen spekulierenden Planeten-Kosmologie" (XXIII, S. 185). Der Hypothese von Milne – mit dessen philosophischem Standpunkt Haldane keineswegs übereinstimmt – wird als Vorzug angerechnet, dass sie „die Entstehung unseres Planetensystems nicht als isoliertes Problem und als kosmisches Zufallsereignis" betrachtet, „sondern als einen Teil der naturhistorischen kosmogonischen Vorgänge in unserem Über-Milchstraßensystem, unserer Metagalaxis, als einen Prozess, der die Entstehung der Planeten zu der der Sterne in enge Beziehung setzt" (XXIII, S. 188). Als Exempel für gegensätzliche Positionen in der Planetenkosmogonie werden die Hypothesen der sowjetischen Forscher O.J. Schmidt und V.G. Fessenkov erörtert./54/

Der bescheidene Stand des Wissens über die Verhältnisse im Erdinnern, das im wesentlichen auf Ergebnisse der Erdbebenforschung angewiesen ist, bedingt in dieser Frage einen Zustand „mittlerer Ignoranz, der einem Mut zur Aufstellung kosmologischer Spekulationen gibt und zu zwei Theorien-Typen geführt hat: der sogenannten Meteoritentheorie des Erdinnern und der Solartheorie des Erdinnern" (XXIV, S. 193). Hollitscher behandelt diese Theorienkontroverse und lässt im Anschluss daran die Konzepte der geologischen Evolution Revue passieren. Zu der damals sehr einflussreichen Theorie, die die Gebirgsbildung mit einer sukzessiven Schrumpfung des Erdvolumens in Verbindung bringt, sieht er eine „vielversprechende Alternativauffassung" in der Ansicht, dass Konvektionsströmungen unter der Erdkruste zum Aufwerfen der Gebirge führen (XXV, S. 201). Für sehr wichtig erachtet er den Umstand, dass ein beträchtlicher Teil der Erdgeschichte von der Lebensgeschichte nicht zu trennen ist: „In einem großen Kapitel der Geochemie trifft sich die Geologie mit der Biologie" (XXV, S. 202).

Dies führt zu einer ersten brisanten Schwelle im evolutionären Gesamtpanorama, die zugleich ein Ort intensiver interdisziplinärer Wechselwirkung ist: dem Problem der Entstehung des Lebens auf der Erde, das noch vor kurzem vorwiegend spekulativ diskutiert worden sei: „Es stellt einen Konvergenzpunkt mathematischer, physikalischer, chemischer, geologischer und geophysikalisch-geochemischer Untersuchungen dar", die es ermöglichen, „die bisherige Kluft zwischen biologisch-histologischen und chemischen Größenordnungen zu schließen", wobei der Angriff auf das Problem „konzentrisch von vielen Seiten her vorgetragen" wird (XXVI, S. 203). Solche Forschungsfronten, die quer zu den im Wissenschaftsbetrieb verfestigten Grenzen zwischen den Disziplinen verlaufen, erwecken Hollitschers höchstes Interesse, auch aus erkenntnistheoretischer Sicht. Angesichts dessen, dass der Prozess der primären Entstehung des Lebens anscheinend keine direkten Spuren hinterlassen hat, ist die Forschungssituation delikat. Wir sind in einer Lage, in der wir „aus den *heute* zu beobachtenden organischen Prozessen und Gestalten *und* unseren Kenntnissen über die zur Lebensentstehungszeit herrschenden Umweltbedingungen das ‚erste Leben' jener Zeit *rekonstruieren* müssen" (XXVI, S. 204). Dies ist ein altes Thema der Dialektik, das schon in der klassischen deutschen Philosophie behandelt wurde und bei Marx und Engels eine erhebliche Rolle spielte: „Man kann den Gedanken der *Historizität* auch *der Natur* nicht ernst genug auffassen, und aus ihm folgt, dass in der Gegenwart die Vergangenheit ‚aufgehoben' ist. Versteht man, *was ist*, so hat man einen Schlüssel in der Hand, der zu verstehen hilft, wie es *geworden* ist" (XXVII, S. 209). Obwohl das Problem der Lebensentstehung in kosmogonischer Perspektive als ein lokales erscheint, das bisher nur an einem einzigen Planeten studiert werden kann, „hängt doch die aktuelle Auslese dessen, was *realisiert* wird aus dem, was bloß *möglich* war, von der Gesamtheit der waltenden Umweltbedingungen – letzten Endes des Universums – ab" (XXVI, S. 204).

Mit diesen methodologischen Vorgaben diskutiert Hollitscher verschiedene Hypothesen über den möglichen Mechanismus der Lebensentstehung, beginnend mit den frühen Vermutungen bei A.J. Oparin (1922) und J.B.S. Haldane (1928), wobei er sich auf die kritische Analyse des aktuellen Forschungsstandes in der von J. D. Bernal zu dem Thema *The Physical Basis of Life* am 21.11.1947 gehaltenen Guthrie Lecture stützt. Jede plausible Hypothese über diesen komplexen Vorgang müsse von einer Auffassung des Lebens ausgehen, die im Sinne von L. v. Bertalanffy Organismen als offene Systeme im Fließgleichgewicht versteht. Als aussichtsreichste unter den damals verfügbaren Konzepten betrachtet Hollitscher die an Bungenberg de Jong anknüpfende Koazervathypothese von Oparin und die „Schablonen"hypothese von Bernal, derzufolge die Oberflächenadsorption organischen Materials an Tonpartikeln der entscheidende Vorgang bei der Bildung lebender Materie gewesen sein könnte. Hollitscher erklärt nicht explizit, welcher Hypothese er den Vorzug gibt, lässt aber größere Sympathien für den Ansatz von Bernal erkennen, weil darin die Selektivität der biochemischen Vorgänge, die Herausbildung enzymatischer Reaktionszyklen und die für das Leben typischen Reduplikationsvorgänge plausibel gedeutet werden und

Linus Paulings Resonanztheorie wie überhaupt die moderne Physik, die „von Jahr zu Jahr weniger mechanisch" wird (XXVIII, S. 217), einen geeigneten Anknüpfungspunkt finden. Vitalistischen Argumenten, die Funktion der „Lebensmaschine" verletzte den Entropiesatz, hält er entgegen, dass sich das Leben sozusagen von negativer Entropie nährt. Der Begriffspool, mit dem hier operiert wird, lässt – ideengeschichtlich betrachtet – das Gedankenmaterial erkennen, aus dem sich später die Grundzüge der Molekulargenetik oder auch die Theorie dissipativer Strukturen formten.

5.2. Organische Evolution

Einen großen Teil der folgenden Kapitel nimmt die Behandlung des Darwinismus, der um ihn geführten Diskussionen und der mit ihm verbundenen Problematisierung des Fortschrittsbegriffs ein. Da Arten unterschiedlichster Komplexitätsstufen gleichermaßen vortrefflich angepasst sind, könne die Tatsache der Anpassung für sich genommen noch kein hinreichender Indikator für Fortschritt sein. Der Übergang von einer dominanten Organismengruppe zur nächsten setze phylogenetisch nicht an den extrem angepassten, überspezialisierten Arten des vorhergehenden Typs, sondern „an allgemein lebenstüchtigen, sozusagen optimal plastischen Arten" an (XXXIII, S. 242). Der Begriff des Fortschritts, der progressiven Evolution, wird nicht auf den Bau des Organismus allein, sondern auf das ganze System der Wechselbeziehungen von Organismus und Umwelt bezogen, und letztlich wird die systemische Betrachtungsweise so weit ausgedehnt, dass Hollitscher dazu neigt, mit Huxley den biologischen Fortschritt als eine dynamische Qualität der gesamten Biosphäre aufzufassen. Die Entstehung des Menschen erscheint nicht nur als Vorgang einer bestimmten Artenneubildung aus einer Ursprungsart, sondern als ein Evolutionsprodukt und Evolutionsstadium der Biosphäre im ganzen, und bedeutet die weiter fortschreitende „Annäherung an einen Zustand trefflicher Angepasstheit und universellerer Lebenstüchtigkeit" des Individuums und der Art: „In diesem *objektiv* charakterisierten Fortschrittsbegriff steckt keine verborgene Teleologie und keine subjektive Wertung" (XXXIII, S. 243).

Das Verhältnis von Evolution und Vererbung wird in diesem Buch auf die in der Biologie übliche Weise behandelt, von neolamarckistischen Ansätzen ist nicht die Rede; darauf ist weiter oben schon eingegangen worden. Im gleichen Sinne beantwortet Hollitscher die Frage nach dem Ursprung der Variationen, an denen nach der Darwinschen Theorie die Selektion ansetzt; er ist davon überzeugt, „dass diese moderne Mutationstheorie mit ihren unzähligen wohlerwiesenen Beispielen gerade das leistet, was der Mendelsche Mechanismus der Bastardisierung nicht leisten konnte; durch Mutation *kann* Neues entstehen (XXXV, S. 255).

Ebenso wie die Phylogenese der Arten betrachtet Hollitscher die Ontogenese der Organismen als Entwicklungsprozess, wobei er sich besonders auf die stark mit biochemischen Erkenntnissen operierenden embryologischen Arbeiten von Joseph Needham stützt.[55] Dabei geht er auch auf die traditionelle Kontroverse präformistischer und epigenetischer Standpunkte ein und bemerkt, deren metaphysische Gegenüberstellung sei der Entwicklung einer wissenschaftlichen Embryologie nicht zuträglich gewesen (XXXVI, S. 257). Eingehend werden die Ansichten von W. Roux, H. Driesch, H. Spemann und anderen über den Mechanismus der ontogenetischen Differenzierung besprochen.

Bei Hollitschers Beschäftigung mit der Evolution des Lebens ist der Aspekt, der seine Hauptaufmerksamkeit in Anspruch nimmt, die Entwicklung der psychischen Funktionen bis zur Entstehung des menschlichen Bewusstseins. Eine Auffassung des Bewusstseins, die sich nicht auf die Naturgeschichte des Psychischen gründet, ist für ihn reine Metaphysik; obwohl es erst der künftigen Wissenschaftsentwicklung vorbehalten sein werde, die durchlaufende „Entwicklungsgeschichte des Bewusstseins" zu schreiben, sei doch schon jetzt sichtbar, dass die Mehrzahl der üblichen Paradoxien, in die sich philosophische Diskussionen der Bewusstseinsvorgänge zu verstricken pflegen, nicht durch Unzulänglichkeiten des Wissens, sondern durch „metaphysische Voreingenommenheiten" bedingt sind (XXXVII, S. 266). Auf die evolutionistische Alternative, die Hollitscher dem entgegenzusetzen sucht, ist bereits weiter oben eingegangen worden.

5.3. Anthropo- und Soziogenese

Der zweite große Umschlagspunkt im Evolutionspanorama ist in der Darstellung Hollitschers der Übergang von der organischen Evolution zur menschlichen Geschichte. Soweit es um Struktur und Entwicklung der menschlichen Gesellschaft in ihrer Spezifik gegenüber der Natur geht, überschreitet der Text nicht den Rahmen der damals üblichen kargen Schematik des historischen Materialismus, wobei die defizitäre Literatursituation der ersten Nachkriegsjahre einen zusätzlichen Nachteil bildet. Hinzu kommt, dass dieses Themenfeld zu großen Teilen schon jenseits der Sphäre aktiven Interesses liegt, in der Hollitscher zu Hause ist.

Nichtsdestoweniger gewinnt die Darstellung überall dort an konzeptionellem Gewicht und geistesgeschichtlicher Bedeutung, wo sie die Beachtung der Naturgrundlagen menschlicher Existenz als unverzichtbares Moment des Geschichts- und Gesellschaftsverständnisses anmahnt. Diese Behauptung wird nur plausibel, wenn man die Schematisierung in Betracht zieht, die der Marxismus im sowjetischen Philosophiebetrieb erfahren hatte und die nun über die Übersetzung sowjetischer Literatur, die Schulungsprogramme der SED und die allgemeine Propaganda auf das geistige Klima der Sowjetischen Besatzungszone bzw. der frühen DDR einwirkte. Karl Marx und Friedrich Engels waren in ihren Schriften bemüht, den Menschen als dialektische Einheit von Natürlichem und Sozialem zu konzipieren; man kann diese Intention als das Zentrum ihres Menschenbildes auffassen, und wenn zwischen Intention und Ausführung auch oftmals eine breite Lücke klaffte, so war das Motiv doch immer präsent. Die ideologische Schematisierung hatte indes zu einer faktischen Zweiteilung der marxistischen Philosophie in dialektischen und historischen Materialismus geführt; in der maximal vulgarisierten Version erschien der dialektische Materialismus als Naturphilosophie, der historische Materialismus als Sozial- und Geschichtsphilosophie, und die Naturwissenschaften galten als Zuständigkeitsbereich des ersteren, die Geistes- und Sozialwissenschaften als Domäne des letzteren. Jegliche Bemühungen, den Naturaspekt des Soziums und der menschlichen Individualität hervorzuheben, standen zwar nicht in Kontrast zur Gedankenwelt der Gründerväter des Marxismus, erodierten aber die kanonisierte Gestalt des Marxismus-Leninismus. Die Bedeutung der einschlägigen Teile des Buches, die aus der unmittelbaren Lektüre heute nicht mehr nachvollzogen werden kann, erschließt sich aus dem zeitgeschichtlichen Kontext.

Hollitscher referiert zunächst recht ausführlich den Stand des Wissens über den Prozess der Anthropogenese und dessen Rekonstruktion auf der Grundlage von Skelett- und Werkzeugfunden. Als Grundtendenz des gesamten Prozesses sieht er das sukzessive Zurücktreten der Naturgeschichte des Menschen hinter seine Kulturgeschichte (XLIV, S. 321). Die alte Streitfrage, ob der Werkzeuggebrauch oder vielmehr der Sprachgebrauch das zentrale Kriterium für die Unterscheidung zwischen Mensch und Tier sei, hält er nicht für eine echte Alternative, „denn es könnte einem scheinen, dass jeder wirksame und dauernde kollektive Werkzeuggebrauch mit der Verständigungsmöglichkeit der Hordenmitglieder Hand in Hand gegangen sein müsste, dass also Werkzeug- und Sprachgebrauch sich gleichzeitig entwickel hätten" (XLV, S. 322). Von diesem Ausgangspunkt her wird die Entwicklung von Sprache und Denken in der bereits weiter oben besprochenen Weise erörtert.

Das Kapitel XLVI trägt die programmatische Überschrift „Die Menschheit bildet eine Familie". Hier legt er als eine wissenschaftlich vollkommen gesicherte Einsicht dar, dass alle heute auf der Erde lebenden Menschen im biologischen Sinne ein und derselben Art angehören und dass aus der Sicht der vergleichenden Anatomie selbst die größten heute unter den Menschen zu findenden Differenzen unbeträchtlich sind, gemessen an den Unterschieden zwischen Ur- und Vormenschentypen (XLVI, S. 329). In den Kriegs- und Nachkriegsjahren hat Hollitscher immer wieder gegen den Rassismus und seine pseudotheoretischen Grundlagen polemisiert; auch dieses Kapitel gilt im wesentlichen dem Nachweis der Unhaltbarkeit der sogenannten Rassentheorien, einem kurz nach Ende der nazistischen Gewaltherrschaft brandaktuellen Thema: „Die ‚Rassentheorie' ist nicht Teil der Wissenschaft, sie ist ein wissenschafts- und menschenfeindlicher Aberglaube, dem zu verfallen die tiefste Entwürdigung des Verstandes und der Gesellschaftsmoral bedeutet" (XLVI, S. 333)./56/

Während hier eine behauptete natürliche Differenz in der menschlichen Population als fiktiv nachgewiesen wird, verweist Hollitscher – wenn auch noch eher zaghaft – auf die fundamentale Bedeutung einer anderen, diesmal realen natürlichen Differenz für die menschliche Geschichte und ihr Verständnis: des Unterschiedes der Geschlechter. Dabei formuliert er durchaus modern (vermutlich ein Effekt seiner psychoanalytischen Schulung), dass „das, was man ‚normale' Männlichkeit und Weiblichkeit nennt, eine bestimmte Mischungsbalance zwischen männlichkeits- und weiblichkeitsbestimmenden Faktoren darstellt, die unter bestimmten Umständen in der einen oder anderen Richtung gekippt sein mag" (XLVII, S. 337). Am biologischen Geschlechterunterschied habe „ein ungeheurer und sich in mannigfaltigsten Formen wandelnder *gesellschaftlicher* Differenzierungsprozess angesetzt" (XLVII, S. 338). Leider verfolgt Hollitscher den Gedanken der Wechselbeziehung von Natürlichem und Sozialem an dieser Stelle nicht weiter; seine Darstellung mündet vielmehr in die für den Marxismus traditionelle Argumentationsfigur, die wesentliche Gleichartigkeit von Mann und Frau gegen die Benachteiligung und Unterdrückung der Frau als Produkt einer ungerechten Gesellschaftsordnung ins Feld zu führen. Die Ergebnisse der modernen vergleichenden Ethnologie seit den Studien von Margret Mead[57] wertet er als eindrucksvolle Widerlegung der Behauptung, „es bestünden zwischen Mann und Frau angeborene und gesellschaftsunabhängige Intellekts- und Emotionsunterschiede" (XLVII, S. 339).

Ein weiteres wichtiges Teilthema des Verhältnisses von Natürlichem und Sozialem, das Hollitscher anspricht, ist die Koevolution von Sozium und Biosphäre. Wie er bemerkt, hätte die Menschheit ohne die Entwicklung der Nutzpflanzen und Haustiere die Stufe der Zivilisation nie erreichen können (XLVIII, S. 343). Solche Passagen sind eher Aphorismen als systematische Darlegungen, aber darunter finden sich ausgesprochen weitsichtige Gedanken wie der folgende: „Will der Mensch seinen dauernden Vorteil am nicht-menschlichen Leben haben, so muss auch dieses seinen Vorteil an der ‚Vergesellschaftung' mit dem Menschen finden" (XLVIII, S. 344). Fruchtbar ist auch die Anregung, die Technikgeschichte in diesen Zusammenhang zu stellen: „So ermöglicht die Domestizierung von Lebewesen einerseits den technischen Fortschritt des Menschen, so intensiviert und vervielfältigt andererseits der Fortschritt der Technik die Verwendung der domestizierten Lebewesen" (XLIII, S. 347). Die Periodisierung der Urgeschichte sieht er wesentlich bestimmt durch Stufen in Art und Intensität des Stoff- und Energiewechsels des Menschen mit seiner belebten Umwelt und erörtert in diesem Zusammenhang klassische und moderne Periodisierungsvorstellungen.

Die hier angedeutete Entwicklung kennzeichnet Hollitscher als „Umschlagsprozess von der Natur zur Kultur", der „das letzte Kapitel der Naturdialektik und zugleich das erste der historischen Dialektik darstellt" und damit auch den systematischen Abschluss der Vorlesung bildet. Was Hollitscher zum Verständnis dieses Umschlagsprozesses beizutragen hat, ist seinem sachlichen Gehalt nach eher bescheiden. Im Kontext der Zeit gesehen, ist es jedoch sehr beachtenswert; es überragte alles, was das zeitgenössische marxistische Denken im Osten Deutschlands – das nach den zwölf Jahren Nazidiktatur gerade erst erwacht und schon wieder in die Fesseln der stalinistischen Orthodoxie geraten war – zu bieten hatte, an Gedankenreichtum und vor allem an Offenheit.

6. Ideengeschichtlich-biographische Retrospektive: Gedanken zur Genese der naturphilosophischen Position Walter Hollitschers

Die Berliner Naturdialektik-Vorlesung Hollitschers war ein unzweideutiges Bekenntnis zu Friedrich Engels' Dialektikauffassung, die mit jener seines Freundes Karl Marx verwandt und verbunden, aber – wie Hans Jörg Sandkühler gezeigt hat[58] – nicht in jeder Hinsicht identisch war. Damit setzte sie einen Schlusspunkt unter einen langen Prozess philosophischer Standortsuche. Der spätere Hollitscher ließ es an Flexibilität und Kreativität des Denkens nicht fehlen, doch er argumentierte dabei nun ohne Vorbehalte als materialistischer Dialektiker, während er in den dreißiger Jahren philosophisch zum logischen Empirismus des *Wiener Kreises* bzw. der aus diesem hervorgegangenen *Unity of Science Movement*/59/ tendiert und sich auch subjektiv dazu bekannt hatte. Es mag hier offen bleiben, ob dieses Heraustreten aus der Spannung zweier differenter philosophischer Kontexte einen Gewinn oder einen Verlust bedeutete; als Faktum ist es unbestreitbar. Peter Goller und Gerhard Oberkofler stellen fest, dass die versuchte Vermittlung zwischen dem logischen Empirismus und dem Materialismus von Marx und Engels eine „originäre Idee" Hollitschers gewesen sei, ein systematischer Brückenschlag zwischen beiden aber nicht gelingen konnte./60/

Vordergründig könnte man diese Feststellung auf die damalige weltpolitische Situation beziehen: Die eskalierenden intersystemaren Spannungen (in der Zeit, als Hollitscher in Berlin über Naturdialektik las, wies der US-Präsident Truman den Bau der Wasserstoffbombe an, und wenige Monate später begann der Koreakrieg) haben die im marxistischen Milieu ohnehin vorhandene Tendenz, als Pendant zu politischer Parteinahme auch strikte philosophische Parteilichkeit zu fordern, radikalisiert und so eine unkonventionelle Perspektive verschlossen. Man kann sie aber auch als Aussage über die theoretische Unvereinbarkeit der beiden Konzeptionen deuten. Mir erscheint die letztgenannte Deutung plausibler. In der Berliner Vorlesung wird Schlick nur beiläufig und Neurath gar nicht erwähnt. Vielleicht hatte sich Hollitscher hier aus Vorsicht zurückgehalten; im Marxismus-Leninismus jener Jahre galt „Positivismus" als ein reines Negativ-Etikett, das auch allen Vertretern des *Wiener Kreises* ohne jede Differenzierung angeheftet wurde. Nichtsdestoweniger führten jene Teilnehmer der „philosophischen Diskussion" vom 23.12.1950, die überhaupt etwas vom *Wiener Kreis* wussten, die Hollitscher vorgehaltenen „ideologischen Fehler" auf die Einflüsse dieses Kreises zurück. Hermann Ley meinte, dass nicht nur das erste Kapitel – das nach Hollitschers eigenen Angaben in Wien geschrieben worden war –, sondern das gesamte Manuskript vom „Wiener Einfluss" geprägt worden sei. Georg Klaus suchte die Quelle der Fehler gleichfalls vor allem im *Wiener Kreis* und konstatierte, „dass in zahlreichen Darstellungen die Sprache des Wiener Kreises auftritt und dass auch die Begriffsbildung von dieser Terminologie beeinflusst ist". Über Robert Havemanns Äußerungen vermerkt das Protokoll, „dass Hollitscher eine ganz bestimmte Entwicklung durchlaufen hat und dass sich alles, was an dem Buch auszusetzen sei, darauf zurückführen lasse. [...] Er glaube, dass es unmöglich sei, sich den Einwirkungen solcher Ideologien auf einmal zu entziehen. Was sei nun die Aufgabe? Die Aufgabe dieser Konferenz sei, ihm zu helfen, alle diese Dinge zu überwinden, weiter zu lernen, die Fehler abzustellen"./61/

Bei anderen Gelegenheiten äußerte sich Hollitscher jedoch mit Sympathie und Respekt über seinen Lehrer Schlick. Gemeinsam mit Josef Rauscher edierte er aus dem Nachlass Schlicks dessen Vorlesung vom Sommersemester 1936;/62/ Goller und Oberkofler bemerken, dass er damit nach 1945 wesentlich zur Wiederentdeckung des in Vergessenheit geratenen Wiener Philosophen beigetragen habe./63/ Später bezog er auch in DDR-Veröffentlichungen in diesem Sinne Position. So steuerte er zum Protokoll der 1969 in Rostock durchgeführten Jungius-Schlick-

Tagung einen kleinen Aufsatz *Zum Gedenken an Moritz Schlick* bei,[64] in dem er sich als den einzigen unter den Schülern dieses Philosophen bezeichnete, der sich zum Marxismus und Kommunismus bekannte.

Über die Entwicklung der philosophischen Position Hollitschers in seinen jungen Jahren lagen bis vor kurzem kaum zusammenhängende Angaben vor. Die von Goller und Oberkofler besorgte Edition der Korrespondenz zwischen Hollitscher und Neurath,[65] die sich von 1934 bis 1940 erstreckte und zeitweise sehr intensiv geführt wurde, hat hier eine ganz neue Lage geschaffen. Damit erschließt sich ein wesentlicher Teil der intellektuellen Entwicklung Hollitschers, die ihn bis zu dem Standpunkt geführt hat, von dem aus er 1949 seine Berliner Vorlesung konzipierte. Zunächst kann nach Einsichtnahme in diesen Briefwechsel nicht mehr bezweifelt werden, dass Hollitscher während der gesamten dreißiger Jahre aufrichtig bemüht war, sich ohne alle Vorbehalte in die Bewegung des logischen Empirismus zu integrieren, so wie umgekehrt Neurath seinerseits – der gegenüber seinem Schüler schon 1934 seinen Wunsch bekannte, dass aus ihm „ganz was Besonderes entstehen"[66] sollte – alles in seinen Kräften Stehende tat, um Hollitscher diese Integration zu ermöglichen. Bei aller Aufrichtigkeit ihres Bemühens spürten beide dabei immer wieder Hindernisse, die sie kaum zu benennen und nur mühsam zu umschreiben vermochten.

Diese Hindernisse waren keineswegs politischer,[67] sondern subtil-philosophischer Art. Die positivistisch-empiristische Linie der Philosophie war von ihren Voraussetzungen her nicht antisozialistisch und nicht einmal antikommunistisch – erst nach der unglücklichen Polemik Lenins gegen „Machismus" und Empiriokritizismus[68] verbreitete sich dieses Vorurteil. Hollitscher hatte die persönliche Erfahrung machen können, dass seine kommunistischen Überzeugungen von Schlick, der sie gewiss nicht teilte, toleriert wurden, gar nicht zu reden von Neurath, der politisch und gesellschaftstheoretisch selbst ausgesprochen sozialistisch dachte. Obendrein gab es spezifische Gründe, die nicht nur für gegenseitige Toleranz, sondern sogar für eine Affinität zwischen Kommunismus und logischem Empirismus sprachen – eine Affinität, die wohl nur deshalb nicht in größerem Maße zum Tragen kam, weil Lenin die Bolschewiki auf eine antimachistische bzw. anti-empiriokritische philosophische Position eingestimmt hatte und diese Einstellung im Marxismus-Leninismus unter Stalin kanonisiert worden war. Beide verstanden sich als Bewegungen, die bestehende Verhältnisse von Grund auf umwälzen wollten. Dem Kommunismus ging es um die Erneuerung von Wirtschaft und Gesellschaft durch Überführung der Produktionsmittel in gesellschaftliches Eigentum, dem logischen Empirismus um die Erneuerung des Wissenschaftsbetriebes durch Elimination der „Metaphysik". Beide erwarteten von ihren Anhängern selbstlose Unterordnung unter ein überpersönliches Anliegen und nicht das Ausleben individueller Kapricen. Die logische Analyse und Rekonstruktion der Wissenschaftssprache sollte die vollkommene Intersubjektivität – also Unpersönlichkeit – der Wissenschaft sichern. Neuraths Briefe an Hollitscher bringen deutlich das Emphatische, Missionarische, Avantgardistische der Bewegung zum Ausdruck, das Einfordern von intellektueller Disziplin und Solidarität. So gab er im August 1938 seinem Schüler zu verstehen, es behage ihm nicht, dass dieser an Schlick und Wittgenstein gerade jene Seite schätze, „die zur Absonderung und aristokratischen Isolierung führt". Er würde es „für netter finden, wenn Sie, wo immer es möglich ist, dem breiten Strom einer Bewegung angehörten, die für die Absonderlichkeiten Einzelner weder Interesse noch Zeit übrig hat...".[69] Das Zentrum struktureller Korrespondenz zwischen beiden Bewegungen war aber das strikte Bestehen auf einem Basiskonsens, die Auffassung jeglicher Abweichungen von dieser Grundnorm als Häresien und das empfindliche Reagieren auf jede Andeutung derartiger Devianzen: Was den Marxisten-Leninisten der „Revisionismus" war, das war den logischen Empiristen die „Metaphysik".

Damit dürfte plausibel sein, weshalb der junge Hollitscher in seinen kommunistischen Überzeugungen kein Hindernis zu sehen brauchte, sich dem logischen Empirismus anzuschließen, und andererseits in einem Bekenntnis zum logischen Empirismus keine Gegeninstanz zu einem kommunistischen Gesellschaftsideal erblicken musste. Das Programm der Einheitswissenschaft, das Neurath nicht nur theoretisch vertrat, sondern in der *Unity of Science Movement* mit Gleichgesinnten auch praktisch in die Wege geleitet und international organisiert hatte, musste seiner seit früher Jugend ausgeprägten Leidenschaft für eine enzyklopädische Zusammenschau des Wissens außerordentlich entgegenkommen. Allerdings war dieses Programm ein dezidiert *nichtdialektisches:* nicht Einheit im Unterschied und Unterschied in der Einheit, sondern *nur Einheit durch Zurückführung der Vielheit der Wissenschaftssprachen auf eine einzige – „physikalistische" – Sprache.* Neurath hat das gegenüber Hollitscher mit größter Präzision ausgesprochen. „Physikalismus" sei kein Schulname, sondern „ein Name, der eine bestimmte Sprachverwendung mitteilt", nämlich den Verzicht auf die Verwendung zweier Sprachen.[70] Die „Einheitssprache der Wissenschaft" sollte intersubjektiv und intersensual sein und damit allen Sinnen und allen Menschen gleich gerecht werden.[71] Daraus geht auch hervor, dass unter der physikalistischen Sprache nicht einfach jene Sprache verstanden werden sollte, die Physiker faktisch verwenden, sondern eine logisch geklärte Sprache, die strengen Normen genügt; Neurath erinnerte an einen früher von ihm gehaltenen Vortrag über Mach, in dem er formuliert hatte, „dass *Physik* dort vorliegt, wo man von einer spezifischen Sinnesaussage unabhängig wird...".[72] Gegenüber Hollitscher konzedierte er, dass dieses große Ziel möglicherweise auch auf einem anderen Weg als mit dem von ihm präferierten Verfahren der Reduktion auf Protokollsätze erreicht werden könnte: „Die Protokollsatzform ist ja nur ein Versuch, sich den Wissenschaftsbereich sozusagen auf alle Fälle zu sichern – wenn man es anders macht, ist's mir auch recht."[73]

Der harte Kern des logischen Empirismus war die Idee der intersensualen und intersubjektiven Einheitssprache der Wissenschaft – über die Verfahren, mit denen diese Idee realisiert werden sollte, ließ sich reden, wenn nur der zentrale Gedanke selbst unangetastet blieb. Auf diese Weise sollte die allgegenwärtige „Metaphysik" weitestgehend zurückgedrängt werden. Neurath meinte, dass „überall etwas Metaphysik" mitspricht, und erklärte, er suche sie durch die Organisation der Enzyklopädiearbeit auf ein Minimum zu reduzieren; weil die Metaphysiken vielfältiger seien als die Wissenschaft, werde „durch Gross-Kooperation die Wissenschaftlichkeit gefördert". /74/ Der Ausschluss „aristokratischer" Attitüden hatte für Neurath also eine prinzipielle methodologische Bedeutung.

Die Auffassung von „Metaphysik" im logischen Empirismus war meines Erachtens der für die Evolution der philosophischen Ansichten Hollitschers entscheidende Stein des Anstoßes. Auf die Erörterung dieses Punktes kommt es um so mehr an, als sowohl der logische Empirismus des *Wiener Kreises* als auch die materialistische Dialektik im Verständnis von Engels als *antimetaphysische* Denkweisen auftraten. Damit besteht die Gefahr einer heillosen Begriffsverwirrung, wenn man nicht in Betracht zieht, dass die Bedeutungen von „Metaphysik" in beiden Fällen unterschiedlich sind, und diese Gefahr wächst noch aufgrund des Umstandes, dass beide Bedeutungen nicht vollkommen disjunkt sind, sondern eine Überschneidungszone aufweisen.

Bei Denkern, die philosophisch von Mach ausgingen und zugleich der sozialistischen Arbeiterbewegung nahe standen, sind solche Konfundierungen zu finden. Aufschlussreich für diese Betrachtungsweise ist Friedrich Adlers zuerst 1906/7 veröffentlichter Aufsatz *Friedrich Engels und die Naturwissenschaft*, den Otto Jenssen 1925 in der von ihm zum 30. Todestag des Naturwissenschaftlers (!) Engels herausgegebenen Gedenkschrift *Marxismus und Naturwissenschaft* noch einmal nachdruckte. Adler zog aus einer ausführlichen Exegese der beiden Engels-Schriften *Anti-Dühring* und *Ludwig Feuerbach und der Ausgang der klassischen deutschen Philosophie* den Schluss, „dass die Bezeichnungen ‚*Materialismus*' und ‚*Dialektik*' bei Marx und Engels sich *vollständig* mit den Begriffen der modernen Naturwissenschaft ‚*Erfahrung*' und ‚*Entwicklung*' decken". Nachdem er Marx und Engels als Anti-Metaphysiker charakterisiert hatte, bemerkte er schließlich: „Aber, wie auf allen Gebieten, so auch in der Erkenntnistheorie: den Philosophen Dialektik beibringen, heißt sie umbringen. Denn dringt die erfahrungsmäßige Entwicklungsgeschichte in ein Gebiet ein, so endet in diesem Gebiet die borniert Metaphysik: die Philosophie."/75/

Für Neurath und seinen Kreis ist der Inhalt von Sätzen ausschließlich und vollständig durch die empirische Situation gegeben, in Bezug auf die sie formuliert oder ausgesprochen werden; entsprechend ist das sprachliche Material, das dabei verwendet wird, außerhalb dieses Situationsbezuges reine Form, bloßer Kalkül. Jede Behauptung, die Sprache transportiere eine vor dem Eintritt in die empirische Situation, also a priori, bereits gegebene Bedeutung, gilt als schädliche Metaphysik. Insofern ist der logische Empirismus, wenngleich entschieden vom Sensualismus abgegrenzt, seiner Intention nach die höchstmögliche Radikalisierung des empiristischen Prinzips. Neurath ging gegenüber Hollitscher wiederholt auch auf die Geschichte des *Wiener Kreises* ein. Der ursprüngliche Kreis sei „ungemein metaphysikfrei" gewesen, „wissenschaftsanalytisch interessiert, nicht mehr konstruktiv gerichtet". Durch Carnap und Schlick sei eine wesentlich konstruktivere Haltung nach Wien gekommen, „die ihrem Wesen nach wohl rationalistische Züge aufweist, vielleicht als metaphysischer Restbestand aufzufassen ist"./76/ Während Neurath bei Schlick, ohne dessen Verdienste um den *Wiener Kreis* herabzusetzen, lediglich metaphysische Züge ausmachte, sah er Wittgenstein als einen nachgerade gefährlichen Träger metaphysischer Vorurteile an. In diesem Zusammenhang machte er

Hollitscher schwere Vorwürfe; indem dieser in einem zur Publikation bestimmten Text Wittgenstein zum umfassenden logischen Empirismus rechne, erschwere er „in vielem unsere harte Arbeit um den Ausbau des wissenschaftlichen Denkens..."./77/

Die ganze Korrespondenz belegt, wie emotional aufgeladen das Thema „Metaphysik" im *Wiener Kreis* war. Hollitscher drückte das in einer Antwort auf Neuraths ständige Vorbehalte Ende 1937 ganz drastisch aus: „Wir sollten doch innerhalb unseres Kreises sicher sein, dass niemand sich sozusagen unanständig, das heißt hier – vor dem Hintergrund unserer puritanischen logischen Berufsmoral gesehen – dass er sich *metaphysisch* [geben] wird."/78/ Es ist schwierig, aus diesem ganzen Geflecht von Zweifeln, leidenschaftlichem Werben, Versicherungen und Treuebekenntnissen herauszupräparieren, was Hollitscher und Neurath sachlich trennte und was letzteren damals zu der Feststellung veranlasste, auch Hollitscher gehöre wohl zum *Wiener Kreis*, doch „ich weiß nicht wie weit"./79/

Im März 1936 kündigte Hollitscher gegenüber Neurath an, er würde vermutlich bald eine Arbeit über die psychoanalytische Begriffsbildung schreiben; er halte eine Brücke zwischen Psychoanalyse und logischem Empirismus für wichtig./80/ Dies war anscheinend das einzige Feld, auf dem die beiderseitige Suche nach einem möglichen Beitrag für das Enzyklopädieprojekt in eine konkrete Richtung gemündet war. Da Hollitscher an Psychoanalyse nicht nur theoretisch interessiert war, sondern auf diesem Feld sogar eine praktische Ausbildung absolvierte, war das naheliegend. Für eine naturwissenschaftlich geprägte Medizin war die introspektiv verfahrende Psychoanalyse ein Fremdkörper, zumindest bedeutete schon ihre bloße Existenz ein unaufgelöstes Integrationsproblem. Da Hollitscher als Medizinstudent mit einem über das bei angehenden Medizinern übliche Maß hinausgehenden Fundus biologischen Wissens beide Seiten gut kannte, war er disponiert, sich diesem Problem zu stellen. Aus der Sicht des logischen Empirismus stellte es sich als Problem der Reduktion der psychoanalytischen auf die physikalistische Sprache dar. An seiner Bewältigung musste Neurath dringend interessiert sein, denn es war angesichts der eigentümlichen „Ich-Sprache" der Psychoanalyse für das einheitswissenschaftliche Anliegen eine weitaus gravierendere Herausforderung als etwa die Reduktion der chemischen oder der biologischen Fachsprachen; schließlich orientierten sich die Chemie und in wesentlichen Zügen auch die Biologie in den zwanziger und dreißiger Jahren des vorigen Jahrhunderts schon von sich aus stark an der Physik, die als Leitwissenschaft und als Paradigma von Wissenschaftlichkeit schlechthin galt. Neurath äußerte entsprechendes Interesse; er schrieb Hollitscher, in der einheitswissenschaftlichen Bewegung herrsche erhebliche Sympathie für die Psychoanalyse, trotz vieler sehr bedenklicher Formulierungen – es würde aber wohl möglich sein, diese Formulierungen zu transformieren, „wenn auch nicht durch eine simplifizierende Übersetzung"./81/ Eine Alternative dazu hätte nur sein können, der Psychoanalyse jeglichen positiven Gehalt abzusprechen und sie als ein ganz und gar unwissenschaftliches Unternehmen zu verwerfen. Neurath scheint aber davon überzeugt gewesen zu sein, dass die Psychoanalyse eine Form positiven Erfahrungsgewinns darstellt, den man aus der Umklammerung durch eine inadäquate, metaphysikbeladene Sprache lösen müsse. Entsprechend erklärte Hollitscher, die von ihm beabsichtigte logische Analyse der psychoanalytischen Fachsprache erfolge zu dem Zweck, „den überprüfbaren Gehalt schwer durchschaubarer analytischer Sätze anzugeben...".[82] Er wolle den Wissenschaftsbetrieb der Psychologen durch eine „gute Behavioristik" fördern;[83] die behavioristische Umdeutung bzw. Umformulierung galt für den logischen Empirismus als geeignetes Mittel, um psychologische Aussagen in eine physikalistische Ausdrucksweise zu überführen. Mit den Ergebnissen, die Hollitscher vorlegte, war aber Neurath nie wirklich zufrieden. Er argwöhnte, Hollitscher wolle trotz aller analytischen Bemühungen der psychoanalytischen Sprache doch noch einen gewissen Sonderstatus bewahren und damit nolens volens das radikale Programm unterlaufen. Hollitschers diesbezügliche Untersuchungen mündeten in seine 1939 fertiggestellte Arbeit über die Begriffe der psychischen Gesundheit und Erkrankung („Lausanner Dissertation"). Anfang April 1939 erinnerte er Neurath an dessen Zusage, die Arbeit zu drucken, „sei es als *einheitswissenschaftliche* Broschüre – was mir das Liebste wäre –, sei es als Aufsatz in der *Erkenntnis*".[84] Wenige Tage später antwortete Neurath, er wolle die Arbeit lieber in der Zeitschrift als in der Serie der Monographien sehen, weil sie „mehr in Bedenklichkeit als in Vorschlägen" ende.[85]

Tatsächlich erschien die Arbeit erst 1947 als separate Buchpublikation.[86] Sicher waren es keine anderen Gründe als die Wirren des Krieges, die die in Aussicht genommene Zeitschriftenveröffentlichung verhinderten. Es ist aber in höchstem Grade symptomatisch, dass Neurath den Text wohl drucken, indes *nicht* in die Reihe der monographischen Broschüren aufnehmen wollte, die die eigentliche Enzyklopädie, das kristallisierte Resultat der Unity of Science Movement darstellen sollten. Die Zeitschrift war für die begleitenden Diskussionen gedacht, in der Enzyklopädie aber sollte die durch logische Durcharbeitung erneuerte Wissenschaft gültig präsentiert werden. Hollitscher leistete sich wiederholt Überlegungen, die in Neuraths Augen als Abweichungen vom Geist des Empirismus erscheinen mussten. Als er bekannte, Neurath „in Fragen des Physikalismus untreu geworden" zu sein,[87] argwöhnte dieser: „Ich fürchte, dass Ihr Nicht-Physikalismus sich nicht auf schmale Differenzen beschränkt, sondern tiefer sitzt"; er scheine ihm „mehr oder minder wissenschaftsfremder Spekulation zu entstammen, einen Plädoyer-Charakter zu tragen".[88] Mit der Klarstellung, er beabsichtige Plädoyers keineswegs für nichtphysikalistische Spekulationen, sondern als „Prolegomena zu jeder empirischen Disziplin, die als Wissenschaft wird auftreten wollen",[89] machte Hollitscher für Neurath alles nur noch schlimmer. Neurath nahm diese Versicherung nicht nur als ein geistreiches assoziatives Spiel mit dem berühmten Diktum Kants, sondern als „innerlich kantianisch gedacht". Man müsse strikt davon ausgehen, was die Wissenschaften faktisch sind: „Ich fürchte sehr, dass alles andere, so weit es nicht logisch-mathematischer Kalkül ist, ins Uferlose führt."[90]

Am Kalkül, weil er rein formal, vollkommen inhaltsleer gedacht war, sollte man empirie-unabhängig arbeiten können, aber Erwägungen über mögliche kognitive Inhalte erschienen als Verletzung der Normen antimetaphysischer Hygiene. „Kantianisch gedacht" – das bedeutete, die Möglichkeit apriorischer Erkenntnisinhalte zuzulassen. Mitte 1938 rügte Neurath ausdrücklich die „spekulativ-imaginativen Tendenzen", die er bei seinem Schüler zu erkennen glaubte.[91] Um die Schwere dieses Vorwurfs zu ermessen, empfiehlt es sich, auf Neuraths Rekapitulation der Geschichte des Wiener Kreises zurückzukommen. Er selbst sei, so berichtete er Hollitscher, unter dem Einfluss von Schlick und Carnap „von der *imaginativen* Analogie zum *formalen* Ausdruck übergegangen".[92] Das „Imaginative" hat etwas mit innerer Anschauung, mit Bewusstseinsvorstellungen und daher, für Neurath, mit der Gefahr zu tun, dass sich unkontrolliert Metaphysisches einschleichen könnte. So wie für Mach „neutrale", nicht der Polarität von Subjekt und Objekt unterworfene „Weltelemente" das schlechthin Gegebene waren, von dem die Wissenschaft auszugehen hat, so waren dieses Gegebene für Neurath die Sätze der physikalistischen Einheitssprache. Wenn er nun zu dem Urteil gelangte, dass Hollitschers Rekonstruktion der psychoanalytischen Sprache nicht bis zu dem Punkt fortgeschritten war, wo sie für die Aufnahme in die *Encyclopedia of Unified Science* reif genug gewesen wäre, so hieß das in anderen Worten: Er war bei einer Mehrzahl unterschiedlicher Wissenschaftssprachen stehen geblieben. Aus der Sicht des logischen Empirismus war dies ein Manko, ein unvollendetes Programm. Aus der Sicht der Dialektik konnte es ein Gewinn sein: Die qualitative Vielfalt der Welt, ausgedrückt in der Vielheit der zu ihrer Erfassung verwendeten Sprachen, wehrt sich gegen ihre nivellierende Reduktion. Dies war der Punkt, an dem Hollitscher den Schritt vom logischen Empiristen zum Dialektiker vollziehen konnte, und zwar nicht durch äußere Zwänge – etwa die ideologische Disziplinierung durch seine Partei –, sondern aus der inneren Folgerichtigkeit seiner intellektuellen Biographie heraus.

Die unzureichende Fähigkeit oder Bereitschaft Hollitschers, die qualitative Eigenart der psychoanalytischen Erkenntnisweise physikalistisch zu reduzieren, dürfte äquivalent gewesen sein mit seinem Unvermögen, die Ersetzung der Erkenntnistheorie durch Wissenschaftslogik im logisch-empiristischen Programm bis zum Ende mitzugehen. Auf die Konsequenz dieser Ersetzung legte Neurath allergrößten Wert: „Die Fragen der Philosophen werden in Fragen der Wissenschaft verwandelt, das ist unsere Meinung."[93] Er war deshalb auch dagegen, die logische Analyse von Sätzen als eine philosophische Tätigkeit zu bezeichnen – das sei eine typische Schlicksche Wendung, mit der dieser den historischen Zusammenhang zur traditionellen Philosophie zu erhalten gesucht habe. Mit Besorgnis beobachtete er bei ihm nahestehenden Menschen die Neigung, „nun aus der Unified Science auch wieder ein Feld der vagen Argumentation zu machen, in dem man, wie die Amerikaner das nennen, *epistemologische* Betrachtungen anstellt, statt sich um die Wissenschaft mit Hilfe der Analyse zu kümmern...".[94] Aus seiner Sicht war diese Besorgnis voll gerechtfertigt. Während die wissenschaftslogische Analyse die formale Struktur der wissenschaftlichen Sätze und Satzsysteme aufklärt, also keine „metaphysischen" Voraussetzungen machen muss, unterstellt ein erkenntnistheoretischer (epistemologischer) Ansatz inhaltliche, synthetische Vorannahmen über das Verhältnis von (erkennendem) Menschen und (zu erkennender) Welt. Bezogen auf die jeweilige konkrete Erkenntnissituation, sind solche Annahmen nichtempirisch oder überempirisch. Wenn man nun – wie es der junge Hollitscher offenbar tat – von der Existenz unterschiedlicher Erkenntnisweisen (hier: von der Eigenart des psychoanalytischen

Erkennens) ausgeht oder zumindest bis zu einem gewissen Grade daran festhält, dann behauptet sich auch die Eigenständigkeit der erkenntnistheoretischen Perspektive gegenüber der wissenschaftslogischen.

Aus der Korrespondenz mit Neurath geht auch hervor, dass Hollitscher bereits 1935, also ganz am Anfang seiner Entwicklung als Forscher, systematisch Exzerpte aus Texten von Friedrich Engels zum Thema „Naturdialektik" angefertigt hatte. Es handelte sich um einen jener Honoraraufträge, die ihm Neurath von Fall zu Fall vermittelte: „Es freute mich sehr, Ihnen diesen Auftrag senden zu können, da er sicher *adäquat* ist. [...] Alles, so weit es logisch interessant ist und zeigt, wie – wenn vielleicht auch tastend, manchmal sogar fehlerhaft – der Versuch gemacht wird, *gleitende* Begriffe zu verwenden, usw."/95/

Unter den ausgewerteten Texten befand sich auch Engels' *Dialektik der Natur*. Zu jener Zeit war es keineswegs selbstverständlich, dieses Werk überhaupt zu bemerken. Dazu muss man die wechselvolle Geschichte in Betracht ziehen, die die Edition der unter diesem Titel vereinigten Aufsätze und Fragmente von F. Engels durchlaufen hat./96/ Engels selbst hatte kurz vor seinem Tod die zu diesem Projekt gehörenden Texte in vier Konvoluten („Dialektik und Naturwissenschaft", „Die Erforschung der Natur und die Dialektik", „Dialektik der Natur", „Mathematik und Naturwissenschaft. Diversa") geordnet. Für den Aufbau des in Aussicht genommenen Werkes hatte er eine grobe Planskizze hinterlassen. Nach seinem Tod beauftragte der Parteivorstand der SPD den sozialdemokratischen Physiker L. Arons mit der Prüfung des Materials auf seine Veröffentlichungswürdigkeit. Arons nahm diese Prüfung 1897 in London vor und gelangte zu einem durchweg negativen Urteil; daraufhin verzichtete der SPD-Vorstand auf eine Publikation. Erst ein Vierteljahrhundert später stieß D.B. Rjazanov, Direktor des auf Anweisung von V.I. Lenin gegründeten sowjetischen *Marx-Engels-Instituts*, bei E. Bernstein auf die in Vergessenheit geratenen Manuskripte und kopierte sie. Daraufhin regte Bernstein in einem Brief an die Leitung des *Marx-Engels-Archivs* in Frankfurt a.M. vom 12.11.1924 an, die Frage einer eventuellen Veröffentlichung erneut zu erwägen, und bat A. Einstein um sein (weiter oben zitiertes) Urteil. 1925 erschien in Moskau eine von Rjazanov edierte Ausgabe in der Originalsprache und in einer russischen Übersetzung unter dem Titel *Naturdialektik (Dialektika prirody)*. 1927 wurde in Frankfurt a.M. unter dem Titel *Dialektik und Natur* eine leicht veränderte deutschsprachige Ausgabe herausgebracht;/97/ Hollitscher benutzte für seine im Auftrag von Neurath angefertigten Exzerpte diese Ausgabe. Seine Korrespondenz mit Neurath gibt jedoch keinen Anhaltspunkt für die Annahme, diese frühe Lektüre könnte Hollitschers philosophische Position irgendwie nachhaltig beeinflusst haben. In einem Brief vom 11. April kündigte Hollitscher zwar an, das, was er selbst zur Naturdialektik zu sagen habe, würde Neurath in einiger Zeit in Form eines Manuskripts zugehen./98/ Dieses Manuskript scheint jedoch nie geschrieben worden zu sein; im intensiven Briefwechsel der nächsten Jahre klang das Thema nicht wieder an, weder explizit noch implizit.

Die verdienstvolle Edition von Goller und Oberkofler erlaubt daher die Vermutung, dass sich der philosophische Übergang Hollitschers zur Akzeptanz der materialistischen Dialektik im Verständnis von Engels erst in der Konsequenz des Scheiterns seiner – ernsthaften und intensiven – Bemühungen um die physikalistische Reduktion der Psychoanalyse vollzogen haben könnte. 1935 scheint seine Begegnung mit den Engels-Texten mehr oder weniger äußerlich geblieben zu sein. 1939/40 könnte ihn das unbefriedigende Ergebnis seiner Versuche zur physikalistischen Umdeutung der Psychoanalyse empfänglich gemacht haben für eine nichtreduktionistische Alternative zu dem Programm, die Einheit der Wissenschaft nach dem Verfahren des logischen Empirismus herzustellen. Um diese Vermutung zu einer wohlbegründeten Hypothese zu entwickeln, reicht das vorliegende Quellenmaterial noch nicht aus, aber es genügt immerhin, um ihr eine gewisse Plausibilität zu sichern. Wenn sie zutrifft, dann liegt eine wichtige biographische Bedingung für Hollitschers Übergang zum dialektischen Materialismus darin, dass er sich auf die *beiden* großen Wiener Denkschulen jener Zeit, den logischen Empirismus *und* die Psychoanalyse, gleichermaßen eingelassen, in ihrem Spannungsfeld gearbeitet und sich um ihre Konvergenz bemüht hat. Es ist sehr wahrscheinlich, dass in dieser Lage Hollitschers Umgang mit den zum dialektischen Materialismus neigenden englischen Naturwissenschaftlern, die auf dem linken Flügel der *Social Relations of Science Movement* [99] agierten, entscheidend dafür war, aus der Disposition zum Übergang einen wirklichen philosophischen Standortwechsel werden zu lassen. In der Erstveröffentlichung des Einführungskapitels seiner Berliner Vorlesung – sie erfolgte 1984 in der Schriftenreihe *Dialektik* – wird in der redaktionellen Vorbemerkung auf die Bedeutung verwiesen, die die enge Bekanntschaft Hollitschers mit einer Reihe marxistisch denkender englischer Naturwissenschaftler wie Bernal, Haldane, Needham und Cornforth für diesen Vorlesungszyklus hatte. [100] Leider ist über seine diesbezüglichen Gespräche und Kontakte so gut wie nichts bekannt; es fehlt ein Quellenfundus, dessen Aussagekraft auch nur annähernd mit jener der Hollitscher-Neurath-Korrespondenz vergleichbar wäre. Immerhin weiß man, dass in diesen Kreisen damals das Verhältnis von dialektischem Materialismus und Naturwissenschaft lebhaft diskutiert wurde [101], zumal die englische Ausgabe von Engels' *Dialektik der Natur* von Haldane wissenschaftlich betreut worden war, und Hollitscher hat selbst mitgeteilt, dass er in London in der Friedrich-Engels-Gesellschaft verkehrt hatte [102], die offenbar ein Ort solcher Diskussionen war. Über sein Verhältnis zu Engels' *Dialektik der Natur* schrieb Hollitscher in einer kurzen autobiographischen Notiz: „Ich erfuhr einiges durch einen Freund; den Text lernte ich zum erstenmal vollständig in englischer Übersetzung im Februar 1940 kennen. (Sie war von Clemens Dutt übersetzt und höchst sachkundig durch den Biometer und Populationsgenetiker J.B.S. Haldane – mit dem ich befreundet war – eingeleitet und durch Fußnoten wahrhaft ergänzt worden). Die englische Ausgabe trug wesentlichst dazu bei, dass eine wahre Galaxis hervorragendster britischer Naturforscher sich für die marxistische Philosophie der modernen Naturwissenschaft begeisterten und sie zu bereichern begannen. J. D. Bernal war einer der vielseitigsten und politisch verständnisvollsten unter ihnen. Wir wurden und blieben Freunde für's Leben." [103] Diese Stelle spricht auch für die Annahme, dass Hollitschers 1935 für Neurath angefertigte Engels-Exzerpte noch keine spürbaren Auswirkungen auf die Entwicklung seiner philosophischen Position hatten.

Auf keinen Fall dürfte der Übergang vom philosophischen Standort des logischen Empirismus zu jenem der materialistischen Dialektik die Form einer abrupten Konversion gehabt haben. Die geschilderten Umstände lassen eher eine langsame Verschiebung des Horizonts vermuten, die auch Hollitscher selbst nicht unbedingt bewusst gewesen sein muss. Vielleicht hat er sie erst retrospektiv bemerkt, nachdem er sich schon ein gutes Stück vom logischen Empirismus entfernt hatte. Deshalb ist es vonnöten, ausdrücklich darauf hinzuweisen, dass es sich bei aller Unauffälligkeit des Vollzuges dennoch um einen qualitativen Wandel gehandelt hat. In Engels' *Dialektik der Natur*, deren Ansatz für Hollitscher den Ausgangspunkt zu seiner Berliner Vorlesung geliefert hatte, zeichnen sich mehrere Schichten des Dialektik-Konzepts ab, die aus der Sicht des logischen Empirismus unterschiedlich zu bewerten sind. Auf den ersten Blick erscheint die Dialektik als bloße Denkform. Engels begann sein Büchner-Fragment mit der Unterscheidung zweier philosophischer Richtungen: „die metaphysische mit fixen Kategorien, die dialektische ... mit flüssigen ..."./104/ Etwas später heißt es: *„Hard and fast lines* mit der Entwicklungstheorie unverträglich ..."; für eine solche Stufe der Naturanschauung „reicht die alte metaphysische Denkmethode nicht mehr aus"./105/ Auf diesem Niveau muss die Dialektik nicht unbedingt als eine Art synthetischen Wissens aufgefasst werden. Man kann sie als einen Quasi-Kalkül denken, der für Situationen bestimmt ist, in denen nicht mit festen, sondern mit „flüssigen" Begriffen operiert wird. Eine so verstandene Dialektik ließe sich ohne weiteres in den logischen Empirismus integrieren. Möglicherweise zielte Neuraths 1935 an Hollitscher erteilter Rechercheauftrag darauf ab; im Oktober erkundigte er sich noch einmal, wie weit Hollitscher mit seinen Studien zu „gleitenden Begriffen" bei verschiedenen Autoren gekommen sei./106/ Die Verwendung von „Metaphysik" für das Operieren mit fixen Begriffen unterschied sich zwar deutlich von der Bedeutung, die diesem Terminus im logischen Empirismus zugeschrieben wurde, konnte aber aus seiner Sicht keine prinzipiellen Probleme aufwerfen.

Das Bild ändert sich jedoch grundsätzlich, sobald man die Dialektik nicht mehr als einen Quasi-Kalkül zum Operieren mit gleitenden Begriffen, sondern als eine Form synthetischen Wissens ansieht – und eben dies war das entscheidende Charakteristikum der Dialektikauffassung bei Engels. Eine so verstandene Dialektik konnte für den logischen Empirismus nichts anderes sein als Metaphysik (in seinem Sinn dieses Wortes), hier zeichnete sich ein unüberbrückbarer Dissens in den Grundlagen ab. Wenn Engels schreibt (und ähnliche Äußerungen gibt es in seinen Texten in größerer Zahl), die Dialektik sei „für die heutige Naturwissenschaft die wichtigste Denkform, weil sie allein das Analogon und damit die Erklärungsmethode bietet für die in der Natur vorkommenden Entwicklungsprozesse, für die Zusammenhänge im Ganzen und Großen, für die Übergänge von einem Untersuchungsgebiet zum andern",/107/ dann ist damit eindeutig gemeint, dass dialektische Kategorien ein allgemeines Wissen von der Realität repräsentieren, im Verständnis von Engels also auf keinen Fall als ein inhaltsleerer Quasi-Kalkül aufgefasst werden dürfen. Insofern tritt die Dialektik als Wissens-Apriori in konkrete Erkenntnissituationen ein; ihre Apriorität ist indes nur eine relative, darin unterscheidet sich

Engels von Kant, und die gegen den Apriorismus Kants gerichteten Argumente greifen nicht ohne weiteres in Bezug auf Engels. Der Inhalt der Dialektik ist für Engels historisch bestimmt, er stellt ein generalisiertes Fazit aus der bisherigen Erkenntnisgeschichte, vor allem (aber nicht nur) aus der Geschichte der Wissenschaft dar, das wiederum methodologisch auf den Erwerb neuer Erkenntnis gewendet werden kann.

Engels betont häufig, insbesondere in Abgrenzung zu Hegel, dass „die Zusammenhänge nicht in die Thatsachen hineinzukonstruieren, sondern aus ihnen zu entdecken" seien.[108] Einer Kennzeichnung des Hegelschen Denkens als spekulativ würde der logische Empirismus sofort zustimmen, aber weder Engels noch Marx blieben bei einer einseitigen Distanzierung stehen. Sie betrachteten die Dialektik bei Hegel vielmehr als etwas außerordentlich Gehaltvolles, das zwar in ein inadäquates theoretisches Schema gepresst und damit verzerrt sei, aber durch „Umstülpung" dieses Schemas aus dem unangemessenen Kontext gelöst und damit für die Wissenschaft gewonnen werden könne. Hier wird also behauptet, dass auch eine „verkehrte" Theorie einen positiven Erkenntnisinhalt aufweisen kann, der sich durch ihre Umkehrung oder „Umstülpung" freisetzen lässt. Das wird vollkommen deutlich an jener Stelle der *Dialektik der Natur*, wo Engels als Vergleichsinstanzen zur „Umstülpung" der Hegelschen Dialektik zwei analoge Fälle aus der Geschichte der Naturwissenschaft heranzieht – den Übergang von der Wärmestofflehre zur mechanischen Wärmetheorie in der Physik und den Übergang von der Phlogistontheorie zu Lavoisiers Oxidationstheorie in der Chemie,[109] es liegt auf der Hand, dass bei diesen Übergängen nicht nur Theorien verworfen, sondern zugleich kognitive Inhalte bewahrt wurden.

Damit erschöpft sich in der Auffassung von Engels der Inhalt der Dialektik nicht in dem, was auch im aktuellen (natur)wissenschaftlichen Wissen explizit enthalten ist. Dieses Hinausgehen über das wissenschaftlich Gesicherte macht ihren heuristischen Wert und gleichzeitig ihr Risiko aus, das die Gefahr des Abgleitens in „Spekulation" beinhaltet (beiläufig bemerkt: so leicht es sich über „Spekulation" polemisch schwadronieren lässt, so schwierig ist es zu sagen, was man darunter tatsächlich zu verstehen hat). „Spekulation" kann Dialektik in verkehrter Gestalt hervorbringen, sie kann aber auch „Metaphysik" im Engelsschen Sinne produzieren, die in diesem schmalen Bedeutungssegment zugleich auch „Metaphysik" im Sinne von Neurath wäre. Dialektisch-materialistische Naturphilosophie bewegt sich so zwangsläufig zwischen Scylla und Charybdis, zwischen der bloßen Kompilation naturwissenschaftlicher Wissenselemente und der spekulativen Entfernung vom Rand des wissenschaftlich Zulässigen. Hollitschers Berliner Text ist eher zur Scylla hin verschoben, er enthält größere Strecken kompilatorischer Wiedergabe naturwissenschaftlichen Materials bei unzureichender begrifflicher Verarbeitung – spekulative Überhöhung wird ihm hingegen niemand vorwerfen können. Der Text strahlt jedoch, wie weiter oben ausgeführt, die Überzeugung aus, dass intensive Wechselwirkung mit der Naturwissenschaft das unentbehrliche Lebenselixier einer dialektisch-materialistischen Naturphilosophie und zugleich ein wirksames Prophylaktikum gegen ihr Abgleiten in wissenschaftsfremde Spekulation ist.

Der rote Faden, an dem sich Hollitscher vom logischen Empirismus zur Naturdialektik in der Tradition von Engels bewegte, war eine auf beiden Seiten akzeptierte Aufgabe, für deren Lösung die jeweiligen Methodologien als Mittel dienten: die Verknüpfung der unterschiedlichen (Natur)wissenschaften zu einem einheitlichen Weltbild. Sowohl Engels als auch Neurath beriefen sich auf vorhergehende Enzyklopädieprogramme, wobei der hinsichtlich des Traditionsbezuges entscheidende Differenzpunkt zwischen beiden die Stellung zu Hegel war. Engels notierte: „Hegel dessen encyclopädische Zusammenfassung und rationale Gruppierung der Naturwissenschaften eine größere That ist als all der materialistische Blödsinn zusammen."[110] Neurath berief sich gegenüber Hollitscher hingegen vor allem auf Leibniz und die französischen Enzyklopädisten und bemerkte, „dass die enzyklopädische Verknüpfung (wie sie Hegel als System usw. mit Metaphysik anstrebte) eine Aufgabe ist, die über die Arbeit der Einzelwissenschaften hinausgeht und wohl auch als Funktion ausgeübt werden kann, Arbeit am Gesamtgebäude".[111] Die dreißiger Jahre waren in den Naturwissenschaften schon eine Zeit, in der disziplinäre Grenzüberschreitungen Konjunktur hatten; eine gute Wissenschaftsphilosophie hatte sich vor allem darin zu bewähren, dass sie solche Grenzüberschreitungen (die später als Interdisziplinarität bezeichnet wurden) beförderte. Neurath hatte das erkannt; er erläuterte gegenüber Hollitscher, das Programm der Einheitswissenschaft besage wesentlich mehr, als dass immer nur die physikalistische Sprache verwendet würde – auch die Querverbindungen seien wichtig.[112]

Während aber die physikalistische Reduktion ein starkes Mittel zur vertikalen Integration der wissenschaftlichen Satzsysteme war, erschien der Ansatz des logischen Empirismus wenig geeignet, horizontale Verknüpfungen und Transfers zwischen den Disziplinen zu modellieren und zu initiieren. Das Welt- und Wissenschaftsbild der Dialektik, das aus inhaltserfüllten Kategorien, Kategorienpaaren und Kategorienensembles aufgebaut war, empfahl sich in dieser Frage als ein vielversprechender Konkurrent. Um die Dialektik für das Problem der Klassifizierung und Systematisierung der Wissenschaftsdisziplinen aufzubereiten, hatte Engels das Konzept der Bewegungsformen der Materie entwickelt, das die Übergänge zwischen den Disziplinen hervorhob: „*Klassificirung der Wissenschaften*, von denen jede eine einzelne Bewegungsform oder eine Reihe zusammengehöriger und in einander übergehender Bewegungsformen analysiert, ist damit Klassification Anordnung nach ihrer inhärenten Reihenfolge, dieser Bewegungsformen selbst, und darin liegt ihre Wichtigkeit." Heute reiche „äußerliches Aneinanderreihen ebensowenig aus wie Hegels kunststücklich gemachte dialektische Übergänge. Die Übergänge müssen sich selbst machen, müssen natürlich sein. Wie eine Bewegungsform sich aus der andern entwickelt so auch ihre Spiegelbilder, die verschiednen Wissenschaften, müssen eine aus der andern mit Nothwendigkeit hervorgehn".[113] Das trifft genau die Grundidee, die in Hollitschers Berliner Vorlesung entfaltet wurde: Nicht nur die einzelnen Wissenschaftsdisziplinen bilden mit ihren je spezifischen Gegenständen Wirklichkeit ab, sondern auch ihre Gesamtheit hat ein objektives Korrelat, nämlich den immanenten Entwicklungszusammenhang der Welt, dessen generelle Konturen in den Kategorien der Dialektik zum Ausdruck kommen. Hans

Heinz Holz kennzeichnet den Stellenwert des Konzepts der Bewegungsformen im Gedankengebäude von Engels folgendermaßen: „Den theoretischen Übergang von der Einheit des Gesamtzusammenhangs (mit den allgemeinsten Gesetzen der Dialektik) zur Gestaltenpluralität des Kosmos (samt der Menschengeschichte) hat Engels durch das Konzept der Bewegungsformen der Materie begründet. [...] Das Konzept der Bewegungsformen der Materie liefert das Scharnier, an dem sich der Übergang von einer allgemeinen Ontologie der materiellen Welt – als Theorie des Gesamtzusammenhangs – zu einer besonderen Theorie der Entwicklung der Mannigfaltigkeit der Natur – als Dialektik der Natur – vollzieht."/114/

Es erscheint mir wichtig, dass Holz den *vermittelnden* Status der Idee der Bewegungsformen im Gesamtgebäude der Dialektik hervorhebt. Engels hatte sie als eine Interpretation des Bildes entwickelt, das die Naturwissenschaften um 1870 boten. Dabei hob er mit dem durchgehenden Entwicklungszusammenhang von der Kosmogonie bis zur Menschheitsgeschichte *eine* Dimension hervor, in der die verschiedenen Disziplinen miteinander verknüpft sind – jene weiter oben unter dem Stichwort „Evolutionspanorama" diskutierte Dimension, die auch dem Aufbau der Vorlesung von Hollitscher zugrunde lag. Das Gebäude der Wissenschaften war jedoch auch schon im 19. Jahrhundert *mehrdimensional integriert*, so dass das Konzept der Bewegungsformen – vorausgesetzt, seine grundsätzliche Berechtigung wird akzeptiert – allenfalls eine notwendige, keineswegs aber eine hinreichende Voraussetzung für die Aufhellung der Architektur und funktionellen Ganzheit dieses Gebäudes sein konnte. In der zweiten Hälfte des 20. Jahrhunderts hat allerdings die disziplinäre Differenziertheit der Wissenschaft ein Ausmaß erreicht, das die Idee der Bewegungsformen – ungeachtet gelegentlicher Versuche ihrer Modernisierung/115/ – insgesamt zu grob erscheinen lässt, um noch als Matrix enzyklopädischer Synthese für den Kosmos der Wissenschaften in Frage zu kommen. Damit hat aber der Gedanke, dass die dialektische Grundidee vom Gesamtzusammenhang der Welt und die aktuelle Erkenntnisproblematik der Wissenschaft aufeinander bezogen werden sollten, seine Bedeutung nicht verloren. Im Gegenteil – jede Debatte über Inter- oder Transdisziplinarität bestätigt seine Lebendigkeit; nur das „Scharnier", das diese Beziehung vermittelt, muss eine andere und vor allem wesentlich differenziertere und subtilere Gestalt annehmen.

Die in weiten Teilen ontologische Darstellung der Dialektik bei Engels, die in der – später im Marxismus-Leninismus kanonisierten – Auffassung gipfelte, man könne sie naturwissenschaftsanalog in der Form von Gesetzeswissen formulieren (Dialektik als „die Wissenschaft von den allgemeinsten Gesetzen *aller* Bewegung")/116/ war zweifellos ein Tribut an den Zeitgeist, doppelt bedingt durch die Herkunft des eigenen Konzepts aus der kritischen Auseinandersetzung mit der ontologischen Systemkonstruktion Hegels und durch die außerordentliche Autorität der aufsteigenden Naturwissenschaft, deren Denkart zum kulturellen Paradigma avancierte. Wird die Naturdialektik jedoch als eine Fundamentalontologie interpretiert, so verwandelt sie sich in eine Sammlung von Trivialitäten ohne ernsthaftes Interesse für die Wissenschaft; man gewinnt nichts, wenn man verkündet, dass in der Welt alles mit allem zusammenhängt, quantitative Veränderungen in qualitative übergehen usw. Eine solche fundamentalontologische Darstellungsmanier würde die philosophische Dialektik zu einer chancenlosen Konkurrentin der Naturwissenschaft auf deren eigenem Feld werden lassen; sie ist auch nicht eigentlich philosophisch, denn sie blendet die für die Philosophie charakteristische Perspektive des wechselseitigen Verhältnisses von Mensch und Welt aus. Tatsächlich ist aber die Dialektik bei Engels dort, wo sie die zeitgeistbedingte Bürde abzuwerfen vermag, nicht fundamentalontologisch, sondern reflexiv. Dialektisches Denken hat „die Untersuchung der Natur der Begriffe selbst zur Voraussetzung...". /117/ Es behauptet nicht, dass die Welt so oder so beschaffen sei, sondern fragt, was für das wissenschaftliche Erkennen daraus folgen würde, wenn sein Gegenstand diese oder jene Züge – etwa innere Widersprüchlichkeit – aufwiese. Die Idee der Einheit von Gegensätzen, als ontologischer Befund der Trivialität, verwandelt sich in eine spannende heuristische Herausforderung, sobald sie etwa auf eine Situation der Konkurrenz alternativer Theorieentwürfe projiziert wird. Alles in allem leidet Hollitschers Berliner Text noch unter der Last eines fundamentalontologisch gefärbten Dialektikkonzepts, aber die Argumentation seines Autors gewinnt an vielen Stellen den kreativen Horizont der Reflexivität – und darin, nicht in der Behauptung unveränderlich gültiger dialektischer Gesetze, liegt auch seine weiterführende Bedeutung.

Anmerkungen

1/ H. Laitko: Walter Hollitscher und seine Naturdialektik-Vorlesung in Berlin 1949/50. – In: V. Gerhardt, H.-Ch. Rauh (Hrsg.): Anfänge der DDR-Philosophie. Ansprüche, Ohnmacht, Scheitern. Berlin 2001, S. 420-455, hier S. 442-449.
2/ I. Rapoport: Meine ersten drei Leben. Erinnerungen. Berlin 1997, S. 321-322.
3/ Archiv der Humboldt-Universität zu Berlin, Personalakte Dr. Hollitscher, Walter. Bd. 3, Bl. 1.
4/ W. Hollitscher: Vorlesungen zur Dialektik der Natur. Erstveröffentlichung der 1949/1950 an der Humboldt-Universität gehaltenen Vorlesungsreihe. Studienbibliothek der kritischen Psychologie. Hrsg. von K.-H. Braun und K. Wetzel. Bd. 3. Marburg 1991. – Im folgenden werden alle Verweise auf dieses Buch im laufenden Text in Klammern angegeben; römische Ziffern bedeuten die Kapitelnummern, arabische Ziffern die Seitenzahlen.
5/ H. Hörz: Rezension zu: W. Hollitscher, Vorlesungen zur Dialektik der Natur. Erstveröffentlichung der 1949/50 an der Humboldt-Universität gehaltenen Vorlesungsreihe. – In: Deutsche Literaturzeitung 113 (1992), S. 690-693; H. Laitko: Rezension zu: W. Hollitscher, Vorlesungen zur Dialektik der Natur. – In: UTOPIE kreativ [Berlin] H. 13, September 1991, S. 102-106.
6/ H. Laitko, Walter Hollitscher und seine Naturdialektik-Vorlesung (wie Anm. 1). – Bei der Niederschrift dieses Aufsatzes war mir keine schriftliche Quelle über eine Verhaftung Hollitschers im Frühjahr 1953 bekannt. In den Memoiren von Ingeborg Rapoport, der langjährigen Professorin für Kinderheilkunde an der Humboldt-Universität zu Berlin, die damals bereits vorlagen, hätte ich einen Hinweis auf dieses Vorkommnis nicht vermutet. Auf diese Stelle wurde ich erst später durch einen (bisher unveröffentlichten) Vortrag aufmerksam, den Dieter Wittich aus Anlass des neunzigsten Geburtstages von Walter Hollitscher im Herbst 2001 bei der Rosa-Luxemburg-Stiftung Leipzig gehalten hatte und dessen Manuskript mir der Autor freundlich zur Verfügung stellte. Wittich teilt darin auch mit, dass Hollitscher die Tatsache seiner Verhaftung dem Philosophen Alfred Kosing – in der Zeit seiner Berliner Professur sein Oberassistent – anvertraut hätte. Nachdem mit den Erinnerungsberichten von I. Rapoport und A. Kosing zwei unabhängige Zeugnisse vorliegen, ist am Faktum der Verhaftung nicht mehr zu zweifeln, auch wenn ihre Hintergründe bislang vollkommen im Dunkeln liegen.
7/ L. Kreiser: Logik – Lehre und Lehrinhalte an den philosophischen Fakultäten der Universitäten in der SBZ/DDR (1945-1954). – In: V. Gerhardt, H.-Ch. Rauh (Hrsg.), Anfänge (wie Anm. 1), S. 119-159, hier S. 139.

8/ F. Engels: Dialektik der Natur (1873-1882). Apparat. Entstehung und Überlieferung. – MEGA I/26. Berlin 1985, S. 569-598.
9/ Friedrich Engels über die Dialektik der Naturwissenschaft. Texte. Zusammengestellt und hrsg. von B.M. Kedrow. Berlin 1979.
10/ Zit. in F. Engels, Dialektik (wie Anm. 8), S. 597.
11/ F. Engels: Dialectics of Nature. London 1941.
12/ F. Engels: Anteil der Arbeit an der Menschwerdung des Affen. Berlin 1946.
13/ Dafür spricht auch, dass sich die sowjetische Konzeptionsbildung auf diesem Feld bei der Besinnung auf eigenständige Wurzeln ausdrücklich auf die Autorität eines nichtmarxistischen russisch-sowjetischen Wissenschaftlers stützte – des Geochemikers V.I. Vernadskij, den den Begriff „Biosphäre" einführte und eine alternative Deutung des von Teilhard de Chardin verwendeten Begriffs „Noosphäre" gab. – P. Krüger: Wladimir Iwanowitsch Wernadskij. Leipzig 1981; G.S.Levit: Biogeochemistry – biosphere – noosphere: the growth of the theoretical system of Vladimir Ivanovich Vernadsky. Berlin 2001.
14/ W. Hollitscher: „... wissenschaftlich betrachtet ..." Vierundsechzig gemeinverständliche Aufsätze über Natur und Gesellschaft. Berlin 1951, S. 197. – Für die Analyse der Naturdialektik-Vorlesung bildet Hollitschers zuerst 1949 und dann in einer erweiterten Ausgabe 1951 erschienene Aufsatzsammlung „... wissenschaftlich betrachtet ...", in der kleinere Arbeiten aus den Jahren 1945 bis 1950 zusammengestellt sind, eine aufschlussreiche Parallelquelle; wenn bestimmte Positionen und Formulierungen sowohl in der Vorlesung als auch in diesem Band zu finden sind, dann spricht dies dafür, dass es sich dabei weniger um situationsgebundene und mehr oder weniger periphere Einfälle als vielmehr um bestimmende Elemente seines damaligen Gedankengebäudes handeln dürfte.
15/ W. Hollitscher, „... wissenschaftlich betrachtet ..." (wie Anm. 14), S. 195.
16/ „Sie hat mich hereingestellt, sie wird mich auch herausführen. Ich vertraue mich ihr. Sie wird ihr Werk nicht hassen. Ich sprach nicht von ihr. Nein, was wahr ist und was falsch ist hat alles sie gesprochen. Alles ist ihre Schuld, alles ist ihr Verdienst". Mit dieser Stelle schließt Goethes aphoristischer Aufsatz „Die Natur" (Ende 1782 oder Anfang 1783). – In: Goethe. Natur. Schriften – Gedanken – Briefe – Gespräche. Hrsg. von C. Stoffregen. München/Zürich 1962, S. 51-54, hier S.54.
17/ Vgl. H.-P. Krüger: Perspektivenwechsel. Autopoiese, Moderne und Postmoderne im kommunikationsorientierten Vergleich. Berlin 1993.
18/ In seinem Aufsatz *Bemerkungen über das Verhältnis von Philosophie und Wissenschaft* heißt es, eine wissenschaftliche Philosophie führe „nicht zu einem Weltbild von dogmatischer Starrheit und beruhigender Unwandelbarkeit, sondern zu einer wissenschaftlichen Weltauffassung, die jeder neuen Entdeckung Rechnung trägt und sich in ihrem Lichte wandelt und verändert...". Eine wissenschaftliche Philosophie sei „nichts anderes als das theoretische und praktische Fazit aus der Gesamtheit aller Wissenschaften". – W. Hollitscher, „... wissenschaftlich betrachtet ..." (wie Anm. 14), S. 311-312, 313.
19/ Es sei hier angemerkt, dass die ganze umfangreiche Vorlesung nur eine einzige namentliche Bezugnahme auf J.W. Stalin enthält – ein für den marxistischen Sprachgebrauch jener Zeit ungewöhnliches Faktum! Diese Bezugnahme betrifft Stalins Definition des Begriffes „Nation" und wird in der Polemik gegen faschistische bzw. faschistoide „Rassentheorien" verwendet (XLVI, 335). Zugleich darf man dieses Faktum nicht überbewerten; verschiedene Veröffentlichungen Hollitschers aus jener Zeit belegen, dass auch er wie viele seiner intellektuellen Zeitgenossen damals der mit dem Sieg über Hitlerdeutschland verbundenen Faszination Stalins erlegen war. Es ist auch denkbar, dass Hollitscher bei der von ihm gegen Ende seines Lebens für die beabsichtigte Publikation des Vorlesungstextes weitere Bezugnahmen auf Stalin getilgt hat, die ursprünglich vorhanden gewesen sein mögen.
20/ Auf die Bedeutungsnuancen von „Metaphysik" im logischen Empirismus und bei Hollitscher wird im abschließenden Abschnitt dieses Aufsatzes eingegangen.
21/ Dies ist übrigens die einzige Stelle des Vorlesungstextes, an der Hollitscher näher auf seinen Lehrer Moritz Schlick Bezug nimmt.
22/ K. Lewin: Der Begriff der Genese in Physik, Biologie und Entwicklungsgeschichte. Eine Untersuchung zur vergleichenden Wissenschaftslehre. Berlin 1922.
23/ R. Sullivan: Christopher Caudwell. London 1987; Ch. Pawling: Christopher Caudwell. Towards a dialectical theory of literature. Basingstoke 1989; D. Margolies (ed.): Christopher Caudwell: Marxism and culture. Papers from the international conference at Goldsmith's College. London 1989.

24/ Dieser Terminus ist ein Exempel dafür, wie unbefangen und produktiv Hollitscher gelegentlich das marxistische Vokabular erweitert; die Perspektiven, die diese Neuprägung eröffnen könnte, sind meines Wissens nirgendwo ausgelotet worden.
25/ D. Wittich, H. Poldrack: Der Londoner Kongress zur Wissenschaftsgeschichte 1931 und das Problem der Determination von Erkenntnisentwicklung. Sitzungsberichte der Sächsischen Akademie der Wissenschaften Bd. 130, H. 5. Berlin 1990.
26/ R.-L. Winkler: Biographische Notiz. – In: U istokov formirovanija sociologii nauki (Rossija i Sovetskij Sojuz – pervaja tret' XX v.). Chrestomatija. Hrsg. von R.-L. Winkler. Tjumen' 1998, S. 249-251.
27/ Die Sammlung der sowjetischen Kongressvorträge wurde noch 1931 von der Delegation in einer (sprachlich sehr mangelhaften) englischen Fassung in London publiziert: Science at the Cross Roads. Papers presented to the International Congress of the History of Science and Technology held in London from June 29th to July 3rd 1931 by the Delegates of the U.S.S.R. London 1931. Hollitscher bezieht sich auf diese Ausgabe. – Vierzig Jahre später, im Jahre 1971, erschien in London ein von G. P. Werskey eingeleiteter und mit einem Vorwort von J. Needham versehener Reprint von „Science at the Cross Roads". Eine deutsche Übersetzung – die nach der englischen Fassung angefertigt wurde und daher die sprachlichen und auch begrifflichen Mängel noch verstärkte, aber immerhin ausreichte, um die wissenschaftssoziologische Diskussion der 70er Jahre spürbar zu beeinflussen – wurde verfügbar in: Wissenschaftssoziologie II. Determinanten wissenschaftlicher Entwicklung. Hrsg. von P. Weingart. Frankfurt a.M. 1974, S. 262-325. Etwa um diese Zeit wurde die Gruppe der Initiatoren einer modernen Wissenschaftsforschung (naukovedenie) in der Sowjetunion um S.R. Mikulinskij und N.I. Rodnyj auch auf die verschütteten eigenen Traditionen aufmerksam. – Siehe: G. Kröber: „Science at the Cross Roads" – Voraussetzungen und Folgen. – In: Human Implications of Scientific Advance. Proceedings of the XVth International Congress of the History of Science. Edinburgh 10.-19. August 1977. Hrsg. Von E.T. Forbes. Edinburgh 1978, S. 105-107.
28/ Dieser Text ist teilweise identisch mit Hollitschers Aufsatz *Ein Gehirn wird konstruiert*. Darin nannte er Norbert Wieners kurz zuvor in den USA erschienenes Buch „vielleicht in seiner naturphilosophischen Bedeutung das bahnbrechendste spezialwissenschaftliche Werk seit Darwins ‚Entstehung der Arten'". – W. Hollitscher, „... wissenschaftlich betrachtet ..." (wie Anm. 14), S. 178.
29/ In den Jahren um 1950 beschäftigte sich Hollitscher wiederholt mit der neurophysiologischen Konzeption Pavlovs und deren erkenntnistheoretischer Bedeutung. Vgl. dazu: W. Hollitscher: Die Lehren Pawlows – die Grundlagen der wissenschaftlichen Physiologie und Psychologie. Einheit (Berlin) 7 (1952) 6, S. 585-593.
30/ K. Bayertz: Wissenschaft als historischer Prozeß. Die antipositivistische Wende in der Wissenschaftstheorie. München 1980.
31/ J. Rhemann: Wissenschaftsauffassung und Wissenschaftstheorie im Werk von Walter Hollitscher. Weg und Ziel 44 (1986) 9, S. 321-322, hier S. 321.
32/ D. Joravsky: The Lysenko Affair. Cambridge (Mass.) 1970; S.A. Medwedjew: Der Fall Lyssenko. Eine Wissenschaft kapituliert. München 1974; J.-P. Regelmann: Die Geschichte des Lyssenkoismus. Frankfurt a.M. 1980.
33/ W. Hollitscher: ... und der Mensch schuf Pflanzen und Tiere. – In: W. Hollitscher, „... wissenschaftlich betrachtet ..." (wie Anm. 14), S. 194-197.
34/ Das ist nicht ohne weiteres feststellbar; einerseits fehlen in dem Sammelband die Angaben der Originalquellen, andererseits ist nicht bekannt, wie lange im voraus Hollitscher seine Vorlesungen ausgearbeitet hat.
35/ W. Hollitscher, ... und der Mensch (wie Anm. 33), S. 196.
36/ R.-D. Vogeler: Engagierte Wissenschaftler. Bernal, Huxley und Co.: Über das Projekt der „Social Relations of Science"-Bewegung. Frankfurt a.M. u.a. 1992, S. 249-258.
37/ Allerdings war auch Bernal kein bedenkenloser Lyssenko-Apologet. In seinem Werk „Science in History" (1954) schrieb er (zit. nach der deutschen Ausgabe 1961): „Einige von Lyssenkos Anhängern wurden des Betruges bezichtigt, allerdings bleibt eine umfassende Darstellung der ganzen Angelegenheit noch abzuwarten. Lyssenko selbst machte auf mich den Eindruck eines ehrlichen, aber fanatischen Menschen, der keinen Widerspruch vertragen kann, aber ein deutliches Gefühl für Pflanzen und Boden hat. Seine Praxis ähnelt weniger der Biologie als gewissen Zweigen der Medizin, einer Kunst, die von wissenschaftlichen Vorstellungen geleitet wird. Während der ganzen Kontroverse gab er zu, dass die Chromosomen für die geschlechtliche Vererbung wesentlich sind; er hält sie aber für weniger wichtig als die Faktoren, mit denen er sich beschäftigte.

Jetzt, da sich die Gemüter wieder beruhigt haben, sollte man seinen praktischen Arbeiten durchaus Beachtung schenken und sie vom physiologisch-biochemischen Standpunkt aus studieren" (J.D. Bernal: Die Wissenschaft in der Geschichte. Berlin 1961, S. 652-653).

38/ J.B.S. Haldane: Lysenko and Genetics. – In: Science and Society 4 (1940), S. 433-437. – Sein Biograph Ronald W. Clark schreibt: „He was an early supporter of Trofim Lysenko, fighting a rearguard action in his defense – often, it is clear, against his better scientific judgement..." – R.W. Clark: Haldane, John Burdon Sanderson. – In: Dictionary of Scientific Biography Vol.VI. Hrsg. von Ch. C. Gillispie. New York 1972, S. 21-23, hier S. 22.

39/ J.B.S. Haldane: In Defence of Genetics. – In: Modern Quarterly n.s. 4 (1949), S. 194. – Vogeler bemerkt: Von den linken Wissenschaftlern Englands befand sich nach den sowjetischen Beschlüssen vom Sommer 1948 keiner in einer so unangenehmen Lage wie Haldane. Einerseits stand er Lyssenko so kritisch wie noch nie gegenüber, andererseits begann die CPGB-Führung die Beschlüsse zu rechtfertigen". – R.-D. Vogeler, Engagierte Wissenschaftler (wie Anm. 36), S. 257.

40/ W. Hollitscher: Lyssenkos Problem. – In: Aufbau 6 (1950), S. 422-434.

41/ W. Hollitscher, Lyssenkos Problem (wie Anm. 40), S. 429.

42/ W. Hollitscher, Lyssenkos Problem (wie Anm. 40), S. 423.

43/ P.W. Alexejew, A.J. Iljin: Das Prinzip der Parteilichkeit. Berlin 1975, S. 17-22; I.I. Frolow, S.A. Pastuschny: Der Mendelismus und die philosophischen Probleme der modernen Genetik. Dt. Ausgabe von R. Löther. Berlin 1981.

44/ W.Hollitscher: Fehlideologisierungen in der Genetik. – In: Weg und Ziel 40 (1982) H. 2, S. 87.

45/ Erfasst werden nur die im Text explizit angegebenen Publikationen von Naturwissenschaftlern aus diesem Zeitraum; die Zahl der ohne Quellenangabe genannten Namen, Entdeckungen und Hypothesen ist wesentlich größer.

46/ A. March: Natur und Erkenntnis. Wien 1948.

47/ Wie P. Goller und G. Oberkofler berichten, hatte sich Schlick mit Hollitschers 1934 vorgelegter Dissertation „Über Gründe und Ursachen des Streites um das Kausalprinzip in der Gegenwart", für die Robert Reininger als Zweitreferent fungierte, nur teilweise einverstanden erklärt. – P. Goller, G. Oberkofler: Walter Hollitscher. Briefwechsel mit Otto Neurath. – In: Die Alfred Klahr Gesellschaft und ihr Archiv. Beiträge zur österreichischen Geschichte des 20. Jahrhunderts. Hrsg. im Auftrage der Alfred Klahr Gesellschaft von Hans Hautmann. Wien 2000, S. 119-140, hier S. 119.

48/ Albert Einstein: Philosopher – Scientist. Hrsg. von P. A. Schilpp. Evanston, Ill. 1949.

49/ Strauß lebte bis zum Herbst 1952 in England und siedelte dann in die DDR über, wo er von 1953 bis 1960 mit der Wahrnehmung einer Professur für Theoretische Physik an der Humboldt-Universität betraut war und von 1960 bis zu seiner Emeritierung 1972 in der Forschungsgemeinschaft der naturwissenschaftlichen Institute bzw. im Institut für Reine Mathematik der Deutschen Akademie der Wissenschaften zu Berlin die Arbeitsgruppe für Grundlagenforschung der Theorie der Teilchen und Felder leitete. Seine Übersiedelung war nicht zuletzt auf das wiederholte Drängen Hollitschers zurückzuführen. Im Sommer 1950 schrieb Hollitscher an Strauß nach England: „Du sitzt also noch immer in Acton! Die einzige Methode, um Dich von dieser Vergeudung Deiner Fähigkeiten und geradezu grotesken Unternutzung Deiner sozialen Wirkungsmöglichkeiten zu kurieren, besteht darin, dass Du Dir einmal alles ansiehst. ... Praktische Lebenssorgen gibt es nicht für hochqualifizierte und fleissige Menschen. Man kümmert sich einfach nicht darum. Und dass ansonsten nichts erfreulicher ist als in einem in friedlichem Aufbau begriffenen Lande mitzuhelfen, brauche ich Dir ja nicht zu suggerieren" (W. Hollitscher an M. Strauß, 24.6.1950. – Archiv der Berlin-Brandenburgischen Akademie der Wissenschaften. Nachlass Martin Strauß). – Für den freundlichen Hinweis auf Strauß und seine erhalten gebliebenen Briefe an Hollitscher bin ich Dieter Hoffmann (MPI für Wissenschaftsgeschichte Berlin) zu Dank verpflichtet.

50/ In der DDR ist dieser Gedanke um 1970 von Herbert Hörz unter dem Stichwort „dialektischer Determinismus" systematisch ausgearbeitet worden. – H. Hörz: Der dialektische Determinismus in Natur und Gesellschaft. Berlin 1971.

51/ L. Wittgenstein: Tractatus logico-philosophicus. Philosophische Untersuchungen. Leipzig 1990, S. 32.

52/ J.B.S. Haldane: A quantum theory of the origin of the solar system. – In: Nature 155 (1945), S. 133 ff.

53/ F. Exner: Vorlesungen über die physikalischen Grundlagen der Naturwissenschaften. Wien 1919, S. 64-65.

54/ Obwohl diese Theorien „miteinander unverträglich sind, stellen sie echt materialistische Annäherungen an die

Lösung unseres Problems dar". – W. Hollitscher, „... wissenschaftlich betrachtet ..." (wie Anm. 14), S. 24.
55/ J. Needham: Biochemistry and Morphogenesis. Cambridge 1942.
56/ In seiner Vorbemerkung zu der Ausstellung *Die Menschheit – eine Familie*, die in der Nachkriegszeit in Wien gezeigt wurde, schrieb Hollitscher: „Die Menschheit ist eine Familie, und *jeder ist seines Bruders Hüter*. Partielle Gleichgültigkeit in Angelegenheiten der Moral führt zu totaler Bestialität. Wir haben das erfahren. In diesen Fragen sollten Marxisten, Liberale und Christen Hand in Hand gehen". – W. Hollitscher, „... wissenschaftlich betrachtet ..." (wie Anm. 14), S. 168.
57/ M. Mead: Sex and Temperament in Three Primitive Societies. London 1935; J. Blackburn: The Framework of Human Behaviour. London 1947.
58/ Unter Bezugnahme auf die von Engels 1859 veröffentlichte Rezension zu Marx` *Zur Kritik der politischen Ökonomie* formuliert Sandkühler zugespitzt: „Gegenüber dem vereinheitlichenden ‚Marx und Engels' lässt sich feststellen, dass Fr. Engels hier – wie auch andernorts – in seiner popularisierenden Darstellung und in seiner empirischen Orientierung den *philosophischen* Kern und die Intention des Marxschen Denkens nicht trifft; von einer Identität ihrer Auffassungen kann schwerlich die Rede sein". – H. J. Sandkühler: Zwischen Philosophien und Wissenschaften. Eine epistemologische Kritik der Marxschen Bezugnahme auf die Naturwissenschaften. – In: A. Griese, H. J. Sandkühler (Hrsg.): Karl Marx – zwischen Philosophie und Naturwissenschaften. Frankfurt a.M. 1997, S. 45-89, hier S. 70, Fußn. 84.
59/ B. McGuinness: Unified science: the Vienna monograph series, originally ed. by Otto Neurath, now in an English ed. Dordrecht u.a. 1987; R. Haller, F. Stadler (Hrsg.): Wien – Berlin – Prag. Der Aufstieg der Wissenschaftlichen Philosophie. Wien 1993; S. Sarkar (Hrsg.): Logical empiricism at its peak: Schlick, Carnap, and Neurath. New York 1996.
60/ P. Goller, G. Oberkofler, Walter Hollitscher. Briefwechsel (wie Anm. 47), S. 120.
61/ W. Hollitscher, Vorlesungen (wie Anm. 4). Protokoll der philosophischen Diskussion über das Buch des Gen. Hollitscher „Naturphilosophie" am 23.Dezember 1950, 10 Uhr, im Clubhaus Jägerstr., S. 373-421, hier S. 387, 398-399, 401, 402-403.
62/ M. Schlick: Grundzüge der Naturphilosophie. Aus dem Nachlass hrsg. von W. Hollitscher und J. Rauscher. Wien 1948.
63/ P. Goller, G. Oberkofler, Walter Hollitscher. Briefwechsel (wie Anm. 47). Einleitungsessay, S. 125.
64/ W. Hollitscher: Zum Gedenken an Moritz Schlick. – In: Joachim Jungius und Moritz Schlick. Teil 2. Beiträge von der Tagung des Arbeitskreises „Philosophie und Naturwissenschaft" der Universität Rostock am 3. und 4. Juli 1969 anläßlich des 550jährigen Jubiläums der Universität. Zusammengestellt und bearbeitet von H. Vogel. Rostocker Philosophische Manuskripte H. 8. Rostock 1970, S. 5-7. – Darin heißt es unter anderem: „Jedoch, er war restlos tolerant. Selbst als unsere Partei, die KPÖ, verboten und illegal wurde, 1933, hielt er unbeirrt zu seinem Schüler. Er verachtete den Faschismus. [...] Seit jener ersten Begegnung bis zum Tode Schlicks trübte kein Wort, keine Haltung, kein Affekt diese Lehrer-Schüler-Beziehung, in der so viele philosophische, weltanschauliche, politische Reibungsmöglichkeiten enthalten waren und in der keine Meinungsverschiedenheit unausgesprochen blieb. [...] Durch seinen gewaltsamen Tod verloren seine Schüler einen geliebten, zutiefst nachdenklichen und zum Nachdenken zwingenden Lehrer. Noch nach Jahren träumte ich davon, dass er am Leben sei und erreichbar. Er schätzte die kritische Auseinandersetzung mit ernsten Gedanken; einer Weiterentwicklung des Denkens stand er nie im Wege".
65/ Zu Leben und Werk Neuraths siehe: E. Nemeth (Hrsg.): Encyclopedia and utopia: the life and work of Otto Neurath (1882-1945). Dordrecht u.a. 1994; P. Neurath (Hrsg.): Otto Neurath oder die Einheit von Wissenschaft und Gesellschaft. Wien/Köln/Weimar 1994.
66/ P. Goller, G. Oberkofler, Walter Hollitscher. Briefwechsel (wie Anm. 47). Neurath an Hollitscher, 1.3.1934, S. 141.
67/ Dies bedeutet nicht, dass zwischen beiden etwa keine politischen Differenzen bestanden hätten. Solche Differenzen waren durchaus vorhanden, aber sie wurden beiderseitig toleriert und nicht als Hemmnis für den wissenschaftstheoretischen Gedankenaustausch betrachtet. Dieter Wittich kennzeichnet sie in einer Besprechung der Briefedition mit folgenden Worten: „Der Sozialdemokrat Neurath lehnte nach 1917 die bolschewistische Herrschaft zwar nicht ab, betrachtete sie aber höchst skeptisch. Hollitscher hingegen ... suchte Ereignisse in der Sowjetunion, die auch von ihm nicht gebilligt werden konnten, als Kinderkrankheiten zu entschuldigen". Angesichts des frühen Todes von Neurath „bleibt die Frage offen, wie sich das KP-Mitglied Hollitscher in den ideologischen Konflikten verhalten hätte, die ihn als engen Mitarbeiter Neuraths mit Sicherheit

erwartet hätten". – D. Wittich. Ärger mit trüber Brühe DiaMat. Walter Hollitscher und Otto Neurath – zwei ungleiche Freunde. – In: Neues Deutschland (Berlin), 16. März 2001, S. 13.

68/ D. Wittich: Lenins „Materialismus und Empiriokritizismus" – Entstehung, Wirkung, Kritik. – In: Sitzungsberichte der Leibniz-Sozietät (Berlin). Bd. 30, Jg. 1999, H. 3, S. 79-103; D. Wittich: Lenins Buch „Materialismus und Empiriokritizismus". Seine Entstehungsgeschichte sowie progressive und repressive Nutzung. – In: V. Gerhardt, H.-Ch. Rauh (Hrsg.), Ansprüche (wie Anm. 1), S. 160-179.

69/ P. Goller, G. Oberkofler, Walter Hollitscher. Briefwechsel (wie Anm. 47). Neurath an Hollitscher, 3.8.1938, S. 203.

70/ P. Goller, G. Oberkofler, Walter Hollitscher. Briefwechsel (wie Anm. 47). Neurath an Hollitscher, 22.11.1937, S. 186.

71/ P. Goller, G. Oberkofler, Walter Hollitscher. Briefwechsel (wie Anm. 47). Neurath an Hollitscher, 15.12.1937, S. 195.

72/ P. Goller, G. Oberkofler, Walter Hollitscher. Briefwechsel (wie Anm. 47). Neurath an Hollitscher, 15.12.1937, S. 194.

73/ P. Goller, G. Oberkofler, Walter Hollitscher. Briefwechsel (wie Anm. 47). Neurath an Hollitscher, 23.7.1937, S. 177-178.

74/ P. Goller, G. Oberkofler, Walter Hollitscher. Briefwechsel (wie Anm. 47). Neurath an Hollitscher, 2.11.1937, S. 184.

75/ F. Adler: Friedrich Engels und die Naturwissenschaft. – In: Marxismus und Naturwissenschaft. Gedenkschrift zum 30.Todestage des Naturwissenschaftlers Friedrich Engels. Berlin 1925, S. 146-177, hier S. 151, 157. – Dieser Aufsatz wurde ursprünglich publiziert in: Die Neue Zeit 25 (1906/7) Bd. 1, S. 620 ff.

76/ P. Goller, G. Oberkofler, Walter Hollitscher. Briefwechsel (wie Anm. 47). Neurath an Hollitscher, 22.11.1937, S. 183, 184.

77/ P. Goller, G. Oberkofler, Walter Hollitscher. Briefwechsel (wie Anm. 47). Neurath an Hollitscher, 7.6.1938, S. 198.

78/ P. Goller, G. Oberkofler, Walter Hollitscher. Briefwechsel (wie Anm. 47). Hollitscher an Neurath, 20.10.1937, S. 181.

79/ P. Goller, G. Oberkofler, Walter Hollitscher (wie Anm. 47). Neurath an Hollitscher, 22.11.1937, S. 189.

80/ P. Goller, G. Oberkofler, Walter Hollitscher. Briefwechsel. Hollitscher an Neurath, 3.3.1936 (wie Anm. 47), S. 166.

81/ P. Goller, G. Oberkofler, Walter Hollitscher. Briefwechsel (wie Anm. 47). Neurath an Hollitscher, 7.6.1937, S. 175.

82/ P. Goller, G. Oberkofler, Walter Hollitscher. Briefwechsel (wie Anm. 47). Hollitscher an Neurath, (nicht datiert) wahrscheinlich Ende Juli 1937, S. 178.

83/ P. Goller, G. Oberkofler, Walter Hollitscher. Briefwechsel (wie Anm. 47). Hollitscher an Neurath, 20.10.1937, S. 180.

84/ P. Goller, G. Oberkofler, Walter Hollitscher. Briefwechsel (wie Anm. 47). Hollitscher an Neurath, 1.4.1939, S. 207.

85/ P. Goller, G. Oberkofler, Walter Hollitscher. Briefwechsel (wie Anm. 47). Neurath an Hollitscher, 5.4.1939, S. 207.

86/ W. Hollitscher: Über die Begriffe der psychischen Gesundheit und Erkrankung. Eine wissenschaftslogische Untersuchung. Wien 1947.

87/ P. Goller, G. Oberkofler Walter Hollitscher. Briefwechsel (wie Anm. 47). Hollitscher an Neurath, (nicht datiert) 1937, S. 177.

88/ P. Goller, G. Oberkofler, Walter Hollitscher. Briefwechsel (wie Anm. 47). Neurath an Hollitscher, 23.7.1937, S. 177.

89/ P. Goller, G. Oberkofler, Walter Hollitscher. Briefwechsel (wie Anm. 47). Hollitscher an Neurath, (undatiert) wahrscheinlich Ende Juli 1937, S. 178.

90/ P. Goller, G. Oberkofler, Walter Hollitscher. Briefwechsel (wie Anm. 47). Neurath an Hollitscher, 16.8.1937, S. 179.

91/ P. Goller, G. Oberkofler, Walter Hollitscher. Briefwechsel (wie Anm. 47). Neurath an Hollitscher, 7.6.1938, S. 199.

92/ P. Goller, G. Oberkofler, Walter Hollitscher. Briefwechsel (wie Anm. 47). Neurath an Hollitscher, 15.12.1937,

S. 194.
93/ P. Goller, G. Oberkofler, Walter Hollitscher. Briefwechsel (wie Anm. 47). Neurath an Hollitscher, 22.11.1937, S. 185.
94/ P. Goller, G. Oberkofler, Walter Hollitscher. Briefwechsel (wie Anm. 47). Neurath an Hollitscher, 22.11.1937, S. 182.
95/ P. Goller, G. Oberkofler, Walter Hollitscher. Briefwechsel (wie Anm. 47). Neurath an Hollitscher, 11.2.1935, S. 149.
96/ F. Engels, Dialektik (wie Anm. 8). Entstehung und Überlieferung, S. 569-598.
97/ Marx-Engels-Archiv. Zeitschrift des Marx-Engels-Archivs in Moskau. Hrsg. von D. Rjazanov. Bd. 2. Frankfurt a.M. 1927.
98/ P. Goller, G. Oberkofler, Walter Hollitscher. Briefwechsel (wie Anm. 47). Hollitscher an Neurath, 11.4.1935, S. 1153.
99/ R.-D. Vogeler, Engagierte (wie Anm. 36).
100/ W. Hollitscher: Vom Gegenstand und Nutzen der Naturdialektik. – In: E. Gärtner, A. Leisewitz (Hrsg.): Ökologie – Naturaneignung und Naturtheorie. Dialektik 9. Köln 1984, S. 12-29, hier S. 13.
101/ J.B.S. Haldane: The Marxist philosophy and the sciences. London 1938; H. Levy: Philosophy for a modern man. London 1938.
102/ W. Hollitscher: Kurzfassung des (bisherigen) Lebenslaufes. – In: Wiss. Zeitschrift der Karl-Marx-Universität Leipzig. Gesellschafts- und Sprachwiss. Reihe 30 (1981) 2, S. 111-116, hier S. 114.
103/ W. Hollitscher, Vom Gegenstand (wie Anm. 100), S. 28-29.
104/ F. Engels, Dialektik (wie Anm. 8), S. 6.
105/ F. Engels, Dialektik (wie Anm. 8), S. 47, 48.
106/ P. Goller, G. Oberkofler, Walter Hollitscher. Briefwechsel (wie Anm. 47). Neurath an Hollitscher, 23.10.1935, S. 164-165.
107/ F. Engels, Dialektik (wie Anm. 8), S. 167.
108/ F. Engels, Dialektik (wie Anm. 8), S. 171.
109/ F. Engels, Dialektik (wie Anm. 8), S. 172.
110/ F. Engels, Dialektik (wie Anm. 8), S. 9.
111/ P. Goller, G. Oberkofler, Walter Hollitscher. Briefwechsel (wie Anm. 47). Neurath an Hollitscher, 22.11.1935, S. 185.
112/ P. Goller, G. Oberkofler, Walter Hollitscher. Briefwechsel (wie Anm. 47). Neurath an Hollitscher, 22.11.1937, S. 189.
113/ F. Engels, Dialektik (wie Anm. 8), S. 28.
114/ H. H. Holz: Die Wissenschaft des Gesamtzusammenhangs. Zu Friedrich Engels' Begründung der Dialektik der Natur. – In: G. Kröber, H. J. Sandkühler (Hrsg.): Die Dialektik und die Wissenschaften. Dialektik 12. Köln 1986, S. 50-65, hier S. 62.
115/ H. Hörz, K.-F. Wessel: Philosophie und Naturwissenschaften. Berlin 1988, S. 68-93; H. Laitko: Gedanken zum Begriff Bewegungsform. Freiberger Forschungshefte D 53. Leipzig 1967.
116/ F. Engels, Dialektik (wie Anm. 8), S. 147.
117/ F. Engels, Dialektik (wie Anm. 8), S. 46.

Lebewesen Mensch

PETRA STÖCKL

Was vielen heute als nahezu unmöglich erscheint – eine Brücke zu schlagen zwischen den Geisteswissenschaften und den Naturwissenschaften – ist Hollitscher auf vortreffliche und elegante Art und Weise gelungen. Es scheint mir nach wie vor höchst aktuell, den Brückenschlag Hollitschers gründlich zu studieren, gerade in einer Zeit, wo die Naturwissenschaften mit ihren Erkenntnissen und daraus resultierenden Anwendungen dem geistigen und sozialen Wesen Mensch wieder einmal davon zu eilen scheinen. Dieser Eindruck entsteht umso mehr, als heute ein biologistisches Menschenbild verstärkt Auftrieb bekommt. Um es an einem Beispiel deutlich zu machen, an der Intelligenzdebatte: Gingen die Rassentheoretiker davon aus, dass bestimmte Rassen eine größere geistige Kapazität, andere Rassen hingegen eine geringere geistige Kapazität hätten, so setzt sich heute erneut die Vorstellung durch, dass Intelligenz maßgeblich in den biologischen Anlagen begründet sei. Hollitscher hat Fragen wie „Was ist überhaupt Intelligenz?", „Wie entstand der Mensch als Geisteswesen?", „In welchem Zusammenhang stehen Naturwesen Mensch und Geisteswesen Mensch?" in einer Art und Weise bearbeitet, dass es Vergnügen macht, seine Darstellungen nachzuvollziehen. Er hat sich unbefangen und sachlich der biologischen Kategorien und Ausdrücke bedient, wo sie richtig sind, etwa wenn es um die Entwicklung unserer menschlichen Vorfahren aus dem Tierreich heraus geht, oder um den menschlichen Körper. Er entlarvte aber auch unbarmherzig jede biologistische Entstellung des Menschenbildes. Hollitscher bearbeitete das „Lebewesen Mensch" in einem großen, weil angemessenen Umfang. Dies kann ich in der kurzen Zeit unmöglich darstellen. Ich möchte aber die Methodik Hollitschers aufgreifen, und an einem aktuellen Beispiel versuchen, naturwissenschaftliche Erkenntnisse in eine gesellschaftliche Sicht des Menschen einzuordnen. Als Biologin verwende ich eine Fragestellung aus dem Bereich der Biologie. Ich freue mich im Übrigen sehr, dass ich heute dazu Gelegenheit habe.

Die Fortschritte auf dem Gebiet der Genetik, das ist jener Bereich, auf den sich auch meine berufliche Tätigkeit wesentlich stützt, bringen zwei weit verbreitete Einwände hervor: Zum einen die Auffassung, die Gentechnik eröffne dem Menschen vor allem in der Medizin so rasch neue Anwendungsmöglichkeiten, dass die moralischen und ethischen Normen zusehends hinterherhinkten. Das Resultat könne unter diesen Umständen nur die Schaffung von entmenschlichten Menschen, also Monstern sein. Eine anders lautende Meinung ist die, dass es der biologischen, vor allem genetischen Aufbesserung des Menschen bedürfe, damit er seinem Wesen gerecht werden könne. Der Mensch sei aufgrund seiner biologischen Veranlagungen nicht gut, oder auch nicht intelligent genug, also müssten wir seine genetischen Grundlagen verbessern. Beide Auffassungen, die Vorstellung von den zukünftigen Monstern wie auch die von der menschlichen Gattung, die sich nun endlich selbst zum menschlichen Wesen macht, sind in meinen Augen nur die beiden Seiten einer Medaille, und gleichermaßen falsch. Beide gehen davon aus, dass es maßgeblich die genetische Ausstattung sei, die den Mensch zum Menschen macht. Wird sie verändert, dann resultieren daraus entweder Horrorgestalten oder Engel – je nachdem, welches Vertrauen man in die Wissenschaft setzt. Ich möchte bei der Gelegenheit anmerken: Nachdem viele Linke heutzutage zwar keinerlei Vertrauen in die Wissenschaft haben, aber dennoch den falschen Prämissen einer verflachten Gentechnikdiskussion Glauben schenken, hängen sie quasi automatisch der Horrorvision an. Ohne den Hauch eines Zweifels wird vorausgesetzt, dass ein Drehen an der Genschraube aus Menschen Monstern machen könne. Die wesentliche Frage, die nach dem menschlichen Wesen oder was den Menschen eigentlich ausmacht, wird damit äußerst reduktionistisch, also biologistisch abgehandelt.

Ich denke, dass sich anhand dieses Beispiels zeigen lässt, dass eine biologistische Ansicht auch eine idealistische Ansicht ist – beide gleichermaßen inadäquat für marxistisch denkende Menschen. Dazu möchte ich das Beispiel allerdings ein bisschen vertiefen, und auf jene biologische Einheiten eingehen, die von zentraler Bedeutung in der Gentechnik bzw. Genetik sind: auf die Gene. Sie sind die Träger der Information, die von einer Generation zur nächsten weitergegeben wird und die Entwicklung eines lebenden Organismus ermöglicht. Erst Mitte letzten Jahrhunderts wurden die Gene dem Reich der absoluten Mystik entrissen, indem ihre stoffliche Basis bekannt wurde. Obwohl der Begriff Gen schon Anfang des 20. Jahrhunderts geprägt wurde, machten erst 1953 Watson und Crick mit ihrer Entdeckung der DNA-Struktur allen Spekulationen ein Ende, ob Gene materiell tatsächlich existierten. Ihren idealistischen Charakter haben sie allerdings bis heute nicht verloren; erst relativ neue wissenschaftliche Erkenntnisse scheinen endgültig mit idealistischen Genvorstellungen aufzuräumen.

Sie werden sich nun fragen: Was soll denn ein idealistischer Genbegriff sein? Der Großteil der letzten 50 Jahre war von der Vorstellung geprägt, dass Gene relativ fixe und abgrenzbare Einheiten sind, die am Beginn des Lebens eines Organismus ein relativ unveränderliches genetisches Programm in Gang setzen. Dies erleichterte nicht nur die Vorstellung, dass Tiere und Pflanzen maschinenartig ihr Programm abspulen, sondern auch, dass das menschliche Verhalten sich in einem engen Rahmen bewege, und dass durch die genetische Veranlagung strikte Grenzen gesetzt seien. Das geht bis zur Suche nach Genen, die Menschen zu Alkoholsüchtigen, Gewalttätern und Verbrechern machen. Ich denke, man musste zu jeder Zeit ganz schön viele Erkenntnisse in den Wind schlagen, um zu solchen Plattheiten zu gelangen. Dennoch plagte und plagt selbst aufgeklärte Menschen die Frage: Wie groß ist der Einfluss der Gene wirklich?

Entscheidende Anstöße zur Beantwortung dieser Frage kamen aus der Entwicklungsbiologie und aus den Computerwissenschaften mit ihren Systemen und Netzwerken, kommen heute maßgeblich aus der Molekularbiologie selbst. Man kommt drauf, dass Gene oftmals gar keine fix abgrenzbaren Einheiten sind, dass ein und der selbe Bereich auf dem Genom Vorlage für verschiedene Proteine sein kann, die verschiedene Aufgaben leisten, indem immer andere „Versatzstücke" aus der DNA verwendet werden, und dass die Gentätigkeit sehr wohl durch die Umwelt, in der sich eine Zelle oder ein Individuum befindet, beeinflusst wird. Das ist das vielleicht Sensationellste: Die Gene lassen sich was „dreinreden", je nach gerade vorhandenen Umweltbedingungen, je nach den vielen, vielen Signalen, die ein lebender Organismus zu verarbeiten hat. Das Immunsystem des Menschen ist eines von vielen eindrucksvollen Beispielen dafür. Das Lebende stellt sich heute wieder einmal als sehr viel komplizierter heraus, als man annahm; der kausale Einfluss von Genen ist in Frage gestellt, zumindest was seine Linearität angeht. Ich denke, das eben Gesagte rückt die Dinge schon ein bisschen in ein anderes Licht: Wenn wir herausfinden, dass die Erbsubstanz zwar natürlich eine gewisse Vorlage darstellt, aber gleichzeitig auch genügend Spielräume lässt, um flexibel zu reagieren, dann stellt sich der genetische Code freilich nicht mehr so schicksalhaft dar.

Wir wissen seit Darwins Evolutionstheorie, dass die Gene selbst keinen Zweck haben und keine Ziele anstreben. Nun redet auch noch die Umwelt weit direkter drein, als man bisher glaubte. Der Widerspruch zwischen Geneinfluss und Umwelteinfluss scheint sich aufzulösen, verliert an Mystik. Gene sind insofern ihres idealistischen Gewandes entkleidet (es hört sich gewissermaßen auf mit der Teleologie in der Naturwissenschaft). Zu Recht konnte man und kann man nun einwänden, dass der Mensch ohnehin weit mehr als das Produkt seiner Gentätigkeit ist, und dies auch schon hinreichend untermauert sei. Ich will hier keine Eulen nach Athen tragen, darum gehe ich auf den Menschen als historisches Wesen und als Gesellschaftswesen an dieser Stelle nicht ein. Ich möchte lediglich darstellen, dass solche naturwissenschaftlichen Erkenntnisse nützlich sind, auch wenn wir bisher schon den Genen keine übermächtige Bedeutung zugeschrieben haben bzw. nicht an ihren schicksalhaften Charakter glaubten. Wenn Genforschung unserer Erfahrung Rechnung trägt, dass zum Beispiel Intelligenz – was immer das heißen mag – auch maßgeblich durch das soziale Umfeld beeinflusst wird, dann tun wir uns leichter, gewisse Fantasien in den Bereich des Unmöglichen zu verbannen. Etwa die Vorstellung von einem Intelligenz-Gen, das – bei den Kindern der Superreichen zur Anwendung gebracht – dazu dienen könnte, den Armen und Dummen entgültig den Garaus bereiten. Das ist einfach nicht möglich, die realen Gefahren liegen woanders. (Ich möchte anmerken, dass die Genforschung aber ein sehr komplexes Feld ist. Die Forschung läuft in diesem Bereich auf Hochtouren, viele Fragen werden aktuell bearbeitet, viele Antworten wird erst die Zukunft bringen.)

Dieses Beispiel soll aber zeigen, dass ernsthafte Naturwissenschaft nicht im Widerspruch zu den Erkenntnissen aus Geschichte, Ökonomie, Psychologie usw. stehen muss, sondern naturwissenschaftliche Resultate ein wichtiger Teil des Gesamtbildes sind. Damit – so hoffe ich – in der Tradition Hollitschers stehend, möchte ich nochmals zusammenfassen, was mir an Werk Hollitschers nach wie vor gültig erscheint. Ich tue dies nicht aus einem Bedürfnis der Lobhudelei heraus, sondern weil ich der weit verbreiteten Meinung entgegentreten will, dass heute alles ganz anders sei, eigentlich nichts mehr Gültigkeit besitze, was früher zutreffend war. Hinter dieser Meinung steckt für mich die resignative Haltung, dass die Widersprüche heute zu tief seien, um sie noch überwinden zu können.

Walter Hollitscher hat durch sein dialektisches und konsequentes Herangehen den scheinbaren Widerspruch zwischen Natur- und Geisteswissenschaften aufgebrochen. Gerade zum Beispiel, wenn er sich den Anfängen menschlichen Lebens zuwendet, der Entwicklung des Menschen aus dem Tierreich heraus. Auch wenn er die unbezweifelbare Diskontinuität zwischen Natur- und Gesellschaftsgeschichte erkannte, stellte er – um es mit seinen Worten zu sagen – „die unbestreitbare Kontinuität zwischen Natur- und Menschheitsgeschichte" dar.

Für Hollitscher standen die Erkenntnisse aus den Einzelwissenschaften nicht im Widerspruch zueinander. Mit neuen Erkenntnissen in den verschiedenen Gebieten stand er zwar sicherlich auch immer wieder vor der Anforderung, auftauchende Widersprüche verarbeiten zu müssen, aber er hat über eine einigende Klammer verfügt. Wie hinten auf der Taschenbuchausgabe der sechsbändigen Serie *Natur und Mensch im Weltbild der Wissenschaft* nachzulesen ist: Er „hat die Ideen des Marxismus stets auf dem neuesten Stand der Einzelwissenschaften vertreten".

Die Arbeiten Hollitschers sind für mich ein unbedingtes Plädoyer für die wissenschaftliche Erkennbarkeit dieser Welt. Wissenschaft und Rationalität sind ein wenig in Misskredit gebracht, nicht zuletzt, weil die scheinbar ausweglose Situation nach dem Scheitern des Realsozialismus viele Intellektuelle in die Irrationalität flüchten lässt. Natürlich auch deshalb, weil sich der Kapitalismus neue wissenschaftliche Erkenntnisse in einer Weise aneignet, dass er sie pervertiert und teilweise gegen die Menschen wendet. Dass Marx den Kapitalismus wissenschaftlich untersucht hat, ist für mich allerdings mehr als Grund genug, an wissenschaftlichem Denken festzuhalten.

Kommunistinnen und Kommunisten müssen auf der Höhe der Zeit sein. Sie müssen sich aktuellen Fragen stellen; nur dann werden sie in der Lage sein, den Marxismus weiter zu entwickeln und sein befreiendes Potential zu bewahren. Auch das habe ich von Walter Hollitscher gelernt.

Und nicht zuletzt muss ich mir selbst als Wissenschafterin ins Stammbuch schreiben: Wissenschaftliche Erkenntnisse müssen in einer allgemein verständlichen Art und Weise an die Menschen herangetragen werden. Ob der wissenschaftliche Fortschritt ein barbarisches System stützt oder zum Aufbau einer fortschrittlichen Gesellschaft dienen kann, hängt nicht zuletzt davon ab, ob Wissenschaft den Menschen zugänglich gemacht wird, und damit demokratischen Entscheidungsprozessen unterworfen werden kann. Denn eine neue Gesellschaft werden wir immer noch auf politischem Wege erringen.

Entschlossenheit und Nachdenklichkeit
Über einige Arbeiten Walter Hollitschers in den Siebziger- und Achtzigerjahren

THOMAS SCHÖNFELD

In den autobiographischen Notizen, die er für die „Festschriften" zu seinem 70. Geburtstag verfasste,[1] hat Walter Hollitscher geschrieben: „Zu Marx fand ich auf der Suche nach Altersgefährten; ich stieß auf eine ‚Spartacus-Scout' genannte Jugendgruppe der KPC. (Damals lebte ich in Arnau an der Elbe im Riesengebirge). Sie wurde von einem Metallarbeiter geleitet, der mich durch seine Klugheit, Entschlossenheit und Menschenfreundlichkeit tief beeindruckte. Er prägte meine Beziehung zu Arbeitern fürs Leben. Ich war damals 13 Jahre alt, es war das Jahr von Lenins Tod, 1924. Seitdem bin ich Kommunist, und ich habe nie geschwankt in meiner Bindung an die revolutionäre Partei der Arbeiterklasse, die meinem Leben Orientierung und Zweck verlieh." Man könnte sagen, dass das wissenschaftliche Werk und die vielseitige publizistische wie Vortragstätigkeit Walter Hollitschers von dieser Orientierung, von seiner Zugehörigkeit zu einer politischen Bewegung geprägt waren. In einem kurzen Referat wie dem heutigen ist allerdings nur eine sehr begrenzte Betrachtung unter diesem Gesichtspunkt möglich.

Hier soll auf einige Artikel hingewiesen werden, die Hollitscher für die Monatsschrift der Kommunistischen Partei Österreichs *Weg und Ziel* in den Siebziger- und Achtzigerjahren, also in seiner letzten Schaffensperiode verfasste. Ich bespreche Artikel, die, so meine ich, unter heutigen Gesichtspunkten studiert und diskutiert werden sollen. (Auch andere Artikel mit heutiger Aktualität hätten ausgewählt werden können.)

In dem hier betrachteten Zeitabschnitt dürften über 150 Beiträge Walter Hollitschers in *Weg und Ziel* erschienen sein, viele von ein oder zwei Druckseiten, doch auch vier- und mehrseitige Artikel sind darunter. (Ein genaues Verzeichnis seiner Schriften gibt es leider nicht.) In diesen Jahren hat er aber auch die Herausgabe der sechsbändigen Neuauflage seines Hauptwerkes *Natur und Mensch im Weltbild der Wissenschaft*[2] vorbereitet, für die er die Entwicklung auf den verschiedensten wissenschaftlichen Gebieten – nun allerdings in Zusammenarbeit mit jüngeren Fachleuten für einzelne Spezialgebiete – intensiv verfolgt und ausgewertet hat.

In seinen Veröffentlichungen hat Hollitscher mehrmals zwei wesentliche Eigenschaften, zwei erforderliche Tugenden von Teilnehmern revolutionärer Bewegungen genannt: Entschlossenheit und Nachdenklichkeit. Die Zusammenhänge sind natürlich komplex und Hollitscher hat ja auch formuliert, dass die Haltung des wissenschaftlichen Sozialismus im ideologischen Bereich, „in dem der unmittelbar oder mittelbar klassenbedingten Überzeugungen", daran zu erkennen ist, „dass Entschlossenheit mit Nachdenklichkeit gepaart auftritt".[3] Bei derartigen Zusammenhängen können Vereinfachungen ein verzerrtes Bild ergeben, aber dennoch möchte ich sagen, dass manche von Hollitschers Beiträgen vor allem seine „Entschlossenheit" zeigen, andere von seiner Nachdenklichkeit geprägt sind.

In vielen seiner Arbeiten ging es Hollitscher um Vermittlung der marxistischen Theorie, um ihre vertiefte Darstellung, mit dem Ziel, die Leser mit dieser Gedankenwelt vertraut zu machen und sie dadurch in die Lage zu versetzen, auf diesen Grundlagen politische Wirksamkeit zu entfalten. Er war entschlossen, von der Leistungsfähigkeit der marxistischen Gesellschaftsanalyse zu überzeugen. In den Siebzigerjahren, insbesondere 1971 bis 1973, sind in *Weg und Ziel* zahlreiche Beiträge Hollitschers über *Grundbegriffe der marxistischen politischen Ökonomie und Philosophie* erschienen. Der *Globus Verlag* hat diese Beiträge dann auch als Broschüre herausgebracht (1974, 1975)./4/ Man ist ein wenig beschämt, wenn man sich diese Publikation heute ansieht, denn es wurde eine sehr armselig wirkende Schreibmaschinenschrift verwendet. Der Text ergibt aber eine ausgezeichnete Einführung in den Marxismus. Ausgewählte Begriffe werden in 24 kurzen Kapiteln erläutert. Man kann sich vorstellen, dass diese Broschüre Walter Hollitschers auch heute als Studienmaterial genutzt wird, nicht um ein Studium umfangreicher Werke zu ersetzen, aber z.B. als Ergänzung von Vorlesungen und Vorträgen, um sich mit dort verwendeten Begriffen aus marxistischer Sicht vertraut zu machen. Die Texte zeigen Hollitschers große Fähigkeit als Vermittler, als Lehrer marxistischen Gedankengutes und seine „Entschlossenheit", sich auf diesem Gebiet einzusetzen.

Negative Konvergenztheorien

Artikel Hollitschers in *Weg und Ziel* in den Siebziger- und Achtzigerjahren zu zwei Themenkomplexen zeigen, wie ich meine, seine Nachdenklichkeit besonders gut. Der eine ist schwer mit einem einfachen Begriff zu charakterisieren, aber man könnte sagen, dass Hollitscher Rolle und Charakter der Arbeit, sowie die Motivationen der Arbeitenden unter kapitalistischen und sozialistischen Verhältnissen behandelt hat. In einem Artikel Mitte der Siebzigerjahre setzte er sich mit bürgerlichen Entfremdungstheorien auseinander./5/ Er charakterisierte sie als „negative Konvergenztheorien". Denn in verschiedenen Darstellungen wurde damals – und wird auch weiter – behauptet, dass Entfremdung – in der kapitalistischen Ordnung entstanden – in einer sozialistischen Gesellschaft bestehen bleibt, dass daher die Grundeinstellungen der Menschen zur Arbeit in beiden Gesellschaftsordnungen gleich sind und somit die Entwicklung einer neuen Einstellung der Menschen zur Arbeit, wie sie für eine sozialistische Ordnung angestrebt wird, nicht gelingen kann. Walter Hollitscher vertrat die Auffassung, dass die Entfremdung als ein integrales Element des Kapitalismus anzusehen ist, während sie dem entwickelten Sozialismus wesensfremd ist.

In seinem Artikel schrieb er: „Entfremdung ist, ganz allgemein genommen, Folge davon, dass in den ausbeutenden Gesellschaftsordnungen – auf der Grundlage des Privateigentums an Produktionsmitteln – die Menschen nicht Herren ihres Schicksals sind und ihre Verhältnisse nicht bewusst und planmäßig regeln können. Fremd stehen im Kapitalismus den Werktätigen die Produkte ihrer Tätigkeit gegenüber, die von Kapitalisten angeeignet werden; ... fremd und verschüttet sind dem einseitig Missbrauchten und Deformierten die eigenen Entwicklungspotentialitäten zum vielseitig entfalteten Menschlichsein. ... Erst mit der proletarischen Revolution – der Errichtung der Arbeitermacht, der Enteignung der entscheidenden Produktionsmittel, der wissenschaftlichen Planung und Leitung des gesamtgesellschaftlichen Lebens unter Führung der revolutionären Partei – wird die Aufhebung der Entfremdung möglich und, im Maße der Entfaltung des Sozialismus-Kommunismus, auch verwirklicht."

In diesem Zusammenhang sowie in anderen Artikeln kritisierte Hollitscher Auffassungen wie sie u.a. Erich Fromm vertreten hat, die eine Orientierung der Gesellschaft auf die Produktion von Gegenständen einer Orientierung auf den Menschen als unvereinbar gegenüberstellen. Sich auf Marx beziehend zeigte Hollitscher, dass in der Produktion die menschliche Produktivkraft und somit der Reichtum der menschlichen Natur entwickelt werden. Es sei daher falsch, Zielvorstellungen einander als unvereinbar gegenüberzustellen, die in Wirklichkeit in engem Zusammenhang stehen, die einander bedingen. Daher sind auch die Versuche, die humanistisch-philosophischen Gedanken des „jungen Marx" dem „reifen Marx" gegenüberzustellen, unhaltbar und irreführend. Die Entwicklung der Produktion, vom „reifen Marx" im *Kapital* und anderen ökonomischen Schriften behandelt, ist unabdingbare Voraussetzung für die Verwirklichung der humanistischen Konzepte der sozialistischen Gesellschaft.

Hollitscher nennt in diesem Artikel auch andere „negative Konvergenztheorien", also Theorien, die im Kapitalismus entstandene negative Erscheinungen und krisenhafte Probleme als grundsätzlich nicht behebbar darstellen. Er zählt z.B. einige ökologisch orientierte Zukunftsprognosen, wie sie in Arbeiten über „Grenzen des Wachstums" entwickelt wurden, zu diesen Theorien und führt ihre Fehlaussagen auf Außerachtlassung der Einflussmöglichkeiten der gesellschaftlichen Verhältnisse auf die Wechselwirkungsprozesse zwischen Mensch und Natur zurück.

Erziehung von Gedanken und Gefühlen für eine sozialistische Gesellschaft

Für mehr Augenmerk auf die Erziehung von Gedanken und Gefühlen der Anhänger des Sozialismus und in sozialistischen Gesellschaften hat Walter Hollitscher in mehreren Artikeln plädiert, die 1982-85 in *Weg und Ziel* erschienen sind,[6-10] einer davon mit dem aussagekräftigen Titel „Materielle und moralische Arbeitsanreize im Kommunismus".[7] Er ging davon aus, dass materielle und moralische Arbeitsanreize in ihrer Einheit wirken und einander nicht gegenübergestellt werden dürfen. Um der sozialistischen Ordnung entsprechende Einstellungen zu festigen, bei denen sowohl von Askese-Haltungen fehlgeleitete Opferbereitschaft wie der „Konsumidiotismus" (von Marx geprägter Begriff), der aus dem Kapitalismus in sozialistische Bewegungen und sozialistische Gesellschaften „hinüberschwappt", zurückgedrängt werden, ist die Erziehung von Gedanken und Gefühlen erforderlich, vor allem jener, die zur Veränderung der Welt entschlossen sind. Hollitscher hat es als Mangel angesehen, dass diese Thematik in Lehrbüchern des historischen Materialismus so gut wie fehlt, und dass dies auch durch die sozialistische „schöne Literatur" nicht zur Gänze gedeckt werden kann. Er hat für größere Anstrengungen und mehr Mittel für eine Erziehung der Gefühle plädiert: „Erzogene Gefühle – mit erzogenem Denken legiert – (werden) im gesellschaftlichen Leben und Arbeiten des Kommunismus reichliche Früchte tragen."/10/

In Verbindung mit der Betrachtung der Rolle der Arbeit in den entwickelten Gesellschaften ist Hollitscher irreführenden Vereinfachungen des Arbeitsbegriffes entgegengetreten. Er führte aus: „Schweißtreibende Arbeit besteht von Anfang an aus manuellem Erzeugen, legiert mit ideellem Ersinnen, strengt also Muskeln wie Nerven an. ... Wer das Arbeiten allein auf seinen muskulären Anteil beschränkt sieht, hat schlecht beobachtet und schlecht verstanden. ... (Es) wandelt die Arbeit ihre manuell-ideelle Zusammensetzung in immer schnellerem Tempo."/10/ Um die Perspektive des Wandels zu verdeutlichen hat er betont, dass der Arbeit als Gesamtkategorie schöpferische körperliche und ideelle Tätigkeit, Erfinden, Entdecken und künstlerisches Schaffen, und moralisch-politisches Entscheiden zuzurechnen sind – und in sozialistisch-kommunistischen Gesellschaften „das wirksame Organisieren der gesellschaftlichen Produktion in immer besser aufeinander abgestimmten Kollektiven"./7/ „Mit dem Kommunismus ist die Arbeit nicht etwa beendet („ausgestorben"), sondern macht in beglückender Weise frei zur weiteren, nicht enden-wollenden Selbstvervollkommnung des Menschengeschlechts."/6/

Zu Hollitschers Darlegungen über die Erziehung von Gedanken und Gefühlen gab es Kritik in einem Leserbrief an *Weg und Ziel*. Darin wurde interpretiert, Hollitscher schlage ein Gremium der politischen Leitung vor, das Weisungen geben und Erziehungsmethoden für die ganze Gesellschaft vorschreiben würde. In Beantwortung des Leserbriefes von Romuald Fortin hat Hollitscher klargestellt, dass er sich einen grundsätzlich anderen Prozess vorstellt, nämlich die Teilnahme aller Werktätigen an der Herausbildung neuer Einstellungen zur Arbeit: „Die ‚Umziehung der Werktätigen' im Sozialismus ist allein das Werk jener, die sich durch die sozialistische Revolution von denen befreiten, die zuvor ausbeuteten, unterdrückten und nötigten. Wer könnte den freien Menschen des Kommunismus ... neue und höhere Bedürfnisse ‚anerziehen' als sie selbst!"/11/

Zwanglose Arbeitsantriebe im Sozialismus

Der Artikel *Antriebe zur Arbeit in Vergangenheit und Zukunft* ist im September 1985 erschienen./12/ Es dürfte die letzte veröffentlichte Arbeit Hollitschers sein. Im Mittelpunkt steht die Frage, wie in einer sozialistischen Gesellschaft neue Einstellungen zur Arbeit entwickelt werden können. Betont wird die Notwendigkeit ständiger Selbsterziehung und des Erlernens der „uns so ungewohnten Künste der zwanglosen Arbeitsantriebe", der dazu erforderlichen unermüdlichen Überzeugungsarbeit. Hollitscher verweist auf die Rolle ungehinderten Austausches erfolgreicher Arbeitserfahrungen, auf die aufrichtige Erörterung von Wegen zur Vervollkommnung der Wirtschaftsleitung, und auf die Notwendigkeit, höchste Anforderungen an sich selbst und an die anderen zu stellen. In diesem Artikel werden Gedanken über die im Sozialismus zu erreichende Überwindung von Entfremdung weiterentwickelt, die Hollitscher früher formuliert hatte und von denen in diesem Beitrag bereits die Rede war (siehe Anm. 5). Nun betonte er, dass die Überwindung von Entfremdung nicht automatisch aus den ökonomischen Merkmalen des Sozialismus folgt, sondern ein bewusst zu gestaltender Prozess ist. „Das Ersinnen neuartiger Arbeitsantriebe ist eine der wichtigsten Tätigkeiten der fortgeschrittenen Menschen unserer Zeit, die ihr Leben im Sozialismus ganz der Zukunft zu widmen vermögen" heißt es am Schluss des Artikels.

Diese Artikel Hollitschers können als Anregungen für politische Aktivisten, Gewerkschaftsfunktionäre, Pädagogen und – durchaus nicht zuletzt – für Schriftsteller verstanden werden, denn Fragen alter und neuer Einstellungen zur Arbeit können in literarischen Werken höchst anschaulich und überzeugend dargestellt werden. Walter Hollitscher hatte, auch wenn er allgemein formulierte, gewiss Probleme der zum Zeitpunkt der Abfassung bestehenden sozialistischen Staaten im Auge. Aber auch nach deren Niedergang sollten die Anhänger des Sozialismus die in diesen Artikeln behandelten Fragen in ihrem Bild der angestrebten Gesellschaftsentwicklung berücksichtigen und weiter bearbeiten. Das Sozialismusbild wird anschaulicher und überzeugender sein, wenn es auch auf die Entwicklung von Einstellungen zur Arbeit eingeht.

Erfahrungen im Dialog Christen – Marxisten

Als ein Element der Bemühungen zur Überwindung der Konfrontation des Kalten Krieges kam es Mitte der Sechzigerjahre zu einer Reihe von Treffen zwischen prominenten Christen und Marxisten. Das Zustandekommen dieser Dialoge, für die im deutschsprachigen Raum die damals von katholischen Kreisen gegründete Paulus-Gesellschaft den Rahmen bildete, wurde durch Stellungnahmen der Päpste Johannes XXIII und Paul IV zu Weltproblemen wesentlich gefördert. Die Dringlichkeit gemeinsamer Friedensinitiativen und die Zusammenarbeit bei einer humanen Zukunftsgestaltung waren wichtige Themen der Dialog-Treffen, an denen Walter Hollitscher aktiv teilnahm. Auch für die dann über einen Zeitraum von sieben Jahren im katholischen Herder-Verlag erscheinende *Internationale Dialog Zeitschrift* verfasste er zahlreiche Beiträge. Die Entstehung und Entwicklung der Dialog-Zeitschrift hat Professor Herbert Vorgrimler, katholischer Theologe an der Universität Münster, in seinem Beitrag zur Festschrift für Walter Hollitscher beschrieben./13/ Eine weitere Form des christlich-marxistischen Dialogs waren die Symposien über Friedenssuche aus verschiedener weltanschaulicher Sicht, die in den Siebzigerjahren gemeinsam vom Institut für Friedensforschung an der Katholisch-Theologischen Fakultät der Universität Wien und dem Internationalen Institut für den Frieden (mit Sitz in Wien) veranstaltet wurden./14/ Walter Hollitscher, der in der Leitung des letztgenannten Instituts als „Kanzler" tätig war, hat an den meisten dieser Dialog-Veranstaltungen mitgewirkt. Seine Freunde und Genossen hat er über den christlich-marxistischen Dialog in Artikeln in *Weg und Ziel* informiert und dabei Überlegungen betreffend Gespräche und Diskussionen mit Andersdenkenden, mit Vertretern christlicher Religionen, aber nicht nur mit diesen, vorgelegt und zu Fragen von Bündnissen Stellung genommen. Das ist die zweite Themengruppe in den Veröffentlichungen Hollitschers, an die hier erinnert werden soll.

Für seinen Walter Hollitscher gewidmeten Beitrag/13/ hat Professor Vorgrimler den Titel gewählt: *Konfrontation der Ideen zum Zwecke der Kooperation im Handeln*. Er hat damit eine Formulierung wiedergegeben, mit der Hollitscher ein wesentliches Merkmal der Dialoge kennzeichnen wollte und die auch Vorgrimler und andere christliche Dialogteilnehmer für geeignet hielten. Ausführlicher hat Hollitscher diesen Gedanken in einem Beitrag zu einer Diskussion marxistischer Wissenschaftler und katholischer Theologen formuliert, zu der die Redaktion von „Probleme des Friedens und des Sozialismus", die Zeitschrift der kommunistischen und Arbeiterparteien, eingeladen hatte, und woraus wesentliche Teile auf Anregung Hollitschers in *Weg und Ziel* veröffentlicht wurden: „Ideologische Diskussion, (die).. die Zusammenarbeit und Aktionseinheit nicht verhindert, setzt in keinem Fall die Notwendigkeit einer völligen Übereinstimmung in den behandelten weltanschaulichen und ideologischen Fragen voraus. Gegenseitiges Verständnis ist auch möglich ohne Preisgabe eigener Ideen, und die Zusammenarbeit bedeutet keine ideologische Koexistenz. Wir werden sicherlich als Marxisten bei der Führung des Dialogs nicht Wert darauf legen, Gespräche über das Jenseits zu führen, und wir bemühen uns nicht, ihn auf einen Vergleich der weltanschaulichen Positionen zu beschränken, sondern stellen die für die beiden Seiten annehmbaren praktischen Aktionen heraus, die auf die fortschrittlichen Umgestaltungen des gesellschaftlichen Lebens gerichtet sind. Aber wenn wir nach unseren philosophischen prinzipiellen Überzeugungen von unseren religiösen Gesprächspartner gefragt werden, werden wir den wissenschaftlichen Atheismus, dem wir anhängen, bestimmt nicht verleugnen. Genau so wie wir es nicht für nötig halten, dass unsere religiösen Gesprächspartner ihre Gottgläubigkeit ableugnen würden, um uns den Gefallen zu bereiten ...".[15/] Die Darlegung der marxistischen Auffassungen im Rahmen von Dialogen kann die marxistische Betrachtung der Religionen mit einschließen, wie Hollitscher in einem Artikel *Der Friede und die Christen* ausführte./16/ Zu dieser Religionsanalyse hat er auch mit ausführlicheren Darlegungen in seinem Hauptwerk beigetragen./17/

Nicht im Widerspruch zu seiner hier skizzierten Haltung in Fragen des Dialogs war es, dass Hollitscher Kritik an Erklärungen christlicher Persönlichkeiten veröffentlichte, die er als schädlich für gemeinsame Friedensbemühungen erachtete. Anlässlich der Eröffnung eines Rundfunk-Symposiums über „Christenverfolgung im Osten" hatte Kardinal König erklärt: „Die Trennung von Kirche und Staat gilt nicht im Sinne einer friedlichen Nachbarschaft, sondern besteht in einer einseitigen Kontrolle aller Formen des Kults". Hollitscher erinnerte daran, dass die Trennung von Kirche und Staat durchaus nicht nur im „Osten", in sozialistischen Staaten gefordert und vollzogen wird, und er charakterisierte die Erklärung des Kardinals mit dem Satz: „Mit solchen Pauschalurteilen, die (zumindest) Sachunkundigkeit verraten, wird gelegentlich ... die Friedenstätigkeit christlicher Glaubender zu behindern versucht."/16/

Hollitscher hat seinen Freunden und Genossen Empfehlungen für die Teilnahme an Dialogen mit Partnern verschiedener Orientierungen übermittelt: Gewissheit hinsichtlich der Richtigkeit der eigenen Weltanschauung darf nicht dazu führen, dass man Gesprächspartnern mit verletzender Ironie entgegentritt. Bei der Erörterung weltanschaulicher Fragen kann es sich nicht um Debatten-Triumphe handeln, sondern es geht darum, den Gesprächspartnern den rationalen und humanistischen Charakter der eigenen Anschauung sichtbar zu machen und so ein Zusammenfinden im Handeln erreichen zu helfen. Beharrlichkeit beim Beweisen der Notwendigkeit von Aktionen sind erforderlich um solche auch auslösen zu können.

Gespräche um Bündnisse zu erreichen

In den Jahren seiner intensiven Teilnahme am christlich-marxistischen Dialog hat Walter Hollitscher auch zu den Bemühungen um Bündnisse in allgemeiner Weise Stellung genommen: Mit wem sollen Bündnisse angestrebt werden? Was ist zu tun, um zu gemeinsamem Handeln zu kommen? Es geht, wie er meinte, um Bündnisse mit Angehörigen großer Strömungen oder auch mit einzelnen Noch-anders-Denkenden, „die vielleicht in bestimmten Bereichen (zum Beispiel weltanschaulichen) sehr entschieden von gewissen, unseren Auffassungen ...abweichende Überzeugungen vertreten, jedoch mit uns eine gewisse Wegstrecke gemeinsam zu handeln wünschen ... und noch offen lassend, ob (wie zu hoffen) der gemeinsame Weg fortsetzbar sein wird." Und er betonte: „Unaufrichtigkeit über Motive und Ziele des gemeinsam zu Tuenden verbietet sich unter aktuellen oder potentiellen Bündnispartnern." Hinsichtlich der Marschroute gemeinsamen Handelns sprach er von der Bedeutung „konstruktiver organisatorischer Phantasie. Sie ist eine der häufig vergessenen Formen schöpferischer menschlicher Tätigkeiten – so wie es etwa qualifiziertes Produzieren, Wissenschaftstreiben oder Kunstschaffen ist."/18/

Hinsichtlich des Stils der Gespräche bei Bündnisbemühungen unterstrich er: Der durch alle Massenmedien infiltrierende Antikommunismus kann auch im Blute potenzieller Bündnispartner florieren. Doch auch mit Leuten, die solche Ideen in sich aufgenommen haben, muss man reden können. Zu den Regeln für Dialog-Gespräche sei noch ein anderer Hinweis Hollitschers zitiert: „Da wir uns beim Argumentieren... an Irregeführte wenden, welche die Rolle ihrer Führer noch nicht erkannt haben, ... sind Aufgeregtheit, verletzende Ironie, Besserwisserei (nicht besseres Wissen!) und Beleidigungen sicherlich nicht am Platz."/19/

Nachdenklichkeit und politische Praxis

Hier wurde auf Artikel Walter Hollitschers hingewiesen, in denen er seinen Freunden und Genossen Anregungen für weiteres Nachdenken übermittelte. Sicherlich hat ihn auch die Frage beschäftigt, in wie weit seine Anregungen aufgegriffen wurden. Wir sollten fragen, wie es mit dem Aufgreifen solcher Anregungen und ihrem Wirksamwerden für verschiedene Ebenen der politischen Praxis heute aussieht. Ein solches Aufgreifen von Ideen und Anregungen zu erreichen kann nicht allein als Anliegen jener angesehen werden, die sie formulieren. Vielmehr soll es in den Bewegungen für Sozialismus Grundeinstellungen und Mechanismen geben, die gewährleisten, dass Denkanstöße aus dem wissenschaftlichen Bereich aufgegriffen und produktiv umgesetzt werden. Es gilt zu prüfen, wie weit diese Grundeinstellungen und Mechanismen gegeben sind.

Anmerkungen

1/ W. H. (Walter Hollitscher), Autobiographisches. In: J. Schleifstein, E. Wimmer (Hrsg.), Plädoyers für einen wissenschaftlichen Humanismus. Globus Verlag Wien und Verlag Marxistische Blätter Frankfurt am Main 1981, S. 161; W. H., Kurzfassung des (bisherigen) Lebenslaufes, Wiss. Z. Karl-Marx-Univ. Leipzig, Ges.- und Sprachwiss. R. 30 (2) 111 (1981).
2/ W. H., Natur und Mensch im Weltbild der Wissenschaft, herausgegeben von Hubert Horstmann, in sechs Bänden. Globus Verlag Wien und Akademie-Verlag Berlin 1983-1985.
3/ W. H., Relativierung des Marxismus? Weg und Ziel, März 1973, S. 117.
4/ W. H., Grundbegriffe der marxistischen politischen Ökonomie und Philosophie (3. ergänzte Auflage). Globus Verlag Wien 1975, 74 S.
5/ W. H., Mensch und Gesellschaft; Kritik bürgerlicher Ideen des 20. Jahrhunderts aus marxistischer Sicht. Weg und Ziel, Juni 1975. S. 266.
6/ W. H., Roboter und Menschen. Weg und Ziel, März 1982, S. 104
7/ W. H., Materielle und moralische Arbeitsanreize im Kommunismus. Weg und Ziel, Oktober 1982, S. 369.
8/ W. H., Willensbildung im Sozialismus. Weg und Ziel, Jänner 1984, S. 35.
9/ W. H., Politische Moral im Übergangszeitalter. Weg und Ziel, April 1984, S. 145.
10/ W. H., Vom Sinn des Lebens. Weg und Ziel, Juli-August 1985, S. 282.
11/ W. H., Zum Brief an die Redaktion von Romuald Fortin. Weg und Ziel, April 1984, S. 138.
12/ W. H., Antriebe zur Arbeit in Vergangenheit und Zukunft. Weg und Ziel, September 1985, S. 323.
13/ Herbert Vorgrimler, „Konfrontation der Ideen zum Zwecke der Kooperation im Handeln". Erfahrungen mit dem marxistisch-christlichen Dialog. In: J. Schleifstein, E. Wimmer (Hrsg.), Plädoyers für einen wissenschaftlichen Humanismus. Globus Verlag Wien und Verlag Marxistische Blätter Frankfurt am Main 1981, S. 69.
14/ Christen und Marxisten im Friedensgespräch. Materialien dreier wissenschaftlicher Symposien. Verlag Herder, Wien Freiburg Basel 1976; Christen und Marxisten im Friedensgespräch, Band II, Materialien dreier wissenschaftlicher Symposien. Verlag Herder, Wien Freiburg Basel 1979.
15/ Ideologische Unterschiede und politische Zusammenarbeit. Begegnungen von Marxisten und Katholiken. Weg und Ziel, September 1974, S. 375. (Mit Beiträgen von W. Hollitscher, R. Weiler, A. Dordett und N. Kowalski).
16/ W. H., Der Friede und die Christen. Weg und Ziel, Juli/August 1983, S. 292.
17/ W. H., Der Mensch im Weltbild der Wissenschaft. Globus Verlag Wien 1969, S. 360. bzw. W. H., Natur und Mensch im Weltbild der Wissenschaft. Globus Verlag Wien und Akademie-Verlag Berlin, Band 5: Mensch und Gesellschaft, 1985, S. 123.
18/ W. H., Mit wem kann, mit wem muss man Bündnisse schließen? Weg und Ziel, Dezember 1977, S. 464.
19/ W. H., Im Gespräch mit anderen... Weg und Ziel, April 1976, S. 169.

Persönliches über Walter Hollitscher

SAMUEL MITJA RAPOPORT

Ich bin mit leeren Händen gekommen, ohne ein Manuskript. Das hat den Vorteil: Ich kann frei reden. Ich möchte – das entspricht auch meinem Alter – auf den Menschen Walter Hollitscher eingehen. Das ist nicht so fassbar wie seine Schriften. Aber Zeitzeugen können etwas vom Lebenswerk eines Menschen vermitteln, mit seinen Stärken und Schwächen. Walter Hollitscher hatte ein unmögliches Lebensprogramm – den Fortschritt der Wissenschaft auf allen Gebieten zu verfolgen und zu verstehen. Jeder, der einen Blick in eine Buchhandlung oder Bibliothek wirft, wird gedemütigt hinausgehen und sich sagen: Das kann man nicht alles begreifen. Dazu kommen noch die hohen Schwierigkeitsgrade – von der theoretischen Physik bis zum psychoanalytischen Vokabular. Das alles hat Walter Hollitscher zu bewältigen versucht, und großteils mit Erfolg. Dass der Erfolg nicht vollständig sein konnte, das ergibt sich von selbst. Diese Feststellung bedarf keiner großen Kenntnisse. Die Frage ist nur: Welche verschiedenen Einflüsse haben das Niveau seines Verständnisses beeinflusst. Einige wurden hier schon genannt. Es gibt auch andere, die sehr positiv auf ihn wirkten. So war die Atmosphäre in England, das Land, das – so glaube ich – die beste Tradition der Populärwissenschaft hat, für Walter Hollitscher sehr maßgebend. Es ist ein Glück für Österreich und den deutschsprachigen Raum, dass Walter Hollitscher diese Position erfüllt hat – als Erzieher, als Aufklärer ersten Ranges.

Das kann ich an einem ganz privaten Beispiel erläutern. Walter Hollitscher war in den 50er- und 60er-Jahren öfter bei uns in Berlin zu Gast. Wir haben vier Kinder, die altersmäßig sehr nahe aneinander liegen. Jetzt sind sie schon erwachsen: ein Biochemiker-Molekularbiologe, ein Mathematiker, eine Kinderärztin und eine Krankenschwester. Walter Hollitschers Besuch war immer ein großes Fest. Denn erstens liebte er Kinder, sie waren ihm leider versagt, aber er liebte sie in hohem Maß. Zweitens mache es ihm Vergnügen, zu erzählen. Ob es alte oder junge Leute waren, oder Kinder, das war egal. Er war aufs Erzählen programmiert. Seine Erzählungen waren so kindgerecht. Die Kinder waren begeistert, so dass die Nacht darauf, nach seinem Besuch, für uns sehr belastend war. Die Kinder konnten gar nicht schlafen. Und bei seinen Erzählungen ging es oft sehr witzig zu. Kurzum, er war ein Rattenfänger von Hameln.

Walter Hollitscher hatte gewisse Eigenarten. Neben seinem ungeheuren Eifer und Fleiß war er ein körperlich sehr fauler Mensch. Es bedurfte schon großer Anstrengungen, ihn dazu zu bewegen, außer Haus zu gehen. Wir waren öfter mit ihm zusammen am Tulbinger Kogel, einem kleinen Hotel im Wienerwald. Da gab es einen Auslauf von etwa hundert Metern. Es war schon die Höhe der Gefühle, wenn er mit Violetta einmal um das Haus herumging. Man kann natürlich darüber nachdenken, ob das eine Folge seiner Herzschwäche war oder umgekehrt, ob seine lebenslange Inaktivität zu dieser Schwäche beitrug. Man kann sogar die Frage nach dem Gegensatz von Körper und Geist stellen, also fragen, ob die Körperlichkeit gerade mehr Raum für seinen Geist ließ.

Walter Hollitscher sollte ein sehr lebenserfahrener Mensch sein. Das war er nicht. Er war einer der naivsten, leichtgläubigsten Menschen. Das hat sicher auch zu der unglücklichen Episode seiner zeitweiligen Inhaftierung beigetragen, als er von einem vermeintlichen Freund bespitzelt und denunziert wurde. Dies geschah in einer Zeit von Verdächtigungen und Repressionen in allen sozialistischen Ländern. Was dahinter war, vermag ich nicht zu sagen. Das war wirklich nicht aus ihm herauszubekommen. Aber etwas konnte man aus dieser Zeit lernen. Walter Hollitscher hat den größten Mut und Disziplin bewiesen. Er hat nie eine Klage oder Beschwerde geäußert. Er ist in seiner Treue zur sozialistischen Sache absolut unwandelbar geblieben, ganz egal wieviel Unrecht ihm zugefügt wurde. Ich glaube, bei all den Kritiken die da kommen, über „Parteitreue" und über „Loyalität", muss man auch die umgekehrte Seite sehen: Die großartige millionenfache Disziplin und Heroismus, die unter den schwierigsten Bedingungen Bestand haben, ganz egal wie die ökonomische Lage einer Person war. Walter Hollitscher hatte das Glück, dass ihm – nachdem er die DDR 1953 gezwungenermaßen verlassen musste – seine spätere Position als Gastprofessor in Leipzig große Genugtuung gab.

Walter Hollitscher war ein „Nimmersatt". Er hat sich in seinem ganzen Leben niemals Ruhe gegönnt, nie wirklich abgeschaltet. Das ist eine wirklich bemerkenswerte, eine ganz außerordentliche Haltung.

Walter Hollitscher hat sehr viel geschrieben. Man muss leider sagen, nicht alles war nützlich, nicht alles war ganz adäquat. Ich erinnere mich: In der DDR war man in gewisser Hinsicht recht prüde. Da gab es keine Nackedeibilder in den Zeitschriften. Es war eine „revolutionäre Tat" Hilde Eislers, der Frau von Gerhart Eisler, die kleinformatige Monatsschrift *Magazin* herauszubringen, in der als Hauptattraktion in der Mitte jeder Ausgabe eine Nackedei erschien. Die Beiträge zu dieser Zeitschrift wurden ganz gut bezahlt. Walter Hollitscher fand es vereinbar mit all seinen Aktivitäten ziemlich häufig Beiträge für das *Magazin* zu schreiben. Das zeigte wohl seine Vielseitigkeit. Aber ich habe ihm das immer ein wenig übel genommen. Ich habe gesagt: „Walter, Du kannst besseres leisten!".

Was die wissenschaftlichen Positionen betrifft, will ich hier keine exakten Belege bringen. Aber ich habe einiges in Erinnerung. Walter Hollitscher litt auch unter der Schwierigkeit, die eigentlich jeder erlebt. Viele Ratgeber! Da muss man wählen. Hat der recht oder jener? Er hat sich auch an mich gewendet. Es ging um den Lyssenkoismus. Ich war sehr kritisch eingestellt und habe auch Franz Marek gefragt, es war 1950, was sie davon hielten, wenn ich einen Brief an das Zentralkomitee der KPdSU schreiben würde. Es sagte mir: „Tu das ja nicht. Das würde uns in die größten Schwierigkeiten bringen". Es gelang mir aber immerhin zu verhindern, dass die *Volksstimme* irgendwelche positiven Beiträge über Lyssenko oder seine Anhänger brachte. Auch großartige Leute wie J.B.S. Haldane, viel kompetenter als ich, waren gegen die Theorien Lyssenkos. Andrerseits gab es auch Verfechter dieser Theorien. Walter Hollitscher war unsicher. Er konnte sich nicht entschließen und hat in dieser Situation wohl auch unzulässig argumentiert .

Auch in der Frage nach der Natur der Eiweiße gab es Außenseiterpositionen. Da hat er sich aber von mir etwas sagen lassen. Das ist dann auch in einem Kommentar zu Friedrich Engels *Anti-Dühring* erschienen.[1] Walter Hollitscher war also in einer Situation vielfältiger Bestrebungen und Positionen nicht zielsicher, sondern glaubte „die Partei wird schon recht haben", auch dort wo er der Partei die Kompetenz zur Entscheidung naturwissenschaftlicher Fragen hätte grundsätzlich absprechen müssen.

Zum Schluss ein Wort über Walters Familienleben. Violetta war für Walter das Heilsamste was ihm begegnet ist. Jedesmal wenn er etwas pompös wurde, etwas von sich eingenommen war, da kam Violetta und holte ihn – mit ihrem trockenen Witz – auf den Erdboden herunter. Bei ihr war er geliebt aber nicht groß. Wenn man zu Hollitschers kam, konnte man sicher sein, sehr guten Tee zu bekommen. Violetta sprühte von Geist, mit rauher Stimme, auch wenn sie eigentlich keine Sprache beherrschte, sie Deutsch und Englisch massakrierte. Auch für Violetta hatte es Probleme gegeben – eine hochbegabte Künstlerin, die sich aber dann eine Ausübung ihres Berufes völlig versagte, und ein in letzter Zeit sehr schmerzerfülltes Leben führte. Die Zwei, Walter und Violetta, machten jeden Besuch in der Pressgasse (in Wien IV) zu etwas, was man ein Leben lang nicht vergisst. Ich wäre glücklich, wenn es mir hier, in diesem Zuhörerkreis gelänge, die Sympathie für Walter Hollitscher zu erwecken.

Anmerkung

1/ siehe Friedrich Engels, Herrn Eugen Dührings Umwälzung der Wissenschaft („Anti-Dühring") mit Kommentar. Herausgegeben von Walter Hollitscher. Verlag Marxistische Blätter. Frankfurt 1971, S. 324-327.

Walter Hollitscher, 1928

Auswahlbibliographie von Walter Hollitscher

Walter Hollitscher war ein ungemein produktiver Wissenschaftler. Er blieb auch dann auf dem festen Boden der Wissenschaft, wenn er wissenschaftliche Fragestellungen popularisierte, in kurzen wissenschaftlich literarischen Artikeln in Zeitschriften oder Tageszeitungen erörterte oder zu aktuellen und praktischen Anliegen der Arbeiterbewegung wie Fragen der Zusammenarbeit von Marxisten und Katholiken Stellung nahm. Den Lesern dieses Bandes, der die Referate der von der Alfred Klahr Gesellschaft am 20. Oktober 2001 veranstalteten Gedächtnisveranstaltung für Walter Hollitscher wiedergibt, soll mit dem *Verzeichnis der selbständig erschienenen Schriften* die Hauptstationen im Gesamtwerk dieses auch politisch kämpfenden Gelehrten deutlich werden. Das wissenschaftliche Hauptwerk „Die Natur im Weltbild der Wissenschaft" und „Der Mensch im Weltbild der Wissenschaft" ist in den meisten, auch außereuropäischen Universitäts- und Nationalbibliotheken vorhanden und wurde in mehrere Sprachen übersetzt. Große Verbreitung vor allem im angloamerikanischen Raum hat die zu den Frühwerken zählende Arbeit über „Sigmund Freud". Im Teil *Artikel in Zeitschriften und Sammelwerken* wird eine knappe Auswahl aus dem reichen Schaffen Walter Hollitschers gebracht. Es werden insbesondere längere Beiträge zu grundsätzlichen und zugleich aktuellen weltanschaulichen und politischen Problemen angeführt, die auch sein Bemühen zeigen, sich mit seinen Analysen an breite Kreise zu wenden. Eine wegen der Streuung der Publikationsorte schwierig herzustellende Gesamtbibliographie einschließlich von Rezensionen und Würdigungen ist in Vorbereitung.

Selbständige Schriften

1/ Über Gründe und Ursachen des Streites um das Kausalprinzip in der Gegenwart, 69 S. 4° [Maschinenschr.], Wien, Phil. Diss. 1934
2/ Report of the Committee for a Christmas to interned refugees, London: Dugdale & Marsland Ltd. 1941
3/ Notes on Education in Austria (compiled by R.F. Bayer and W. Hollitscher). Published by the Education Committee of the Free Austrian Movement in Great Britain, o.D. [1942]
4/ Rassentheorie? (3. Kurs der Jugendführerschule d. Jungen Österreich) 6 Lehrbriefe an österreichische Biologie-Lehrer. [London: Verlag Jugend voran 1944.] 29 S., 4°
5/ Sigmund Freud. An Introduction. A Presentation of his Theory and a Discussion of the Relationship between Psycho-analysis and Sociology, London: Kegan Paul, Trench, Trubner & Co. Ltd. (1947). VIII, 119 S., 8°
N. Y., Oxford University Press 1947, VIII, 119 S. [Erste amerikanische Ausgabe (= International Library of sociology and social reconstruction)]
2nd printing London: Routledge & Kegan Paul, LTD 1950
Spanisch: Psicoanálisis y sociología. Versión castellana de Gino Germani. Buenos Aires: Paidos 1950. 198 S.

Psychoanalysis and civilization. An Introduction to Sigmund Freud. New York: Grove Press, Inc. 1963. 118 S., 8°
Nachdruck der Ausgabe von 1947 Freeport, N. Y.: Books for Libraries Press 1970; Reprinted London, Routledge 1998, cop. 1947

6/ Über die Begriffe der psychischen Gesundheit und Erkrankung. Eine wissenschafts-logische Untersuchung. Wien: Gerold & Co., 1947. 62 S., 8°

7/ „Rassentheorie" im Lichte der Wissenschaft. Wien: Willy Verkauf 1948, 56 S. 8° [Schriftenreihe „Erbe u. Zukunft", 6]
St. Gallen: Zollikofer & Co
2. Auflage 1949

8/ Jugoslawien im Aufbau. Tagebuch einer Studienreise im Oktober 1947. Wien: Österreichisch-jugoslawische Gesellschaft 1948

9/ Die Entwicklung im Universum. Berlin: Aufbau Verlag 1951. 199 S. mit Abb., Portr. und Tab., 8°
Japanisch: Tokio: Kagaku-Shinko-Sha Litd. 1952
Tschechisch: Prag: Orbis 1953

10/ ... Wissenschaftlich betrachtet ... 64 gemeinverständliche Aufsätze über Natur und Gesellschaft. Berlin: Aufbau Verlag 1951. 430 S., 8°
2. Aufl. Berlin: Aufbau Verlag 1951

11/ Avicenna (Ibn Sina). Ein Material zu den Feiern d. Weltfriedensrates anläßlich d. 1000. Geburtstages Avicennas am 18.8.1952. Berlin: Kulturbund zur demokratischen Erneuerung Deutschlands in Zusammenarbeit mit d. Dt. Friedenskomitee 1952. 34 S., 8°

12/ Wissenschaft und Sozialismus – heute und morgen, (Wien XX, Höchstädtplatz 3), KPÖ (1958). 30 S., 8°

13/ Společenské vědy. [R. 1959], Co může lidem poskytnout věda. [Was die Wissenschaft der Menschheit geben kann] Praha: [nákl. vl., 1959] 21 S., 4°

14/ Přednášky Československé společnosti pro šířeni politických a vědeckých znalostí. [R. 1960], Důkazy Boha ve světle moderní přírodovědy [Vorlesungen der Tschechoslow. Gesellschaft für Verbreitung der polit. und wissenschaft. Kenntnisse. Beweise von Gott im Lichte der modernen Naturwissenschaft]. Praha: [nákl. vl., 1960] 25 S., 4°

15/ Die Natur im Weltbild der Wissenschaft, [Taf. u. Abb.] Wien: Globus Verlag 1960. 499 S., gr. 8°
Erw. u. bearb. Neuausg. [2. Aufl.]. Wien: Globus Verlag 1964. 494 S., XVI Taf. gr., 8°
3. (Erw. u.) bearb. Aufl.; Wien: Globus Verlag 1965. 493 S., XVI Taf., gr. 8°
Russisch: Moskau: Izd. inostr. lit., 1960. 469 S. mit mehr Bl. Abb.
Tschechisch: Prag: SNPL, 1961. 499 S., Abb.
Ungarisch: Budapest: Gondolat Kónyvkiadó 1961. 506 S., Ill.
Rumänisch: Bukarest: Editura Ştiinţifică 1962
Französisch: Paris: Edition sociale 1969
Italienisch: Mailand 1972. 461 p., Abb.

16/ Streit um das Menschenbild des Marxismus. Wien: Vereinigung Demokratischer Studenten Wien VII, 1962. 24 S., 8°

17/ Der Mensch im Weltbild der Wissenschaft. [Abb., Karten., Tafeln] Wien: Globus Verlag 1969. 433 S., gr. 8°
Russisch: Moskau: Progress 1971. 429 S.
Ungarisch: Budapest: Gondolat 1971. 430 S.
Tschechisch: Bratislava: Obzor 1974. 406 S.
18/ Aggression im Menschenbild. Marx, Freud, Lorenz. [Illustr.] Wien: Globus Verlag 1970. 179 S., kl. 8°
[Frankfurt/M: Verlag Marxistische Blätter – Marxistische Taschenbücher]
2. Aufl. Frankfurt/M.: Verlag Marxistische Blätter 1972
Tschechisch: Prag: Svoboda 1975. 142 S., 8°
Russisch: Moskau: Progress 1975. 133 S., 8°
19/ Der Mensch im Schnittpunkt von Zivilisation und Natur, hrsg. v. TV „Die Naturfreunde", Verband f. Touristik und Kultur Bundesgruppe Deutschland e.V. Stuttgart, Stuttgart 1970 [Referat auf der Jubiläumsveranstaltung am 18.10.1970 in Stuttgart]
20/ Tierisches und Menschliches. Essays. Wien: Globus Verlag 1971. 483 S., 8°
2. Aufl. Wien: Globus Verlag 1974. 483 S., 8°
21/ „Kain" oder Prometheus. Zur Kritik des zeitgenössischen Biologismus, Berlin: Akademie Verlag 1972. 113 S., 8° (= Zur Kritik der bürgerlichen Ideologie, hg. von Manfred Buhr, 18)
[Frankfurt/M.: Verlag Marxistische Blätter 1972]
22/ Sexualität und Revolution. Wien: Globus Verlag 1973. 120 S., kl. 8°
[Frankfurt/M.: Verlag Marxistische Blätter 1973 – Marxistische Taschenbücher 55. Reihe „Marxismus aktuell"]
Ungarisch: Budapest: Kossuth 1974. 142 S.
Griechisch: Athen: Ekdosis 1983
23/ Grundbegriffe der marxistischen politischen Ökonomie und Philosophie, Wien: Globus Verlag 1974. 72 S., 8°
3., erg. Aufl. Wien: Globus Verlag 1975. 74 S., 8°
24/ Der überanstrengte Sexus: die sogenannte sexuelle Emanzipation im heutigen Kapitalismus (= Zur Kritik der bürgerlichen Ideologie, hg. von Manfred Buhr, 56). Berlin: Akademie Verlag 1975. 133 S., 8°
[Frankfurt/M.: Verlag Marxistische Blätter 1975]
25/ Für und wider die Menschlichkeit, Essays. Wien: Globus Verlag 1977. 312 S. 8°
[Frankfurt/M.: Verlag Marxistische Blätter 1977]
Russisch: Moskau, Progress 1981. 173 S., 8°
26/ Bedrohung und Zuversicht. Marxistische Essays. Wien: Globus Verlag 1980. 205 S., 8°
[Frankfurt/M.: Verlag Marxistische Blätter 1980, Reihe „Marxismus aktuell" 149]
27/ Natur und Mensch im Weltbild der Wissenschaft. Herausgegeben. von Hubert Horstmann, Wien: Globus Verlag 1983-1985. 6 Bd. Ill., Tab. [6teilige bearbeitete Taschenbuchausgabe der beiden Bücher „Die Natur im Weltbild der Wissenschaft" und „Der Mensch im Weltbild der Wissenschaft"]
[Berlin: Akademie Verlag 1983-1985; Köln: Pahl-Rugenstein 1983-1985 – Klei-

ne Bibliothek. Politik, Wissenschaft, Zukunft; 291, 309, 339-340, 370-371]:
1. Die menschliche Psyche. ... unter Mitarbeit von John Erpenbeck. 1983. 217 S., 8°
2. Materie – Bewegung – kosmische Entwicklung. ... unter Mitarbeit von Hubert Horstmann. 1983. 237 S., 8°
3. Ursprung und Entwicklung des Lebens. ... unter Mitarbeit von Rolf Löther. 1984. 215 S., 8°
4. Lebewesen Mensch. ... unter Mitarbeit von Rolf Löther. 1985. 206 S., 8°
5. Mensch und Gesellschaft. ... unter Mitarbeit von Alfred Arnold. 1985. 179 S., 8°
6. Naturbild und Weltanschauung. ... unter Mitarbeit von Hubert Horstmann. Beiträge von Herbert Hörz und Fritz Gehlar. 1985. 275 S., 8°
28/ Vorlesungen zur Dialektik der Natur: Erstveröffentlichung der 1949/50 an der Humboldt-Universität gehaltenen Vorlesungsreihe [Vorwort von Josef Rhemann]. Marburg: Verlag Arbeit & Gesellschaft (Studienbibliothek der kritischen Psychologie) 1991. 421 S., ill., 8°

Artikel in Zeitschriften und Sammelwerken (Auswahl)

1/ Die Menschwerdung und die marxistische Wissenschaft. Weg und Ziel 13 (1955), 560-567.
2/ Vom Ursprung des Lebens. Weg und Ziel 13 (1955), 794-801.
3/ Zur Entwicklungsgeschichte des Bewusstseins. Weg und Ziel 14 (1956), 153-160.
4/ Die Stufen der Entwicklung und ihre allgemeinen Gesetze. In: Weltall – Erde – Mensch. 5. Aufl. (Redaktion: Gisela Buschendorf, Horst Wolfgramm, Irmgard Radant). Verlag Neues Leben, Berlin 1956, 23-49.
5/ Philosophie in der Koalition. Weg und Ziel 15 (1957), 1076-1081.
6/ 100 Jahre Darwinismus. Weg und Ziel 17 (1959), 63-68.
7/ Die Befreiung des Menschen im Sozialismus. Weg und Ziel 17 (1959), 262-267.
8/ Die Entwicklung in Natur und Gesellschaft. Einige Richtigstellungen zu Pater Wetters Kritik des dialektischen Materialismus. Weg und Ziel 17 (1959), 617-625.
9/ Technik und moderne Gesellschaft. Weg und Ziel 18 (1960), 627-633.
10/ Vom Nutzen der Philosophie für die Einzelwissenschaften. Deutsche Zeitschrift für Philosophie 12 (1964), 1352-1366.
11/ Die Dialektik der Raum-Zeit-Beziehung. Marxistische Blätter 3 (1965), 44-50.
12/ Dialog zwischen Marxisten und Katholiken. Probleme des Friedens und des Sozialismus 8 (1965), 669-673.
13/ Ideologie und Utopie. Probleme des Friedens und des Sozialismus 9 (1966), 551-555.
14/ Über die Verantwortung der Intelligenz im Kapitalismus. Probleme des Friedens und des Sozialismus 10 (1967), 312-316.
15/ Marxismus und Humanismus. Marxistische Blätter 6 (1968), 1-8.
16/ Marxistische Religionssoziologie. Internationale Dialog-Zeitschrift 1 (1968), 89-94.
17/ Marxismus – Ergänzungen und Entstellungen. Weg und Ziel 27 (1970), 4-8.

18/ Das Leninsche Konzept der Entwicklung der Gesellschaft. Weg und Ziel 27 (1970), 37-42.
19/ Personenkult – Versuch einer Kennzeichnung. Weg und Ziel 28 (1971), 180-190.
20/ Humanisierung und Entmenschlichung in unserer Übergangszeit. Weg und Ziel 28 (1971), 284-288.
21/ Über Aggressivität und Aggression. Ist der Mensch aggressiver Natur? Weg und Ziel 28 (1971), 357-360.
22/ Über Aggressivität und Aggression. Deutsche Zeitschrift für Philosophie 19 (1971), 1367-1372.
23/ Umweltprobleme, Technik und Gesellschaftsordnung. Marxistische Blätter 10 (1972), 15-20.
24/ Relativierung des Marxismus? Replik auf Lucio Lombardo-Radices Stellungnahme. Weg und Ziel 30 (1973), 117-120.
25/ Humanismus in marxistischer Sicht. Internationale Dialog-Zeitschrift 7 (1974), 98-100.
26/ Mensch und Gesellschaft – Kritik bürgerlicher Ideen des 20. Jahrhunderts aus marxistischer Sicht. Weg und Ziel 33 (1975), 266-270.
27/ Ideologischer Kampf und Wahrheit. Weg und Ziel 35 (1977), 301-302.
28/ Mensch ohne Gesellschaft? Zur Kritik biologischer Konzeptionen im 20. Jahrhundert aus marxistischer Sicht, in: Kritik der Psychoanalyse und biologistischer Interpretationen, hg. v. Walter Friedrich. Berlin: Deutscher Verlag der Wissenschaften 1977, S. 160-197
29/ Der Fortschritt der Wissenschaft und die Zukunft der Menschheit. Weg und Ziel 36 (1978), 294-296.
30/ Marx und Engels über das Verhältnis Mensch – Natur – Gesellschaft. Marxistische Blätter 16 (1978), 14-19.
31/ Sozialistische Grundsätze der Freiheitssicherung. Weg und Ziel 38 (1980), 70, 111, 144, 188-189, 232, 280.
32/ Vom Gegenstand und Nutzen der Naturdialektik; in: Ökologie – Naturaneignung und Naturtheorie. Köln: Pahl-Rugenstein 1984 (Dialektik. Beiträge zu Philosophie und Wissenschaften, Nr. 9), S. 12-29.

AutorInnenverzeichnis

Hans Heinz Holz (Groningen/S. Abbondio), geb. 1927, Philosoph.
1971 Professor für Philosophie an der Universität Marburg, seit 1978 in Groningen/Niederlande; Ehrenpräsident der Internationalen Vereinigung für dialektische Philosophie, Herausgeber der Halbjahresschrift *Topos. Internationale Beiträge zur dialektischen Theorie*, Mitglied der *Leibniz-Sozietät*, Berlin.
Autor zahlreicher Werke, insbesondere zur Dialektik und Erkenntnistheorie; u.a. *Dialektik und Widerspiegelung* (Köln 1982), *Einheit und Widerspruch – Problemgeschichte der Dialektik in der Neuzeit*, 3 Bände (Stuttgart 1997/98), zuletzt *Die große Räuberhöhle – Religion und Klassenkämpfe im Mittelalter* (1999).

Herbert Hörz (Berlin), geb. 1933, Wissenschaftsphilosoph und -historiker.
1965 Professor für philosophische Probleme der Naturwissenschaften, 1972 Gründer und Leiter des Bereichs *Philosophische Fragen der Wissenschaftsentwicklung* am Zentralinstitut für Philosophie der Akademie der Wissenschaften der DDR in Berlin; Präsident der *Leibniz-Sozietät*, Berlin.
Autor zahlreicher Bücher, u.a. *Marxistische Philosophie und Naturwissenschaften* (Berlin 1974), *Zufall. Eine philosophische Untersuchung* (Berlin 1980), (zus. mit K.-H. Wessel): *Philosophische Entwicklungstheorie* (Berlin 1983), *Wissenschaft als Prozeß* (Berlin 1988), *Selbstorganisation sozialer Systeme* (Münster 1994), *Naturphilosophie als Heuristik? Korrespondenz zwischen Hermann von Helmholtz und Lord Kelvin (William Thomson)* (Marburg 2000)

Hubert Laitko (Berlin), geb. 1935, Wissenschaftshistoriker.
Arbeitsschwerpunkte: Geschichte wissenschaftlicher Institutionen und Institutionennetze im 19. und 20. Jahrhundert, Geschichte des wissenschaftlichen Institutionensystems und der Wissenschaftspolitik in der DDR, Methodologie der wissenschaftshistorischen Forschung.
Veröffentlichungen (Auswahl): *Wissenschaft als allgemeine Arbeit. Zur begrifflichen Grundlegung der Wissenschaftswissenschaft* (Berlin 1979), *Wissenschaft in Berlin. Von den Anfängen bis zum Neubeginn nach 1945*. Mit einem Autorenkollektiv (Berlin 1987), *Der Ursprung der modernen Wissenschaften. Studien zur Entstehung wissenschaftlicher Disziplinen*. Hrsg. von M. Guntau und H. Laitko (Berlin 1987), *Ernst Mach. Studien und Dokumente zu Leben und Werk*. Hrsg. von D. Hoffmann und H. Laitko (Berlin 1991), *Wissenschaftsforschung. Jahrbuch 1994/95*. Hrsg. von H. Laitko, H. Parthey und J. Petersdorf (Marburg 1996), *Die Kaiser-Wilhelm-/Max-Planck-Gesellschaft und ihre Institute. Studien zu ihrer Geschichte: Das Harnack-Prinzip*. Hrsg. von B. v. Brocke und H. Laitko (Berlin 1996), *Wissenschaftsforschung. Jahrbuch 1996/97*. Hrsg. von S. Greif, H. Laitko und H. Parthey (Marburg 1998), *Wissenschaft und Digitale Bibliothek. Wissenschaftsforschung. Jahrbuch 1998*. Hrsg. von K. Fuchs-Kittowski, H. Laitko, H. Parthey und W. Umstätter (Berlin 2000).

Hans Mikosch (Wien), geb. 1949, Chemiker.
Seit 1977 Universitätsassistent an der TU Wien, zur Zeit Ass.Prof. am Institut für chemische Technologien und Analytik; stellvertretender Vorsitzender der Bundeskonferenz des wissenschaftlichen und künstlerischen Personals der österreichischen Universitäten, Mitglied des Vorstands der Alfred Klahr Gesellschaft.

Samuel (Mitja) Rapoport (Berlin), geb. 1912, Biochemiker.
Dr. med., Universität Wien 1936, Dr. Biochemie, University of Cincinnati (USA) 1939, Professor an der University of Cincinnati 1940-1950, Professor für Biochemie an der Humboldt-Universität Berlin 1952-1978, Leiter des Instituts für Biologische und Physiologische Chemie, 1956-1990 Mitglied des Forschungsrates der DDR, seit 1969 ordentliches Mitglied der Akademie der Wissenschaften, Vorsitzender der Biochemischen Gesellschaft 1978-1982, Präsident der Gesellschaft für experimentelle Medizin 1980-1985, mehrerer Ehrendoktorate und Akademiemitgliedschaften, Mitglied der *Leibniz-Sozietät*, Berlin (Gründungspräsident 1993-1998, heute Ehrenpräsident).
Zahlreiche Veröffentlichungen ,u.a. Autor des Lehrbuches *Medizinische Biochemie* (9. Auflage 1987), (zusammen mit Hans-Joachim Raderecht) *Physiologisch-Chemisches Praktikum unter Berücksichtigung Biochemischer Arbeitsmethoden und Klinisch-Chemischer Gesichtspunkte* (8. Auflage 1984).

Thomas Schönfeld (Wien), geb. 1923, Chemiker.
Forschungsschwerpunkt Radiochemie, o.Prof. am Institut für Anorganische Chemie der Universität Wien 1972, Emeritierung 1993, Mitglied des Vorstands der Alfred Klahr Gesellschaft und des Österreichischen Friedensrates.
Veröffentlichung zum Thema des Symposiums: Walter Hollitscher – hervorragender marxistischer Wissenschafter, engagierter Kommunist, in: Mitteilungen der Alfred Klahr Gesellschaft, Nr. 4/1996, S. 1-4.

Friedrich Stadler (Wien), geb. 1951, Wissenschaftstheoretiker und Wissenschaftshistoriker.
Berufliche Tätigkeit als Gymnasiallehrer und Beamter im Unterrichts- und Wissenschaftsministerium, 1984-87 Leiter der Forschungsstelle Bildungsarbeit am Institut für Wissenschaft und Kunst in Wien, Mitarbeiter des Ludwig Boltzmann-Instituts für Geschichte und Gesellschaft, 1991 Begründer und seitdem wissenschaftlicher Leiter des *Instituts Wiener Kreis*, 1994 Habilitation für Wissenschaftsgeschichte und Wissenschaftstheorie und seit 1997 ao. Univ.Prof. an der Universität Wien, Zentrum für überfakultäre Forschung und Institut für Zeitgeschichte, dort seit Herbst 2001 Vorstand. Zahlreiche Publikationen zur österreichischen Kultur- und Geistesgeschichte, speziell Philosophie und Wissenschaften des 19. und 20. Jahrhunderts.
Veröffentlichungen (Auswahl): *Vom Positivismus zur „Wissenschaftlichen Weltauffassung"* (1982); *Studien zum Wiener Kreis* (1997); *The Vienna Circle* (2001). Hrsg.: *Vertriebene Vernunft. Emigration und Exil österreichischer Wissenschaft.* 2 Bde. (1987/88); *Kontinuität und Bruch. 1938 – 1945 – 1955. Beiträge zur österreichi-*

schen Kultur- und Geistesgeschichte (1988); *The Cultural Exodus from Austria* (with P. Weibel, 1995); *Elemente moderner Wissenschaftstheorie. Zur Interaktion von Philosophie, Geschichte und Theorie der Wissenschaften* (2000).

Robert Steigerwald (Eschborn), geb. 1925, Philosoph.
Autor von über 13 Büchern zu Problemen der Philosophie, ihrer Geschichte, zur allgemeinen Geschichte, zur politischen Theorie, u.a. *Herbert Marcuses „dritter Weg"* (1969), *Marxismus – Religion – Gegenwart* (1972), *Marxistische Philosophie. Einführung für die Jugend* (1979), *Bürgerliche Philosophie und Revisionismus im imperialistischen Deutschland* (1980), *Protestbewegung. Streitfragen und Gemeinsamkeiten* (1982), (zusammen mit Willi Gerns) *Antimonopolistischer Kampf heute* (1983), *Marxismuskritik heute* (1986), zuletzt *Abschied vom Materialismus? Zur Antikritik heutiger Materialismuskritik* (1999). Jahrelang Mitglied des Parteivorstandes der DKP und Leiter des Referats *Theorie und marxistische Bildung*. Tätig als Redakteur beim Funk, in Zeitungen und Zeitschriften, u.a. Redakteur und Mitherausgeber der Zeitschrift *Marxistische Blätter*.

Petra Stöckl (Innsbruck), geb. 1970, Biologin.
Wissenschaftliche Mitarbeiterin der Österreichischen Akademie der Wissenschaften, Institut für Biomedizinische Alternsforschung, Abteilung Molekular- und Zellbiologie (Innsbruck).

Dieter Wittich (Bruchmühle bei Berlin), geb. 1930, Philosoph.
Bis 1990 Professor für Erkenntnistheorie an der Karl-Marx-Universität Leipzig, seitdem Vorruhe- bzw. Ruhestand. Arbeitsschwerpunkte: Erkenntnistheorie, Geschichte der Wissenschaftsphilosophie (insbesondere Ludwig Büchner, Ernst Mach, W.I. Lenin, Thomas S. Kuhn).
Wichtige Veröffentlichungen: *Praxis, Erkenntnis, Wissenschaft* (Berlin 1965); Herausgabe und Kommentierung der philosophiehistorisch wichtigsten Schriften von Karl Vogt, Jakob Moleschott und Ludwig Büchner mit Schriften zum kleinbürgerlichen Materialismus in Deutschland, 2 Bde., Berlin 1971; (zus. mit Klaus Gößler und Kurt Wagner): *Marxistisch-leninistische Erkenntnistheorie* (Berlin 1978, 1980); (zusammen mit Horst Poldrack): *Der Londoner Kongress für Wissenschaftsgeschichte 1931 und das Problem der Determination von Erkenntnisentwicklung* (Berlin 1990); *Alltagserfahrung als Politikum*; In: Hans Albert und Kurt Salamun (Hg.): *Mensch und Gesellschaft aus der Sicht des kritischen Rationalismus* (Amsterdam, Atlanta 1993); *Lenins ‚Materialismus und Empiriokritizismus' – Entstehung, Wirkung, Kritik;* In: Sitzungsberichte der Leibniz-Sozietät, Bd. 30 (Berlin 1999).

BÜCHER

Alfred Klahr: Zur österreichischen Nation. Mit einem Beitrag von Günther Grabner zur Biographie von Alfred Klahr, hg. von der KPÖ. Wien: Globus Verlag 1994; 208 Seiten; Euro 10.–

Goller, Peter/Oberkofler, Gerhard: Emmerich Übleis (1912-1942). Kommunistischer Student der Universität Innsbruck – Antifaschist – Spanienkämpfer – Sowjetpartisan. Innsbruck: Bader Verlag 2000; 32 Seiten, Euro 2,18.–

Ich möchte, dass sie Euch alle immer nahe bleiben ... Biografien kommunistischer WiderstandskämpferInnen in Österreich. Alfred Klahr Gesellschaft (Hg.). Wien 1997; 45 Seiten, Euro 2,18.–

Jürgen und Wolfgang Weber, Jeder Betrieb ist eine Festung. Die KPÖ in Vorarlberg 1920 – 1956, Feldkirch 1994; 276 Seiten, Euro 20,35.–

BIOGRAFISCHE TEXTE ZUR GESCHICHTE DER ARBEITERBEWEGUNG

Valentin Strecha, Widerstand für Österreich. Wien: Globus Verlag 1988; 203 Seiten, m. zahlr. Abb.; [Biografische Texte zur Geschichte der Arbeiterbewegung; 1] vergriffen.

Max Stern, Geschichte wird gemacht. Vom Lehrlingsstreik 1919 zum Freiheitsbataillon 1945. Wien: Globus Verlag 1988; 173 Seiten, m. zahlr. Abb.; [Biografische Texte zur Geschichte der Arbeiterbewegung; 2], Euro 10.–

Christian Hawle, Richard Zach. „Gelebt habe ich doch!" Wien: Globus Verlag 1989; 219 Seiten, m. zahlr. Abb.; [Biografische Texte zur Geschichte der Arbeiterbewegung; 3], Euro 10.–

Heinrich Fritz, Stationen meines Lebens. Wien: Globus Verlag 1990; 169 Seiten, m. zahlr. Abb., [Biografische Texte zur Geschichte der Arbeiterbewegung; 4], Euro 10.–

Eva Barilich, Fritz Jensen. Arzt an vielen Fronten. Wien: Globus Verlag 1991; 88 Seiten, m. zahlr. Abb.; [Biografische Texte zur Geschichte der Arbeiterbewegung; 5], Euro 10.–

Vinzenz Böröcz, Kampf um Boden und Freiheit. Wo das Land den Esterhazys gehörte. Wien: Globus Verlag 1995; 295 Seiten, m. zahlr. Abb.; [Biografische Texte zur Geschichte der Arbeiterbewegung; 6], Euro 18,17.–

Die Bücher sind über die Alfred Klahr Gesellschaft zu beziehen:
A-1140 Wien, Drechslergasse 42;
Tel. (+43-1) 982 10 86; FAX: (+43-1) 982 10 86 18;
e-mail: klahr.gesellschaft@aon.at
Homepage der AKG: www.klahrgesellschaft.at
Bankverbindung: PSK 92023930 BLZ 60000
IBAN: AT 66 6000 0000 9202 3930; SWIFT: OPGKATWW